suhrkamp taschenbuch
wissenschaft 1109

In einer Situation politischer Verunsicherung und des Zweifels an den Selbstverständnissen der Aufklärung, die ihren Ausdruck im postmodernen Denken finden, entsteht das Bedürfnis nach politischer Orientierung. Sie kann aussichtsreich mittels einer Bestandsklärung angegangen werden. Dabei stellt sich heraus, daß die Notwendigkeit einer inhaltlichen Neubestimmung traditioneller politischer Ideen besteht. Die neubestimmten Begriffe sind Maßstäbe für die Analyse realer Verhältnisse. Diese Maßstäbe sollen Sicherheit bei alltäglichen Einschätzungen geben. Das hier angewandte Verfahren der Maßstabgewinnung ist der pragmatischen Philosophie verpflichtet.

Das vorliegende Buch hat eine Reihe von so verstandenen explikativen Diskursen zu politischen Begriffen und Problemfeldern zum Inhalt. Sie kreisen im ersten Teil um die Probleme von Staat und Macht. Im zweiten Teil werden zwei zentrale Begriffe der Aufklärung erörtert: Freiheit und Gerechtigkeit. Der dritte Teil fragt nach dem Ende verschiedener Weltanschauungen: Utopie, Sozialismus und Religion. Im vierten Teil wird eine politisch motivierte Pädagogik und Ästhetik zur Diskussion gestellt. Den Abschluß des Bandes bilden Porträts von politischen Philosophen der Moderne: Bloch, Habermas, Rawls, Rorty und Walzer.

Das Resultat der Reflexionen Detlef Horsters: es besteht eine Pflicht nicht nur zur Politik, sondern auch zur Pädagogik.

Detlef Horster, geb. 1942, ist Professor für Sozialphilosophie. Seine letzten Buchveröffentlichungen: *Jürgen Habermas* (1991); *Philosophieren mit Kindern* (1992); *Das Sokratische Gespräch in Theorie und Praxis* (1993).

Detlef Horster
Politik als Pflicht

Studien zur politischen Philosophie

Suhrkamp

Die Deutsche Bibliothek – CIP-Einheitsaufnahme
Horster, Detlef:
Politik als Pflicht :
Studien zur politischen Philosophie /
Detlef Horster. –
1. Aufl. – Frankfurt am Main : Suhrkamp, 1993
(Suhrkamp-Taschenbuch Wissenschaft ; 1109)
ISBN 3-518-28709-5
NE: GT

suhrkamp taschenbuch wissenschaft 1109
Erste Auflage 1993

Satz und Druck: Wagner GmbH, Nördlingen
Printed in Germany
Umschlag nach Entwürfen von
Willy Fleckhaus und Rolf Staudt

1 2 3 4 5 6 - 98 97 96 95 94 93

Inhalt

Vorwort

Das vorliegende Buch hat eine Reihe von explikativen Diskursen zu politischen Begriffen und Problemfeldern zum Inhalt. Sie kreisen im ersten Teil um die Probleme von Gemeinschaft und Macht. Im zweiten Teil werden zwei zentrale Begriffe der Aufklärung erörtert. Der dritte Teil fragt nach dem Ende verschiedener Weltanschauungen. Und im vierten Teil wird eine politisch motivierte Pädagogik und Ästhetik zur Diskussion gestellt. Den Abschluß bilden Porträts von Politischen Philosophen der Moderne.

Wie Herbert Schnädelbach (»Vernunft und Geschichte«, S. 166) treffend bemerkte, sind explikative Diskurse immer situationsabhängig. In einer Situation politischer Verunsicherung und Zweifeln an den Selbstverständnissen der Aufklärung, die ihren Ausdruck im postmodernen Denken finden, entsteht das Bedürfnis nach politischer Orientierung. Sie kann aussichtsreich mittels einer Bestandsklärung angegangen werden.

Auf dem Hintergrund neuer politischer Erfahrungen werde ich im folgenden modo philosophico politische Begriffe klären und sie an den gegenwärtigen Verhältnissen messen, wobei der Begriff der Politik im zweiten Kapitel »Politik als Pflicht« erörtert wird. Dabei wird sich herausstellen, daß die Notwendigkeit einer inhaltlichen Neubestimmung traditioneller politischer Ideen besteht. Die neubestimmten Begriffe sind Maßstäbe für die Analyse realer Verhältnisse. Diese Maßstäbe sollen Sicherheit bei alltäglichen Einschätzungen geben. Das hier angewandte Verfahren der Maßstabgewinnung ist der pragmatischen Philosophie verpflichtet.

Das Resultat aller Reflexionen in diesem Buch ist, daß eine Pflicht nicht nur zur Politik besteht, sondern, wie ich im zehnten Kapitel zeige, auch eine Pflicht zur Pädagogik. Die Auffassung eines politischen Handelns aus Pflicht vertreten auch die Politischen Philosophen der Gegenwart, die im fünften Teil vorgestellt werden.

1. Die staatliche Gemeinschaft angesichts der zunehmenden Individualisierung in der Moderne

Eine Besinnung auf Hegels »Rechtsphilosophie«

Zunächst werde ich die Analysen amerikanischer Forscher zur zunehmenden Individualisierung in der Moderne vorstellen (1). Die Erörterung der aus dieser Individualisierung entstehenden Probleme nehme ich sodann unter Bezugnahme auf Hegels »Rechtsphilosophie« vor (2). Daß Hegels Einsichten durch die gegenwärtige Sozialisationsforschung bestätigt werden, wird im dritten Teil zu zeigen sein. Im letzten Teil will ich die Stellungnahmen der amerikanischen Kommunitarier, die eher an Hegel orientiert sind, im Zusammenhang ihrer Auseinandersetzung mit den deutschen Gegenwartsphilosophen, die stärker an Kant orientiert sind, wieder aufnehmen. Auf diese Weise soll die mögliche Geltung starker, gar universaler Gemeinschaftswerte erörtert werden.

1. Individualisierung

Von amerikanischen Forschern[1] wird für die gegenwärtige Gesellschaft die Diagnose gestellt, daß die Bürger der USA die mobilsten seien, die es jemals in der Menschheitsgeschichte gegeben habe. Dies drücke sich in den hohen Scheidungsraten, dem häufigen Wechsel von Beziehungspartnern, Wohnorten und Arbeitsplätzen aus. Bei solchen Wechseln werde meist eine neue religiöse Gemeinschaft oder eine andere politische Zugehörigkeit gefunden. Diese geographische, soziale und politische Mobilität wachse weiterhin.

In den sozialwissenschaftlichen Analysen wird von der »Tyrannei des Marktes« gesprochen. Für die destruktive Wirkung dieser Tyrannei des Marktes werden von den Kommunitariern Beispiele

1 Sie werden auch »Kommunitarier« genannt, weil sie nach Gemeinschaftswerten suchen. Zu den »Kommunitariern« kann man die Philosophen Alasdair MacIntyre und Charles Taylor, sowie die Sozialwissenschaftler Robert N. Bellah, William M. Sullivan und Michael Walzer zählen.

genannt, mit denen die Aussage gestützt wird, daß kein Mensch ohne sich selbst zu schaden, gegen die Logik des menschlichen Zusammenlebens verstoßen könne:[2]

Wenn aber jeder, dem es wirtschaftlich gut geht, das bestmögliche Haus für die Familie kaufen möchte, ohne sich über die Wohnraumversorgung für Leute mit niedrigem oder mittlerem Einkommen in der Gemeinde Gedanken zu machen, dann steigen eben die Wohnungskosten so hoch, [...] daß selbst die Wohlhabenden zu Dienern ihrer Hypotheken werden. [...] Wenn jeder von uns in seinem eigenen Auto zur Arbeit fährt, dann brauchen wir jedesmal mehr Zeit auf der Straße und atmen dabei die schlechte Luft, die unsere Autos produzieren.[3]

Diese individualistischen Verhaltensweisen sind so dysfunktional, daß »die Summe individuellen Wohlstands, die nur durch die Tyrannei des Marktes zustande kommt, [...] häufig ein Gemeinübel hervor[bringt], das letztendlich auch die Befriedigung unserer persönlichen Bedürfnisse unmöglich macht«.[4]
In diesem Individualismus sehen die amerikanischen Forscher darüber hinaus eine große Gefahr für den Bestand der Demokratie. In einer Gemeinschaft von bindungslosen Individuen fehle das Gemeinschaftsinteresse und das Interesse an der Erhaltung der demokratischen Staatsform. Bei dem Hinweis auf diese Gefahr beziehen sie sich auf Alexis de Tocquevilles klassische Analyse »Über die Demokratie in Amerika«:[5] Eine von zunehmender Individualisierung angekränkelte Gesellschaft könne ein Despot leicht unter seine Gewalt bringen, denn

die Privatisierungstendenzen der modernen Kultur, die größere Mobilität einschließen, der Niedergang traditioneller Gemeinschaften, das Wachstum der Riesenstädte, die Zwänge der Konsumgesellschaft (die selbst teilweise ein Resultat der Privatisierung ist), tendieren dahin, eine atomistische Bewußtseinshaltung aufkommen zu lassen und in den Menschen

2 Vgl. Alfred Adler, *Die Technik der Individualpsychologie 2*, Frankfurt/M. 1974, S. 20.
3 Robert N. Bellah u. a.: »Gegen die Tyrannei des Marktes«, in: *Frankfurter Rundschau* Nr. 23 vom 28. Januar 1992, S. 9.
4 Ebd.
5 Alexis de Tocqueville, *Über die Demokratie in Amerika*, ausgewählt und herausgegeben von J. P. Mayer, Stuttgart 1985, S. 340ff. Auch durch Emile Durkheims Befund in seiner Untersuchung »Über die Teilung der sozialen Arbeit« (1893) könnten sich die Kommunitarier in ihrer Individualisierungsthese bestätigt sehen.

das Bewußtsein von und den Glauben an die republikanische Dimension unserer Gesellschaft dahinschwinden zu lassen.[6]

Gegenüber diesen negativ-dramatischen Folgen der zunehmenden Individualisierung sind aus der Sichtweise der kommunitarischen Forscher auf der anderen Seite die positiven, für unsere aufgeklärte Gegenwart erfreulichen, vermerkt worden: »Aus dieser Perspektive heißt psychologisches Freisein, die eigene Loslösung von den Werten erfolgreich abgeschlossen zu haben, in denen man durch seine Vergangenheit oder durch Anpassungsforderungen des sozialen Milieus befangen war, so daß der einzelne entdecken kann, was er eigentlich will.«[7]

Auffallend widersprüchlich ist darüber hinaus, daß die Freiheit des Menschen und die individuelle Entfaltung nur möglich ist auf der Basis starker Gemeinschaftswerte. Die Gerechtigkeitsauffassung der Aufklärung spricht nur dann von gerechten Gesetzen, wenn diese die Freiheit des einzelnen garantieren.

Umgekehrt kann sich ein freies Individuum, das eine stabile Ich-Identität ausgebildet hat, mit seinen eigenen individuellen Bedürfnissen und Neigungen in die gesellschaftliche Normdiskussion einbringen und Gehör finden. Es kann also gestaltend auf die Gesetze einwirken, die ihrerseits die individuelle Freiheit garantieren. Wir bemerken hier eine Wechselwirkung, die schon die Leser der Kantischen Schriften verwirrt hat, denn Kant sieht einerseits, daß der Kategorische Imperativ die Bedingung für die Freiheit des Menschen ist, andererseits aber nur freie Individuen den Kategorischen Imperativ formulieren und nach ihm handeln können. »Freiheit und unbedingtes praktisches Gesetz weisen also wechselweise auf einander zurück.«[8] – Darum kann es sich bei der Diagnose der amerikanischen Forscher nur darum handeln, daß

6 Charles Taylor, *Negative Freiheit? Zur Kritik des neuzeitlichen Individualismus*, Frankfurt/M. 1988, S. 183 f.

7 Robert N. Bellah u. a., *Gewohnheiten des Herzens. Individualismus und Gemeinsinn in der amerikanischen Gesellschaft*, Köln 1987, S. 47. Die beiden Seiten der modernen Individualisierung arbeitet Thomas Ziehe mit aller wünschenswerten Konsequenz nun nicht auf der Ebene staatlicher Gemeinschaft, sondern auf der Ebene moderner Interaktion heraus; vgl. Thomas Ziehe, »Die Tyrannei der Selbstsuche. Überlegungen zu Richard Sennetts Zeitdiagnose«, in: Michael Buchholz (Hg.), *Intimität*, Weinheim/Basel 1989, S. 129-145.

8 Immanuel Kant, *Kritik der praktischen Vernunft*, A 52.

dieses von Kant beschriebene Gleichgewicht gestört ist. Die individuelle Freiheit hat ein Übergewicht bekommen gegenüber den Gemeinschaftswerten, auf deren Basis die individuelle Freiheit aller erst möglich ist. (Vgl. dazu die ausführlichere Analyse in Kapitel 5)

2. Hegels »Rechtsphilosophie«

Die Erörterung dieses Ungleichgewichts will ich in Rückbesinnung auf eine klassische politische Theorie vornehmen und das wie folgt begründen. Michael Oakeshott hält drei politische Staatstheorien für die zentralsten: Platons »Staat«, Hobbes' »Leviathan« und Hegels »Rechtsphilosophie«.[9] Ich füge noch die Aristotelische »Ethik« und »Politik« und Kants »Metaphysik der Sitten« hinzu.

Alle genannten Theorien haben das Verhältnis von Individuum und Gemeinschaft zu ihrem zentralen Thema gemacht.[10] Daraus kann man schließen, daß es sich um ein wesentliches Menschheitsproblem – mindestens in den vorangegangenen zweieinhalb Jahrtausenden abendländischer Geschichte – handelt. Ich will mich auf Hegels »Rechtsphilosophie« beziehen, in der nach meiner Ansicht die anderen genannten Theorien aufgehoben sind. Ausgangspunkt für Hobbes wie für Kant sind die menschlichen Individuen als Rechtsträger im Sinne des rationalen Naturrechts, die als vergesellschaftete Individuen vertragsschließend den Staat realisieren. Bei Platon und Aristoteles bildet das Gemeinwesen den Ausgangspunkt ihrer Staatstheorie. Den Zustand wechselseitigen Bedingens von Individuum und Gemeinschaft erreicht Hegel, indem er beide Theoriestränge aufnimmt. In der Entwicklung seiner Darstellung im dritten Teil der »Rechtsphilosophie« ist bei Hegel vom Zustand der »Sittlichkeit« die Rede, nachdem er vom abstrakten Recht der Individuen im ersten Teil ausgegangen ist. Er kommt im zweiten Teil zur individuellen Moral und den konkreten Trägern der abstrakten Rechte, ohne die kein Gemeinschafts-

9 Michael Oakeshott, »Introduction«, in: Thomas Hobbes, *Leviathan*, Blackwell 1957.

10 Vgl. z. B. zu Aristoteles: Detlef Horster, »Die Aporie individuelle vs. allgemeine Interessen oder Bedürfnisse und ihre Behandlung bei Aristoteles«, in: Alfred Schöpf (Hg.), *Bedürfnis, Wunsch, Begehren*, Würzburg 1987, S. 83-97.

wesen existieren könne. Der wechselseitig sich bedingende Zustand von Individuum und Gemeinschaft wird in Hegels Darstellung durch die dialektische Entwicklung über die beiden ersten Elemente erreicht, aus denen sich der Zustand der »Sittlichkeit« im Staat als der höchsten Form menschlicher Vergemeinschaftung institutionalisiert.

Die unterschiedliche Zugangsweise zu dem, was der Staat im Verhältnis zu den vergesellschafteten Individuen ist, wird beispielsweise sichtbar an dem unterschiedlichen Charakter der Grundrechte des Grundgesetzes. Sie sind zum einen Abwehrrechte, zum anderen Vornahmerechte und drittens Mitwirkungsrechte. Abwehrrechte sind sie, insoweit sie den privaten Gestaltungswillen des Bürgers vor Eingriffen des Staates schützen. Ausgangsvorstellung ist hierbei ein ursprünglich freies Individuum, das mit Rechten ausgestattet ist und vertraglich mit anderen zum Schutz der individuellen Rechte den Staat gründet. Eine solche Ausgangssituation liegt auch der Theorie der Vornahmerechte zugrunde. Vornahmerechte sind sie, insofern sie ein Recht auf Vornahme staatlicher Handlungen begründen können, die den Schutz vor Eingriffen Dritter gewähren. Mitwirkungsrechte sind sie, insofern sie das Mitgestaltungsrecht an der staatlichen Gemeinschaft begründen. Der Staat ist somit in allen Fällen auch – besonders aber bei den Mitwirkungsrechten – ein Gebilde, das diese Funktion nur haben kann, insofern jedes einzelne Individuum eine hohe Identifikation mit ihm hat. Auch bei den beiden erstgenannten Funktionen ist eine hohe Identifikation nötig. Denn man kann sich nur dann an den Staat wenden, um von ihm den Schutz gegen Übergriffe zu erlangen, wenn man ein hohes Vertrauen in diese Institution hat. Auch bei den Abwehrrechten vertraut man darauf, daß die staatlichen Institutionen sich zurückhalten.

Hegel hat nun seinerseits im dritten Teil der »Rechtsphilosophie« nicht wie Hobbes und Kant, sondern wie Platon und Aristoteles

die Konstruktion der politischen Gemeinschaft nicht mit dem Grundsatz begonnen, daß menschliche Individuen als Träger von Rechten begriffen werden sollten, die sich zur Sicherung ihrer Rechtssphären zu einer staatlichen Vereinigung zusammenschließen. Sie hatten den Menschen als ein Wesen aufgefaßt, das grundsätzlich auf die Gemeinschaft mit anderen Menschen angewiesen ist. Aus diesem Grunde kann die Ordnung der Gemeinschaft nicht als prinzipiell den Ansprüchen des Individuums entgegengesetzt aufgefaßt werden. Nach diesem Ansatz hatten sie den

Ursprung des Staates in den einfachsten Formen menschlicher Gemeinschaft gesucht, um den allmählichen Hervorgang der politischen Gemeinschaften aus diesen ursprünglichen Gemeinschaftsformen aufzuzeigen. Diesem Aufbau folgt Hegel im dritten Teil der »Rechtsphilosophie«, wenn er aus der Familie die Bürgerliche Gesellschaft und aus dieser schließlich den Staat hervorgehen läßt.[11]

Kritisch sich gegen den Kantischen Formalismus abgrenzend geht Hegel im Abschnitt »Moralität« zunächst davon aus, daß das Individuum sich mit seinen »Bedürfnissen, Neigungen, Leidenschaften, Meinungen, Einfällen usf.« (§ 123)[12] selbst verwirklichen will. Denn vom empirischen Inhalt soll es abhängen, ob eine Maxime zur allgemeinen Gesetzgebung taugt, weil man sonst wie in der formalen Logik mit falschen Prämissen zu formal richtigen Schlüssen kommen könne. Hegel will, um das zu vermeiden, den Kantischen Formalismus hinter sich lassen. Schon hier, im § 123, ist im handschriftlichen Zusatz die Notiz von Hegel angebracht, daß der einzelne sich mit seiner Selbstverwirklichung auf ein Ganzes bezieht und daß sein Wohl sich von selbst erweitere zum Wohl der anderen, weil das eigene Wohl ohne das Wohl der anderen keinen Bestand haben könne. (Zusatz zu § 126) Das ist an dieser Stelle noch eine Behauptung Hegels, die – folgt man Hegels systematischer Konstruktion seit der »Phänomenologie« – so nicht stehenbleiben kann. Wird Moralität auch als Selbstverwirklichung des Individuums bestimmt, so ist es lediglich eine Möglichkeit, auf das Ganze bezogen sein zu können und noch nicht Wirklichkeit. »Innerhalb der Moralität, so weit sie bis dahin entwickelt wurde, ist keine Form des Willens denkbar, die beides notwendig verknüpfte.«[13] Darum muß der Übergang zur Sittlichkeit erfolgen, denn »es sind nunmehr zwei Rechte vorhanden«, sagt Hegel in § 69 der Vorlesung von 1817/18,

das absolute Recht der Substanz und das Recht der Einzelnen, und zwar dieses als substantielles Recht, als gegen die Einzelheit oder Subjektivität

11 Karl-Heinz Ilting, »Die Struktur der Hegelschen Rechtsphilosophie«, in: Manfred Riedel (Hg.), *Materialien zu Hegels Rechtsphilosophie*, Frankfurt/M. 1975, Band 2, S. 61 f.

12 Zitiert wird hier wie im folgenden nach der Ausgabe G. W. F. Hegel, *Grundlinien der Philosophie des Rechts*, in: ders., *Werke*, hg. von Eva Moldenhauer und Karl Markus Michel, Frankfurt/M. 1969 ff., Band 7.

13 Ludwig Siep, »Was heißt: ›Aufhebung der Moralität in Sittlichkeit‹ in Hegels Rechtsphilosophie?«, in: *Hegel-Studien*, 17. Jg., 1982, S. 80.

als solche, wie auch als Recht der Einzelnen für sich, welches wesentlich aber dem substantiellen Recht untergeordnet ist. [...] Die Sittlichkeit aber ist die Durchdringung des Subjektiven und Objektiven. [...] Das Recht und die Moralität sind nur ideelle Momente, ihre Existenz ist erst die Sittlichkeit. Die wirkliche Moralität ist nur die Moralität des Ganzen, in der Sittlichkeit. [...] Die Sittlichkeit ist die Wahrheit deswegen, weil hier die Wirklichkeit mit dem Begriff identisch ist.[14]

Allerdings erreicht Hegel in diesem Abschnitt des dritten Teils der »Rechtsphilosophie«, der mit »Bürgerliche Gesellschaft« überschrieben ist, seine Zielvorstellung noch nicht, sondern erst im Abschnitt »Staat«. Hegel unterscheidet zwischen beiden. In der bürgerlichen Gesellschaft erfolgt die Vergesellschaftung über »selbstsüchtige Zwecke«, Zwecke eines Wesens in Wirtschaftsbeziehungen oder »allseitiger Abhängigkeit« (§ 183). Das Utilitaritätsprinzip, das schon früher beispielsweise bei dem schottischen Nationalökonomen und Moralphilosophen Adam Smith zur theoretischen Darstellung kam, findet bei Hegel seine – wie Manfred Riedel formuliert – »deutsch-philosophische Form«.[15] Smith stellt die utilitaristische Haltung des einzelnen in der bürgerlichen Gesellschaft so dar:

Da nun jedermann nach Kräften sucht, sein Kapital in der heimischen Erwerbstätigkeit selbst so zu leiten, daß ihr Erzeugnis den größten Wert erhält, so arbeitet auch jeder notwendig dahin, das jährliche Einkommen der Gesellschaft so groß zu machen, als er kann. Allerdings strebt er in der Regel nicht danach, das allgemeine Wohl zu fördern, und weiß auch nicht, um wieviel er es fördert. [... Er] verfolgt [...] lediglich seinen eigenen Gewinn und wird in diesen wie in vielen anderen Fällen von einer unsichtbaren Hand geleitet, einen Zweck zu fördern, den er in keiner Weise beabsichtigt hatte. Auch ist es nicht eben ein Unglück für die Gesellschaft, daß dies nicht der Fall war. Verfolgt er sein eigenes Interesse, so fördert er das der Gesellschaft weit wirksamer, als wenn er dieses wirklich zu fördern beabsichtigt.[16]

14 G. W. F. Hegel, Vorlesungen über Naturrecht und Staatswissenschaft (1817/18). Nachschrift P. Wannenmann, hg. von C. Becker u. a., mit einer Einleitung von O. Pöggeler, Hamburg 1983, S. 82 f.

15 Manfred Riedel, »Der Begriff der ›Bürgerlichen Gesellschaft‹ und das Problem seines geschichtlichen Ursprungs«, in: ders., *Studien zur Hegelschen Rechtsphilosophie*, Frankfurt/M. 1969, S. 158.

16 Adam Smith, *Eine Untersuchung über Natur und Wesen des Volkswohlstandes*, Jena 1923, Band 2, S. 235 f.

So schrieb Smith im Jahre 1776. Hegel nennt die so beschriebene bürgerliche Gesellschaft auch »äußeren Staat – Not- und Verstandesstaat« (§ 183), weil sie noch »der Kampfplatz des individuellen Privatinteresses aller gegen alle ist«. (§ 289 A) In der Heidelberger Vorlesung heißt es zusammenfassend und treffend: »Indem so die Einzelheit der Person zur Basis gemacht wurde, entstand ein Notstaat.« (§ 71)

Es geht Hegel aber um *Übereinstimmung* mit dem Allgemeinen und nicht um ein utilitaristisch-lockeres Band oder ein Gemeinwesen, das sich seinen Bestand dem konkurrierenden Verhalten der das Gemeinwesen ausmachenden einzelnen verdankt. Für Hegel ist das Vergesellschaftungsmodell der bürgerlichen Gesellschaft nicht tragfähig.[17] Diese Gesellschaft ist nicht mehr politisch. Sie hat »ihre politische Gliederung dem Staate« anheimgegeben.[18]

> Was Hegel mit der »bürgerlichen Gesellschaft« in das Bewußtsein der Zeit erhob, war nichts Geringeres als das Resultat der modernen Revolution: die Entstehung einer entpolitisierten Gesellschaft durch die Zentralisierung der Politik im fürstlichen bzw. revolutionären Staat und die Verlagerung ihres Schwerpunktes auf die Ökonomie, die eben zur selben Zeit diese Gesellschaft mit der industriellen Revolution [...] erfuhr.[19]

Nur der Staat ist also zu Hegels Zeit noch ein politisches Gemeinwesen, nicht aber die bürgerliche Konkurrenzgesellschaft. Dies wurde Hegel selbst erst um 1820 bewußt.[20] Damit ein Gemeinwesen politisch sein kann, müssen ihm andere Prinzipien zugrunde liegen als die, die der bürgerlichen Gesellschaft den Zusammenhalt gewähren. Die Prinzipien müssen so gestaltet sein, daß das »Allgemeine [...] durch Besonderung wirklich, der besondere Wille durch Übereinstimmung mit dem Allgemeinen ›sittlich‹« wird.[21] In der Anmerkung zu § 71 der Heidelberger Vorlesung stellt Hegel die Vorstellung seines politischen Vergesellschaftungsmodells so dar:

17 Vgl. Armin von Bogdandy, »Hegel und der Nationalstaat«, in: *Der Staat*, 30. Jg., Nr. 4/1991, S. 520.
18 Manfred Riedel, a.a.O., S. 165.
19 Ebd., S. 156.
20 Vgl. ebd., S. 155 f.
21 Ludwig Siep, a.a.O., S. 85.

Die Einheit des Geistes muß die Substanz ausmachen, nicht der Geist als einzelnes Wollen. Die sittliche Substanz ist frei von dieser Besonderheit, die Einzelheit ist aufgehoben; der wirkliche Geist, der gerade in der Gesinnung als einer allgemeinen sein Wesen hat, insofern er für sich herausgehoben wird, ist der substantielle Geist. In Beziehung auf das öffentliche Leben ist der substantielle Geist der eigene Geist des Volkes, der in allen ist, aber in ungetrübter Einigkeit bleibt.

Das Subjekt soll also von dem Ganzen Zeugnis geben wie »von seinem eigenen Wesen« (§ 147). »Die Substantialität ist wesentlich Gesinnung. [...] Anerkennen der Gesetze [...] Was man zu tun hat, muß man geradezu ohne weiteres Bedenken tun.«[22] Und umgekehrt: »Das sittliche Ganze [hat] keine anderen Interessen als die wesentlichen Interessen des Individuums. Das sittliche Ganze seinerseits weiß, daß es sein eigenes Selbstbewußtsein und Wissen *nur* in den einzelnen Individuen besitzt und daß es nichts anderes will als die besonderen Willen der Individuen, insofern diese vernünftig sind.«[23]

Es muß demnach »ein vorausliegendes Einigsein der Individuen« geben, das Ausgangspunkt für Hegels Rechts- und Staatstheorie ist.[24] Hegel spricht davon in der Anmerkung zu § 150: »Was der Mensch tun müsse, welches die Pflichten sind, die er zu erfüllen hat, um tugendhaft zu sein, ist in einem sittlichen Gemeinwesen leicht zu sagen, – es ist nichts anderes von ihm zu tun, als was ihm in seinen Verhältnissen vorgezeichnet, ausgesprochen und bekannt ist.« Diese seine vorgezeichneten Möglichkeiten zu realisieren, heißt für das Individuum Selbstverwirklichung, die auch vom Staat, nicht aber von der bürgerlichen Gesellschaft befördert wird: »Dies ist das Geheimnis des Patriotismus der Bürger nach dieser Seite, daß sie den Staat als ihre Substanz wissen, weil er ihre besonderen Sphären, deren Berechtigung und Autorität wie deren Wohlfahrt, erhält.« (§ 289 A)

In der von Hegel geschilderten Identität sind diese *besonderen Sphären* auch die *Sphären des Ganzen*, welche sich in Regeln manifestieren. Rechtsregeln sind bei Hegel nicht nur die geschriebenen Gesetze, sondern Sitten, Überlieferungen und Gewohnhei-

22 G. W. F. Hegel, *Vorlesungen über Naturrecht und Staatswissenschaft* (1817/18), a.a.O., S. 84.

23 Adriaan Peperzak, »Hegels Pflichten- und Tugendlehre«, in: *Hegel-Studien*, 17. Jg., 1982, S. 101.

24 Armin von Bogdandy, a.a.O., S. 521.

ten, eben das, was in den sozialen Verhältnissen liegt (vgl. § 211 A und § 213). Aber auch die Gesetzesnormen sind nichts anderes als das »normativ verfestigte und konservierte Wertsystem«.[25] Rechtsregeln »entstehen durch unbewußt übereinstimmende Verhaltensweisen«.[26] Dieses »vorausliegende Einigsein der Individuen«[27] ist das grundlegende Konstitutionsmoment für den Staat. Und das so definierte Recht ist es, was bei Hegel die zentrale Rolle für die Vergemeinschaftung bekommt.[28]

»Der gute Mensch weiß, daß Grundlage und Inhalt seiner Freiheit nicht außerhalb der konkreten Objektivität des Systems der Gesetze und Einrichtungen (§§ 144-145) zu finden ist.«[29] So wird nach antikem Vorbild die Moralphilosophie Teil der Politik.[30] Moral und Politik sind für Hegel keine getrennten Konfessionen. Das Subjekt aktualisiert in seinem moralischen Handeln die Sittlichkeit.[31] Dies wird durch den Wortlaut der §§ 153-154 bestätigt:

> Das Recht der Individuen für ihre subjektive Bestimmung zur Freiheit hat darin, daß sie der sittlichen Wirklichkeit angehören, seine Erfüllung, indem die Gewißheit ihrer Freiheit in solcher Objektivität ihre Wahrheit hat und sie im Sittlichen ihr eigenes Wesen, ihre innere Allgemeinheit wirklich besitzen [...] Das Recht der Individuen an ihre Besonderheit ist ebenso in der sittlichen Substantialität enthalten, denn die Besonderheit ist die äußerlich erscheinende Weise, in welcher das Sittliche existiert.[32]

3. Die gegenwärtige Sozialisationsforschung

Ich komme zunächst noch einmal zurück auf meinen Ausgangspunkt. Auch die Kommunitarier sind der Auffassung, daß die Moral sich in den »konkreten Gemeinschaften« bilde.[33] »Wir müssen die moralische Welt nicht erst entdecken, da wir immer

25 Bernd Rüthers, *Rechtsordnung und Wertordnung*, Konstanz 1986, S. 23.
26 Ludwig Siep, a.a.O., S. 94.
27 Armin von Bogdandy, a.a.O., S. 521.
28 Vgl. ebd., S. 522.
29 Adriaan Peperzak, a.a.O., S. 100 f.
30 Vgl. ebd., S. 106.
31 Vgl. ebd., S. 113.
32 Wiedergegeben ohne Hegels Hervorhebungen.
33 Charles Taylor, »Die Motive einer Verfahrensethik«, in: Wolfgang

schon in ihr gelebt haben.«[34] Jede Moraltheorie habe »von den Gütern und der Alltagspraxis auszugehen, die tatsächlich in einer gegebenen Gesellschaft vorhanden sind«.[35] Das bedeute natürlich eine »Aufwertung der Betrachtung des Alltagslebens«.[36] Soweit die Stellungnahme der amerikanischen Gegenwartsphilosophen. Ihre Ergebnisse und auch die Ergebnisse Hegels werden durch die gegenwärtige Sozialisationsforschung bestätigt. Es kann kein Zweifel daran bestehen, daß Ethik oder Moral stets im kulturellen Zusammenhang entstehen und immer kulturell gebunden sind. Das alt-griechische »ethos« bedeutet in der Übersetzung Gewohnheit und Sitte. Ethik bezeichnet das Gesamt der Werte in einer Kultur. Der Lateiner übersetzte mit »mos/moris«, woher der Begriff der Moral kommt, der synonym für Ethik stehen kann und was ebenfalls Gewohnheit, Sitte oder Brauch bedeutet. Sehen wir uns den Entstehungszusammenhang von Ethik oder Moral im folgenden an. Wir sehen dabei zugleich, wie sich die Beziehung von Individuum und Gemeinschaft herstellt, erhält und fortsetzt.

»Das Kind entdeckt sich selbst, in dem es erfahren lernt, was Gesellschaft ist.«[37] Wie ist dieser Satz zu deuten? Einer der Klassiker der amerikanischen Philosophie, George Herbert Mead, ist bei seinen Forschungen zu dem Ergebnis gekommen, daß das Individuum sich im Wechselspiel mit anderen als Subjekt herausbildet. Es orientiert sich an anderen. »Wir sind, was wir sind, durch unser

Kuhlmann (Hg.), *Moralität und Sittlichkeit. Das Problem Hegels und die Diskursethik*, Frankfurt/M. 1986, S. 114.

34 Michael Walzer, *Kritik und Gemeinsinn. Drei Wege der Gesellschaftskritik*, Berlin 1987, S. 29.

35 Charles Taylor, a.a.O., S. 124. Vgl. dazu auch Charles Taylor, »Sprache und Gesellschaft«, in: Axel Honneth/Hans Joas (Hg.), *Kommunikatives Handeln. Beiträge zu Jürgen Habermas' ›Theorie des kommunikativen Handelns‹*, Frankfurt/M. 1986, S. 45 f. und Charles Taylor, *Negative Freiheit?*, a.a.O., S. 165. Vgl. dazu weiterhin die Beispiele von Alasdair MacIntyre, *Der Verlust der Tugend. Zur moralischen Krise der Gegenwart*, Frankfurt/M. 1987, S. 82 und 83. MacIntyre zeigt, wie in unser Alltagsverständnis der Gedanke des funktional Guten eingebettet ist. Wir wissen z. B., was ein »guter« Kapitän oder was ein »guter« Bauer ist.

36 Charles Taylor, »Die Motive einer Verfahrensethik«, a.a.O., S. 124.

37 Peter L. Berger, *Einladung zur Soziologie*, München 1977, S. 111.

Verhältnis zu anderen.«[38] Es ist von dem Sozialphilosophen George Herbert Mead ebenso wie fast zur gleichen Zeit von dem Individualpsychologen Alfred Adler die Auffassung der neuzeitlich-rationalen Naturrechtslehren, die seit Hobbes von einem vorgesellschaftlichen Zustand freier Menschen ausgehen, bestritten worden: »Vor dem Einzelleben der Menschen war die Gemeinschaft. Es gibt in der Geschichte der menschlichen Kultur keine Lebensform, die nicht als gesellschaftlich geführt worden wäre. Nirgends sind Menschen anders als in Gesellschaft aufgetreten.«[39] Dennoch wird ein Mensch in der Sozialisation nicht identisch mit den anderen seiner Gemeinschaft, denn jedes Individuum hat seinen persönlichen Lebensstil; oder seine individuellen, handlungsleitenden Gebote, die nur es selbst versteht. Sie bilden sich für das Individuum in der je eigenen Kombination von Primär- und Sekundärsozialisation, von Bezugsgruppensozialisation und Welterhaltungsmechanismen heraus.[40] In der Primärsozialisation beispielsweise lernt das Kind, »artig, sauber und ehrlich« zu sein.[41] Als Beispiel dafür kann folgendes stehen: Wenn ein Kind Suppe verschüttet, lernt es sehr schnell, daß »Mami böse ist«. Der nächste Lernschritt ist, daß Mami *immer* böse ist, wenn Suppe verschüttet wird. »Wenn weitere signifikante Andere – Vater, Oma, große Schwester und so weiter – Mamis Abneigung gegen verschüttete Suppe teilen, wird die Gültigkeit der Norm subjektiv ausgeweitet. Der entscheidende Schritt wird getan, wenn das Kind erkennt, daß *jedermann* etwas gegen Suppeverschütten hat. Dann wird die Norm zum ›Man verschüttet Suppe nicht‹ verallgemeinert.«[42]

38 George Herbert Mead, *Geist, Identität und Gesellschaft*, Frankfurt/M. 1968, S. 430.

39 Alfred Adler, *Menschenkenntnis*, Frankfurt/M. 1966, S. 38.

40 Peter L. Berger/Thomas Luckmann, *Die gesellschaftliche Konstruktion der Wirklichkeit. Eine Theorie der Wissenssoziologie*, Frankfurt/M. 1980, S. 157 ff.

41 Peter L. Berger, a.a.O., S. 112.

42 Peter L. Berger/Thomas Luckmann, a.a.O., S. 143. Den Prozeß des Morallernens, der natürlich sehr viel differenzierter ist als hier geschildert, expliziert Monika Keller als einen kognitiven und zugleich emotionalen Lernprozeß: »Die soziale Konstitution sozialen Verstehens: Universelle und differentielle Aspekte«, in: Wolfgang Edelstein/Monika Keller (Hg.), *Perspektivität und Interpretation. Beiträge zur Entwicklung des sozialen Verstehens*, Frankfurt/M. 1982, S. 266-285.

Jedes Individuum aktualisiert dann in seinem Handeln die gemeinschaftlichen Normen. Die Gemeinschaft ist also kein bloßes »Äthersphärenspiel« oder »Luftgebilde« für den einzelnen Menschen, sondern empirische Realität *in* jedem einzelnen Mitglied einer Kulturgemeinschaft. Das Individuum lebt in der Gemeinschaft, die es selbst ist. Dabei übernehmen die einzelnen nicht nur die Einstellungen und Normen der anderen, sondern auch deren Weltsicht, also den vortheoretischen Hintergrund, auf dem jeder einzelne Mensch für sich die Welt auslegt.

Auch in den Bezugsgruppen werden Normen gelernt und Anleitungen dazu, wie die Welt auszulegen ist. Dazu ein Beispiel: In seiner Bezugsgruppe lernte mein Sohn, daß eine schwarz-weiß gehaltene Zimmereinrichtung »in« ist. Dazu gehört auch schwarz-weiße Bettwäsche. Eines Tages besuchte er seine Freundin. Er schlief dort in Bettwäsche, die mit Pferdemotiven bedruckt war. Als er zurück kam, berichtete er, daß es ein schönes Wochenende war, nur habe er nicht gut geschlafen. – Berger gibt als Beispiel für das Lernen in einer Bezugsgruppe ein Experiment an: Eine Versuchsperson hat einen 30 cm langen Gegenstand zunächst ganz richtig geschätzt. Die eingeweihten Mitglieder einer Versuchsgruppe behaupteten steif und fest, daß der Gegenstand 15 cm lang sei. Die Versuchsperson ließ sich verunsichern und korrigierte sich.[43]

Was wird nun in den verschiedenen Sozialisationsinstanzen gelernt? Was wichtig ist für das Zurechtkommen in der Gesellschaft und für die Welterkenntnis. Man nennt es das vortheoretische Wissen. Es gibt *unserer* Wirklichkeit die Struktur. »Es ist das summum totum all dessen, ›was jedermann weiß‹, ein Sammelsurium von Maximen, Moral, Sprichwortweisheiten, Werten, Glauben, Mythen und so weiter.«[44] Dieses »summum totum« nennt man Lebenswelt in Abgrenzung zum je individuellen Lebensstil. Die Lebenswelt besteht aus individuellen Fertigkeiten, aus intuitivem Wissen, aus sozial eingeübten Praktiken und aus Hintergrundüberzeugungen.[45] Hegel bezeichnete das in der genannten Anmerkung zu § 150 als die vorgezeichneten Möglichkeiten, die der Mensch in seiner Erkenntnis und seinem Handeln realisiert.

43 Vgl. Peter L. Berger, a.a.O., S. 132.
44 Vgl. Peter L. Berger/Thomas Luckmann, a.a.O., S. 70.
45 Jürgen Habermas, *Theorie des kommunikativen Handelns*, Frankfurt/M. 1981, Band 2, S. 205 und ders., *Vorstudien und Ergänzungen zur Theorie des kommunikativen Handelns*, Frankfurt/M. 1984, S. 593.

4. Kann es Rechtsnormen mit universaler Geltung geben?

Wenn Rechtsauffassungen wie beschrieben entstehen, dann dürfte eine Weiterentwicklung des Rechts nicht möglich sein. Ob das so ist, soll im folgenden geklärt werden. Weil Habermas an einer Weiterentwicklung gesellschaftlicher Rechtsauffassungen interessiert sei, wähle er – meint Taylor[46] – eine universale Norm, die unabhängig von irgendeiner realen Gesellschaft ist. Sie könne Geltung für jede nur denkbare Gesellschaft erlangen. Mit ihr könne man sich überdies kritisch gegenüber bestehenden Moralvorstellungen verhalten. Sie könne für die Weiterentwicklung von Rechtsnormen auch als anzustrebende regulative Idee gelten. Diese universale Grund-Norm lautet: Nur solche Normen können allgemeine Anerkennung und somit gesellschaftliche Gültigkeit erlangen, deren Folgen alle Betroffenen tragen wollen, ganz gleich, ob sie nun im einen Fall die Norm aktiv anwenden oder zu einer anderen Zeit von der Anwendung passiv betroffen werden.[47] Dieser diskursethische Grundsatz, den Habermas entwickelt hat, steht in der Traditionsreihe rationaler Ethik-Konzeptionen Kantischer Prägung. Kants Kategorischer Imperativ in seiner »Kritik der praktischen Vernunft« lautet: »Handle so, daß die Maxime deines Willens jederzeit zugleich als Prinzip einer allgemeinen Gesetzgebung gelten könne.« (A 54)

Ich werde in Kapitel 9a zeigen, daß das Abstraktionsprinzip den Denk- und Handlungsweisen der Menschen in unserer Kultur zugrunde liegt, daß also auch das Aufstellen einer so abstrakten Moralnorm Produkt unserer Kultur ist. Andere Autoren zeigen, daß die Tendenz dazu, moralische Normen als abstrakte Prinzipien zu formulieren, mit der eingangs beschriebenen Individualisierung in unserer Gesellschaft zusammenhängt:

> Der ethische Universalismus erscheint [...] in einer [...] wichtigen Hinsicht als echtes geistiges Produkt des massendemokratischen Zeitalters. Die Reduktion des Menschen auf sein bloßes vernunftbegabtes Menschsein übersetzt in die idealisierende Sprache der Philosophie das Faktum der extremen Atomisierung, das für die demokratische Massengesellschaft

46 Vgl. Charles Taylor, »Die Motive einer Verfahrensethik«, a.a.O., S. 128.
47 Jürgen Habermas, *Moralbewußtsein und kommunikatives Handeln*, Frankfurt/M. 1983, S. 75 f.

konstitutiv ist. Eben diese Reduktion und diese Atomisierung ermöglichen den Übergang zum Universalismus, da das Ausrufen der Vernunft zur allein entscheidenden Anlage des Menschen alle substantiellen Bindungen (zum Beispiel die an die Familie oder an die Nation) und somit alle Barrieren und Grenzen zwischen allen einzelnen auf diesem Planeten beseitigt. Vernunft kann sich erst dann mit ethischer Absolutheit setzen und alle einzelnen Menschen miteinander vereinigen, nachdem der Vorgang der Atomisierung weit fortgeschritten ist.[48]

Es hat den Anschein, als wiederhole sich hier eine Diskussion über die Moral, wie sie vor nunmehr fast 200 Jahren schon einmal stattgefunden hat. Ich meine die Auseinandersetzung Hegels mit Kant. Hegel hatte – wie oben gesagt – den leeren Formalismus von Kants Kategorischem Imperativ kritisiert, der rein formal die Widerspruchsfreiheit der Handlungsmaximen aller Menschen in einer Gemeinschaft ohne inhaltliche Füllung fordere. Vor allem kritisiert Hegel, daß die sittlichen Einstellungen der einzelnen bei der Aufstellung einer allgemein geltenden Norm keine Berücksichtigung fänden. Daß diese Einstellungen der einzelnen – wie oben erörtert – allerdings durch die soziale Sittlichkeit und Gewohnheit geprägt werden und daß die Gesetze auf dem Wege der Reform den gewandelten Sitten angepaßt werden müßten, sieht auch Hegel. »Die Rechtsphilosophie Hegels unternimmt es, diese ›Abstraktheit‹ zu korrigieren. Sie erneuert dafür die zur Tradition der ›Politik‹ des Aristoteles gehörige institutionelle Ethik, aber so, daß sie das große Prinzip der Subjektivität und Moralität in diese einbringt und zu ihrem Subjekt macht.«[49]
Daß der Mensch mit einer universalen Ethik wie der Diskursethik auf sein Vernünftigsein reduziert würde und sogar reduziert werden müßte, weil sich sonst – wie Kondylis behauptet – »universale ethische Ziele kaum ins Auge fassen, geschweige denn verwirklichen«[50] ließen, dagegen hat Habermas ins Feld geführt, daß sich gerade in einem praktischen Diskurs die Menschen mit ihrem Unbehagen und ihren Bedürfnissen zu Wort melden könnten, daß sie gehört würden und auf diese Weise auf die Normbildung Einfluß

48 Panajotis Kondylis, »Wider die universale Ethik. Ist der einzelne so vernünftig, wie die Kommunikationstheorie es möchte?«, in: *Frankfurter Allgemeine Zeitung* Nr. 36 vom 12. Februar 1992, S. N 3.
49 Joachim Ritter, *Metaphysik und Politik. Studien zu Aristoteles und Hegel*, Frankfurt/M. 1969, S. 300.
50 Panayotis Kondylis, a.a.O.

nehmen könnten. Hiermit hat Habermas nach seiner Ansicht der Kritik Hegels an Kant Rechnung getragen.[51]
Wenn Habermas sich in dieser Weise auf Hegel gegen Kant beruft, dann muß auch dem »Kommunitarier« Charles Taylor recht gegeben werden, wenn er sagt, daß es kein *reines* Verfahrensprinzip, wie es der Habermassche Universalisierungsgrundsatz sein will, geben könne, weil es nämlich selbst auf »starken Wertungen«[52] basiere und somit gar nicht rein formal sei. Denn wenn man frage, warum man nach den Regeln des rationalen Diskurses verfahren solle, so müsse man antworten, weil Vernünftigkeit für mich ein hoher Wert ist.[53] Dies nicht zu sehen, darin besteht für Taylor die Inkohärenz der Habermasschen Universal-Ethik.[54] Auch Kant beantworte die Frage, warum man eigentlich nach diesem Verfahrensgrundsatz vorgehen solle, »mit seinem Begriff eines vernünftigen Wesens, dem Würde zukommt«.[55] Und das sei nicht mehr nur formal. Sehe man das nicht, so würde der eigentliche Grund für ein solches Verfahrensprinzip, das beansprucht, gerecht in dem Sinne zu sein, daß alle Menschen gleich behandelt würden, auch nicht gesehen: Alle Menschen gleich zu behandeln ist »nämlich die Achtung, die die Würde des Menschen verdient«.[56] – Ich vermute, daß Habermas die der Logik des Diskurses zugrunde liegenden »starken Werte« deshalb nicht sieht, weil er religiösen Fragestellungen aus dem Weg geht und sich auf diesem Gebiet für inkompetent erklärt.[57] Sonst hätte er auch nicht an der Tatsache vorbeisehen können, daß der Gedanke der universalen Geltung von Normen nicht zuletzt durch das Christentum in unsere Kultur hineingetragen und verbreitet worden ist.[58]
Darüber hinaus ist anzumerken, daß eine universale Verfahrens-

51 Jürgen Habermas, *Erläuterungen zur Diskursethik*, Frankfurt/M. 1991, S. 9ff.
52 Charles Taylor, »Sprache und Gesellschaft«, a.a.O., S. 45.
53 Vgl. ebd., S. 46.
54 Vgl. Charles Taylor, »Die Motive einer Verfahrensethik«, a.a.O., S. 118.
55 Charles Taylor, »Sprache und Gesellschaft«, a.a.O., S. 45.
56 Charles Taylor, *Negative Freiheit?*, S. 154.
57 Jürgen Habermas, *Texte und Kontexte*, Frankfurt/M. 1991, S. 127ff.
58 Karl-Otto Apel, Zur geschichtlichen Entfaltung der ethischen Vernunft in der Philosophie, in: Deutsches Institut für Fernstudien an der Universität Tübingen (Hg.), *Funkkolleg Praktische Philosophie/Ethik*, Studienbegleitbrief 2, Weinheim/Basel 1980, S. 40f.

ethik in eigentümlicher Widersprüchlichkeit zu ihrem Begriff kontextabhängig ist. Die universale Diskurs-Ethik wird in einer Gesellschaft formuliert, die wir als aufgeklärte Gesellschaft bezeichnen. Die Aufklärung ist nun aber nicht irgendein Datum, sondern »ein entscheidendes historisches Ereignis«,[59] von dem Habermas selbst sagt, daß es »so wenig rückgängig gemacht werden kann, wie [es] willkürlich produziert worden ist. Der Aufklärung ist die Irreversibilität von Lernprozessen eigen, die darin begründet ist, daß Einsichten nicht nach Belieben vergessen, sondern nur verdrängt oder durch bessere Einsichten korrigiert werden können.«[60] Also sieht auch Habermas, daß die Aufklärung ein *spezifisches* gesellschaftliches Ereignis ist. Nur in einer den Aufklärungsprinzipien verpflichteten Tradition kann die von Habermas präsentierte universale Diskursethik formuliert werden. Sie ist darum kontextabhängig.

Nun ist die Diskussion damit nicht beendet, denn auch Taylor würde zugeben, daß in einer sich entwickelnden Weltgesellschaft andere Normen gebraucht würden, denn die neue planetarische Wirklichkeit bildet den von Taylor reklamierten neuen kulturellen Hintergrund für moralische Normen aus. Auf diesem Hintergrund könnte Taylor aus seinem Blickwinkel der Universal-Norm, so wie Habermas sie entwickelt, zustimmen. Jedenfalls wird für eine Weltgesellschaft das gelten, was für eine nationale Gemeinschaft in kleinerem Rahmen ebenso gilt: Menschen werden in die Gemeinschaft hinein geboren und entwickeln ihre Identität durch die Orientierung an den anderen in ihrer Gemeinschaft. Sie sind von der Gemeinschaft abhängig, weil sie das, was sie sind, durch ihr Verhältnis zu anderen sind. Daraus erklärt sich die mögliche Gefährdung und chronische Anfälligkeit unseres versehrbaren Selbstwertgefühls. Wir sind auf die Anerkennung von anderen angewiesen. Bekommen wir sie nicht, sind wir verletzt. Auf die Schonung der Identität der einzelnen in einer Gemeinschaft ist jede Moral zugeschnitten. Darum ist eine Universalmoral in einer Weltgemeinschaft notwendig. Dies würde auch Charles Taylor anerkennen.[61]

59 Ernst Tugendhat, *Probleme der Ethik*, Stuttgart 1984, S. 127.

60 Jürgen Habermas, *Der philosophische Diskurs der Moderne*, Frankfurt/M. 1985, S. 104 f.

61 Vgl. zu der Habermas-Taylor-Debatte auch das Kapitel 13b des vorliegenden Buches. Ernst Tugendhat kommt mit einem anderen Zugang

Es scheint, daß die vor 200 Jahren begonnene Diskussion zwischen Kant und Hegel auch heute noch nicht beendet ist.

zu dem gleichen Ergebnis: Vgl. Ernst Tugendhat, »Zum Begriff und zur Begründung von Moral«, in: ders., *Philosophische Aufsätze*, Frankfurt/M. 1992, S. 315-333.

2. Politik als Pflicht

Im Folgenden soll das Verhältnis von Politik und Moral näher bestimmt werden. Wie dieses Verhältnis aussieht, läßt sich durch Rekonstruktion der Theorien ermitteln, die sich mit diesem Gegenstand befassen. Es sind die Politikwissenschaften. Ich gebrauche bewußt den Plural, weil es keine einheitliche Politikwissenschaft gibt. Die Theorie und ihre Methode ist immer abhängig von dem Gegenstand, den sie behandelt, und umgekehrt ist die Beschreibung ihres Gegenstandes immer abhängig von der Sichtweise der jeweiligen Theorie.

1. Die verschiedenen Lehren von der Politik

Herfried Münkler bestimmt den Gegenstand, mit dem sich eine Politikwissenschaft befassen kann. Dieser Gegenstand

> kann bestimmt werden (1) als *Machtkampf*, so etwa von Thukydides über Machiavelli (nicht nur, aber auch) bis zu Max Weber und Carl Schmitt; er kann (2) empirisch bestimmt werden als *die bestehende politische Ordnung* mitsamt ihren Institutionen und sozialen Bewegungen (etwa bei Tocqueville), aber auch (3) stärker normativ als die *Verwirklichung der am Gemeinwohl orientierten ›guten Ordnung‹*, so von Aristoteles bis Joachim Ritter und Leo Strauss; oder er wird bestimmt als *ein großes historisches Endziel* mitsamt der zu seiner Erreichung erforderlichen *taktischen Schritte* und *strategischen Planungen*, wie dies etwa bei Marx und Engels sowie ihren Schülern und Nachfolgern der Fall ist.[1]

Von den Gegenständen her bestimmen sich die Methoden, Theorien, Forschungsansätze und letztlich Schulen. Von den Gegenständen und den Möglichkeiten her sie zu erfassen, kann ich mit Bezug auf Münkler, der sich seinerseits auf Wolf-Dieter Narr und Klaus von Beyme bezieht, etwas generalisierend folgende beiden Theorietypen ausmachen: Den einen kann man normativ nennen

1 Herfried Münkler, »Politikwissenschaft. Zu Geschichte und Gegenstand, Schulen und Methoden des Fachs«, in: Iring Fetscher/Herfried Münkler (Hg.), *Politikwissenschaft. Begriffe – Analysen – Theorien. Ein Grundkurs*, Reinbek b. Hamburg 1985, S. 15.

und den anderen empirisch.[2] Machtkämpfe und die bestehende politische Ordnung werden empirisch erfaßt. Was die gute Ordnung ist und was das historische Endziel sein könnte, wird erfaßt mit normativen Theorien.

Das Verhältnis von Politik und Moral spielt in allen Theorietypen eine Rolle. Die eine Schule – sie wird Mannheimer Schule genannt – hält sich frei von normativen Erwägungen, die anderen Schulen, die Freiburger und alle marxistisch orientierten, haben sehr wohl mit normativen Fragestellungen zu tun.[3] So hat Trautje Franz nur für den erstgenannten Theorietypus recht, wenn sie sagt, daß die politische Wissenschaft in der BRD zu Ernst Bloch Distanz bewahre, weil sein Denken nicht den Gesellschaftsstrukturen entspräche, in die es eingebunden sei.[4] Sie beschreibt damit aber eine Tendenz, die sich in unserer Kultur bereits seit Beginn der Neuzeit durchsetzt. Carlo Schmid setzt das Geburtsdatum dieser sich rasant entwickelnden Tendenz bei Machiavelli an und sagt von seinen Nachfolgern:

> So wie Galilei und später Newton die Gesetze der mechanischen Physik fanden, so suchen die großen Denker im politischen Bereich auf Grund der von den Physikern entwickelten Methoden das Naturgesetz des Politischen, und sie finden dabei Sätze von ähnlicher Prägnanz, wie es der Satz von der Schwerkraft, von der Trägheit, vom Vakuum, dem Gleichgewicht usw. ist. Dieser Wandel im Bewußtsein des Politischen ist von unerhörter Tragweite gewesen. Erst damit begann die Möglichkeit, Politik in ein System zu bringen und weithin für berechenbar zu halten. Das Moralische und das Religiöse spaltet sich vom Politischen ab und an seine Stelle tritt die herzlose Staatsräson und das Kalkül. An die Stelle der Idee tritt die meßbare Realität. Dem Politiker ist alles erlaubt, was seinem Staat und der dort herrschenden Gewalt nützt; die Erhaltung und Ausbreitung der Macht wird oberstes Gesetz.[5]

Aufgrund der Entwicklung in der politischen Realität bilden sich nicht nur die politischen Theorien und die Politikwissenschaften, sondern die Wechselwirkung ist derart, daß auch die Theorien Einfluß auf die Entwicklung haben. Im Zuge dieser Theoriebildung seit Beginn der Neuzeit bildet sich überdies ein neuer Typ

2 Vgl. ebd., S. 18f.
3 Vgl. ebd., S. 17.
4 Vgl. Trautje Franz, *Revolutionäre Philosophie in Aktion. Ernst Blochs politischer Weg, genauer besehen*, Hamburg 1985, S. 12.
5 Carlo Schmid, *Politik und Geist* (1961), München 1964, S. 125f.

Mensch heraus: der sogenannte Staatsdiener, der Offizier und der Beamte. Sie hatten nichts weiter zu tun, als in Gehorsam die Befehle zu erfüllen. Diese Haltung entwickelte sich zu einer bleibenden Tradition in Deutschland. Rudolf Höß, der Kommandant des Konzentrationslagers Auschwitz, schrieb: »Ich stellte damals keine Überlegungen an – ich hatte den Befehl bekommen – und hatte ihn durchzuführen. Ob diese Massenvernichtung der Juden notwendig war oder nicht, darüber konnte ich mir kein Urteil erlauben.«[6] Damit wurde Politik aufs Technisch-Instrumentelle beschränkt. Eine solche Haltung erlaubte es auch, den Staat, dem man dienen wollte, zu wechseln. »Politik wird ... weitgehend Verwaltungskunst.«[7] Sie wird vergleichbar der Tätigkeit des Polizisten, der den Straßenverkehr regelt: Zwar läßt er »die Autos nicht einfach drauflos fahren, aber er entscheidet auch nicht über das Reiseziel der Autofahrer«.[8] Und damit ist die scharfe Trennung von Politik und Moral vollzogen. Mit dem Ziel, das Verhältnis von Politik und Moral in der heutigen Zeit besser verstehen zu können, will ich der Entwicklung dieser Trennung nachspüren.

2. Die Trennung von Politik und Moral im historischen Rückblick

Carlo Schmid sprach davon, daß die Politikwissenschaftler das Bestreben hatten, ebensolche Methoden anzuwenden wie die Physiker. Dies bedeutet, daß sie unabhängig von Wertentscheidungen forschen wollten. Die Abtrennung rein theoretischen Forschens von Wertentscheidungen und damit die Entwicklung einer wertfreien, objektiven Wissenschaft, entwickelt sich bei Aristoteles in kaum merklichen Ansätzen. Stellt man die Frage, welches bei Aristoteles die höchste Tugend ist, die Weisheit oder die Klugheit, so bekommt man die Antwort, daß Weisheit die höchste Tugend sei. Verfolgt man seine Argumentation, dann setzt das den Leser in Erstaunen. Klugheit liegt bei Aristoteles dann

6 Rudolf Höß, *Kommandant in Auschwitz. Autobiographische Aufzeichnungen*, hg. von Martin Broszat (1963), 7. Auflage, München 1973, S. 124.
7 Carlo Schmid, a.a.O., S. 127.
8 Christian Meier/Paul Veyne, *Kannten die Griechen die Demokratie?*, Berlin-West 1988, S. 14.

vor, wenn – in unserer heutigen Terminologie – das praktische Vernunftmoment mit dem theoretischen übereinstimmt. Das Wissen der Klugheit ist untrennbar mit dem ethos verbunden: »Die Tugend macht, daß man sich das rechte Ziel setzt, die Klugheit, daß man die rechten Mittel dazu wählt.«[9] Hier können wir sehen, daß Moral und Theorie miteinander in Wechselwirkung stehen müssen. Dennoch gibt es für Aristoteles eine Tugend, die er Weisheit nennt, die selbständig für sich besteht. Bei den Ägyptern, sagt Aristoteles uns, sei eine Wissenschaft als Selbstzweck betrieben worden, die in keiner Weise mit praktischen Bedürfnissen vermittelt gewesen sei, sie gab auch keine Handlungsanweisungen. Diejenigen, die sie betreiben, heißen Philosophen. Philosophie bedeutet ja Liebe zur Weisheit. – Wenn es also stimmt, daß die Weisheit für Aristoteles die oberste Tugend ist, dann haben wir hier schon ansatzweise eine Trennung von theoretischer und praktischer Vernunft vorliegen. In der Tat können wir bei der Betrachtung des Werkes von Aristoteles sehen, daß einerseits oftmals von einer Art wertfreier Wissenschaft gesprochen werden kann. Andererseits sehen wir an der Klugheit, daß der Bruch zwischen Wissenschaft und Moral noch nicht so eindeutig vollzogen ist. Ganz und gar nicht vollzogen ist hier die Trennung von Politik und Moral, sondern es besteht eine Einheit, so wie in der griechischen polis selbst noch eine Einheit von Privatmann und Staatsbürger bestand. »Für die Griechen war es selbstverständlich, daß das Privatleben die Gemeinschaft nicht kalt lassen konnte.«[10] Kein Bürger konnte die öffentlichen Angelegenheiten vernachlässigen, ohne in schlechten Ruf zu geraten.[11] Die breite Beteiligung der Bürger an der Politik hatte natürlich reale Gründe, zum einen hatten sie die Erfahrung, daß sie nur durch eigene Beteiligung der Tyrannis entgehen konnten,[12] und zum anderen war hier für die Bürger das einzige Betätigungsfeld, auf dem sie mit den Adligen gleichziehen, ja ihnen sogar überlegen sein konnten.[13] So bildete sich eine Identität der Bürger mit dem Staat aus, die nicht aufgegeben werden konnte, ohne daß der einzelne dabei einen Selbst-

9 *Nikomachische Ethik*, VI. Buch, 13. Kapitel.
10 Christian Meier/Paus Veyne, a.a.O., S. 35.
11 Vgl. ebd., S. 49.
12 Vgl. ebd., S. 64.
13 Vgl. ebd., S. 72.

verlust erlitten hätte.[14] Das Politische hat für die Identität des einzelnen in der griechischen polis eine Rolle gespielt, wie wohl niemals sonst in der Weltgeschichte.[15] Diese Einheit, die zwischen Privatmann und Staatsbürger bestand, existierte auch zwischen Politik und Moral. In seiner Ethik sprach Aristoteles von den Tugenden und vom sittlichen Verhalten der Menschen. Im 10. Kapitel des x. Buches der »Nikomachischen Ethik« schließt er seine Betrachtungen mit der Überlegung, daß es schwer sei für die Jugend, die richtige sittliche Anleitung zu erhalten, wenn sie nicht unter entsprechenden Gesetzen erzogen würde. Da seine Vorgänger aber die Theorie der Gesetzgebung nicht erforscht hätten, müsse Aristoteles nun selbst diese Erforschung anstellen und eine Staatslehre schreiben. Damit leitet er über zu seiner Politik.

Der Bruch zwischen Politik und Moral wird erstmals – nach Carlo Schmid[16] – im Christentum deutlich. Die Sätze des Neuen Testamentes lassen dies erkennen: »Gebt dem Kaiser, was dem Kaiser gehört, und Gott, was Gott gehört!«[17]

Wie schon angedeutet, wurde der Bruch vollends vollzogen zu Beginn der Neuzeit mit Machiavelli (1469-1527) und Hobbes (1588-1679). »So verschieden sie sich im einzelnen, über ein Jahrhundert getrennt, zur Sache eingelassen haben. Es galt ihnen als entscheidend herauszufinden, was *ist*, nicht was *sein soll*.«[18] Mit diesem methodischen Einstellungswandel ändert sich auch das Objekt ihres Gegenstandes. Für Aristoteles war in seiner Politiktheorie noch die Tugend der Bürger in der polis Gegenstand der Betrachtung. Für Machiavelli und Hobbes ist die Tugend der Bürger nicht mehr von Interesse, sondern der Gegenstand ihrer Politikwissenschaft waren die bestehende soziale Ordnung und die Machtkämpfe in ihr, wobei die Herrschaftskämpfe aus ihrem ethischen Zusammenhang herausgelöst wurden. Jetzt war die Frage, wie die innerstaatlichen Machtkämpfe und die von außen drohenden Mächte und Naturgewalten am besten technisch bewältigt werden könnten.[19] »Der politische Handlungsbereich

14 Vgl. ebd., S. 77.
15 Vgl. ebd., S. 89.
16 Vgl. Carlo Schmid, a.a.O., S. 123.
17 *Lukas-Evangelium*, 20, 25.
18 Wolf-Dieter Narr, »Ethik und Politik – Skizze einer Physik der Sitten«, in: Iring Fetscher/Herfried Münkler (Hg.), a.a.O., S. 88.
19 Vgl. Jürgen Habermas, *Theorie und Praxis* (1963), Frankfurt 1971, S. 57.

(wird) nach denselben technisch-zweckrationalen Regeln organisiert wie die industrielle Produktion.«[20] Die Tugenden werden zur Privatsache erklärt. Oberstes öffentliches Prinzip wird jetzt die Machterhaltung. Die Macht verselbständigt sich und wird von ihrem ethisch-moralischen Zusammenhang abgelöst. Daß dies möglich ist, wird ausführlich im nächsten Kapitel dargestellt.

Politik ist für Machiavelli die Summe der Mittel, die nötig sind, um zur Macht zu kommen und sich an der Macht zu halten und um von der Macht den nützlichsten Gebrauch zu machen, sei es um Freunde zu gewinnen, sei es um Feinde zu schwächen, sei es um den eigenen Machtbereich zu erweitern. ... Wo ..., gewissermaßen von der Technik des Machtkampfes her, in einer bestimmten Lage Gift und Dolch, Lüge und Verbrechen nicht entbehrt werden können, um den Gegner zu überwinden, wenn es wirklich um Sein und Nichtsein geht, dann ist einer als Staatsmann nur dann richtig am Platze, wenn er es über sich bringt, sich dieser Mittel zu bedienen.[21]

Und in den Worten Machiavellis aus »Il principe« hört sich das so an: Der Fürst »muß also nach dem Winde segeln, aber nicht ganz vom Wege des Guten wegsteuern, solange dies nur möglich ist; wenn es die äußerste Notwendigkeit erfordert, muß er aber ohne Bedenken Verbrechen begehen«.[22] Moral und Politik haben also nichts mehr miteinander zu tun. »Die Trennung der Politik von der Ethik ist in Europa endgültig gewesen, obschon immer wieder aristotelische Gegenströmungen auftraten.«[23]
Auch für Hobbes, der als Vorläufer des Rechtspositivismus zu bezeichnen ist, ist Recht der Inbegriff gesetzten Rechts. Gerechtigkeit ist nur noch die Achtung vor dem geschriebenen Gesetz.[24] Dabei will er das Recht wie die Gesetze der Natur erfassen, nämlich kausal. Für ihn wird die Moral aus dem Strafgesetz eliminiert. Strafrecht ist nicht mehr Vergeltung von Schuld, sondern zielt auf »Schutz, Besserung und Vorbeugung«.[25]
So kann man weitgehend die Lage heute in der Politikwissenschaft

20 Oskar Negt, *Modernisierung im Zeichen des Drachen. China und der europäische Mythos der Moderne*, Frankfurt 1988, S. 313.
21 Carlo Schmid, Einleitung in: *Macchiavelli-Auswahl*, hg. von Carlo Schmid, Frankfurt 1956, S. 24 und S. 27.
22 Ebd., S. 79.
23 Oskar Negt, a.a.O., S. 312.
24 Vgl. Jürgen Habermas, a.a.O., S. 67.
25 Ebd., S. 72.

sehen, jedenfalls ist es die vorherrschende Tendenz: »Ethische Reflexionen besitzen im Rahmen der Politikwissenschaft ... heute keinen Ort ... Moralische ›Gesinnung‹ ist etwas für den Hausgebrauch«[26] und Religion Privatsache.
Diese sogenannte Rationalisierungstendenz setzt sich fort und kennt keine Grenzen. Max Weber spricht gar von der Rationalisierung der Ethik, von der rationalen Lebensführung[27] und vom »Ethos des rationalen bürgerlichen Betriebs«[28] oder vom »Geist des Kapitalismus«.[29] Dies zeigt sich auch an einem Versuch, eine rationale Ethik entwerfen zu wollen mit der Zielsetzung, »dem Herrschaftsbereich der strengen Wissenschaft eine neue Provinz zu erschließen«.[30]
Ich sagte am Anfang schon, daß diese Trennung von Politik und Moral zwar die vorherrschende Meinung in der Politikwissenschaft ist, aber es gibt noch andere Auffassungen, und verschiedene Auffassungen beeinflussen sich gegenseitig. Dies wird besonders deutlich an einem Beispiel der Diskussion zweier Politikwissenschaftler, die ich anfangs mit Münkler zwei verschiedenen Richtungen zugeordnet habe, Carl Schmitt und Leo Strauss. Eine minutiöse Untersuchung über die Veränderung von Carl Schmitts Schrift »Der Begriff des Politischen« hat Heinrich Meier vorgelegt.[31] In der ersten Auflage dieser Schrift von 1927 hat Carl Schmitt die Politik als ein selbständiges Gebiet neben anderen Gebieten, unter anderem dem Gebiet des Moralischen, in welchem die Gegensätze von Gut und Böse grundlegend seien, ausgezeichnet. Im Bereich des Politischen seien die Gegensätze Freund – Feind grundlegend. Aufgrund der Anmerkungen von Leo Strauss zu Carl Schmitts Buch hat er unter der Hand die »Gebietstheorie« aufgegeben und durch eine Intensitätstheorie ersetzt.[32] Das Politi-

26 Wolf-Dieter Narr, a.a.O., S. 88.
27 Vgl. Max Weber, *Die protestantische Ethik. Eine Aufsatzsammlung*, hg. von Johannes Winckelmann (1920), 4. Auflage, Hamburg 1975, S. 134 f.
28 Ebd., S. 174.
29 Ebd., S. 180.
30 Leonard Nelson, *Gesammelte Schriften* in neun Bänden, Hamburg 1970 ff., Band IV, Widmung.
31 Heinrich Meier, *Carl Schmitt, Leo Strauss und ›Der Begriff des Politischen‹. Zu einem Dialog unter Abwesenden*, Stuttgart 1988.
32 Vgl. ebd., S. 30.

sche wird das Fundamentale. 1933 wird der ursprüngliche Text von Schmitt erweitert, und es heißt dort: »Die politische Einheit ist immer, solange sie überhaupt vorhanden ist, die maßgebende Einheit, total und souverän. ›Total‹ ist sie, weil erstens jede Angelegenheit potenziell politisch sei und deshalb von der politischen Entscheidung betroffen werden kann; und zweitens der Mensch in der politischen Teilnahme ganz und existenziell erfaßt wird. Die Politik ist das Schicksal.«[33] Daß für Carl Schmitt die Einheit von Moralischem, Ökonomischem, Ästhetischem und Politischem erst im nationalsozialistischen Staat verwirklicht ist, steht auf einem anderen Blatt.[34] Hier war nur zu zeigen, daß sich die unterschiedlichen Schulen beeinflussen. Rekonstruiert man auch andere Theorien, dann wird man zeigen können, daß stets eine Verbindung von Moralischem und Politischem besteht. Auch eine Theorie, die sich noch so objektiv gibt, kann nicht objektiv sein. Es ist inzwischen zur Selbstverständlichkeit geworden, daß Erkenntnis immer mit Interesse verbunden ist, daß Erkenntnis in gewissem Sinne immer moralisch ist. »Dies ist der treffliche Kern des alttestamentarischen Mythos vom Sündenfall.«[35]

Daß auch die Bewegungen einer Gesellschaft von zugrundeliegenden Werten bestimmt wird, kann von einer empirisch vorgehenden Wissenschaft verborgen werden. Erst die Ideologiekritik[36] kann deutlich machen, daß die grundlegenden Werte heute »Fortschritt um des Fortschritts willen« und »Profitmaximierung« sind. Täuschung durch Ideologisierung war ein Mittel, das Machiavelli den Fürsten empfahl: »Es muß sich daher ein Fürst angewöhnen, sich nie anders zu äußern als auf eine jenen fünf Tugenden gemäße Weise, so daß jeder, der ihn sieht, sich überzeugt halte, er sei die Güte, die Redlichkeit, die Treue, die Höflichkeit und Frömmigkeit selbst.«[37]

In der heutigen Zeit wird der Höhepunkt einer Entwicklung, die wir seit der Neuzeit beobachten können, deutlich. Eine Politik, die sich bewußt von der Moral abgekoppelt hat, muß sich nicht wun-

33 Nach Heinrich Meier, a.a.O., S. 24.

34 Vgl. dazu Carl Schmitt, »Was bedeutet der Streit um den Rechtsstaat«, in: *Zeitschrift für die gesamte Staatswissenschaft* (1935), Band 95, S. 189 ff.

35 Wolf-Dieter Narr, a.a.O., S. 72.

36 Vgl. dazu das Kapitel 3 des vorliegenden Buches.

37 *Machiavelli-Auswahl*, eingeleitet von Carlo Schmid, a.a.O., S. 79.

dern, wenn die Wertentscheidungen für gesellschaftliches Handeln von anderen Instanzen getroffen werden. Die Werte »Fortschritt um des Fortschritts willen« und »Profitmaximierung« bestimmen das gesellschaftliche Handeln hinter dem Rücken der Handelnden. Andere Wertentscheidungen sind in den Bereich des Privaten verwiesen worden. Was eine moralisch sich abstinent haltende Politik angerichtet hat, bedarf einer genaueren Beschreibung.

3. Der Zustand politischer Kultur in Deutschland

Mit dem Moralischen wurde der gesamte Bereich der Kultur ins Private verwiesen. Kultur wird damit wie selbstverständlich als der Inbegriff des Geistig-Künstlerischen angesehen.[38] Deutsche Geistesgrößen wie Goethe und Schiller empfahlen den Gebildeten das Fernhalten von der Politik.[39] Später hatte das Fernhalten des Bürgertums handfeste Gründe. Die bürgerliche Standesniederlage in der Revolution von 1848 und die dem politisch engagierten Bürgertum entgegengebrachte Verachtung läßt die politische Abstinenz »zum selbstverständlichen Verhaltensmuster der Gebildeten«[40] werden. Doch schon im 18. Jahrhundert war Geist nur als Esprit zulässig.[41] Es entstand ein politisches System zum Ende des 18. und zu Beginn des 19. Jahrhunderts, das nicht »den Mut hatte, sich auf das freie Wehen des Geistes zu gründen. Die Politik des Zeitalters der Restauration ging andere Wege.«[42] So entstand der Dualismus von Politik und Kultur in Deutschland. »Dem Politischen wurde als höherer Wert das Unpolitische gegenübergestellt ... Indem das politische Reich wankt, hat sich das geistige immer fester und vollkommener gebildet.«[43]
So kann man schon fast zwanglos von einer deutschen Eigenschaft

38 Vgl. Peter Reichel, »Politische Kultur in Deutschland«, in: Iring Fetscher/Herfried Münkler (Hg.), a.a.O., S. 117.
39 Vgl. Oskar Negt, »Zur prekären Situation der politischen Kultur in Deutschland«, in: *taz*, Berlin, vom 28. Mai 1984, S. 10 und vgl. Peter Reichel, a.a.O., S. 116.
40 Herbert Schnädelbach, *Philosophie in Deutschland 1831-1933*, Frankfurt 1983, S. 45.
41 Vgl. Carlo Schmid, *Politik und Geist*, a.a.O., S. 129.
42 Ebd., S. 128.
43 Peter Reichel, a.a.O., S. 116.

sprechen, die man so formulieren muß: »Wärme und Aufmerksamkeit nach Innen, zur Familie, zu den Beziehungsverhältnissen im Privaten hin, zum gemütvollen Binnenraum von Gesinnung und Einbildungskraft – Kälte und Gleichgültigkeit nach Außen.«[44] In dem Maße nun, wie die Kultur auf den Binnenraum des Privaten sich zurückzieht und der Gebildete sich von der Politik fernhielt, in demselben Maße verkümmerte auch die Politik. Oskar Negt sprach darum von der »prekären Situation der politischen Kultur in Deutschland«.[45] »Eine Folge davon ist die radikale Trennung von Innen und Außen, von Geist und Macht, von Gesinnungs- und Verantwortungsethik.«[46] Eine andere Folge war, daß die ahnungslosen gebildeten Deutschen den ungebildeten Hitler zum Staatsmann machen konnten. Wie gefährlich aber gebildete Politiker für die von Hitler betriebene Terrorpolitik hätten werden können, wird deutlich in dem von Goebbels überlieferten Ausspruch, wenn er von Kultur reden höre, entsichere er seinen Revolver.[47]

In Deutschland sind erst nach 1945, erst auf dem Boden der Bundesrepublik die Traditionen der Aufklärung in ganzer Breite zu einem mehr oder weniger selbstverständlichen Besitz geworden. Bis zum Ende der lähmenden Latenzperiode Anfang der sechziger Jahre haben die Intellektuellen eine gewisse Verwestlichung der deutschen Kultur durchgesetzt. Sie haben Herder und Kant nicht mehr als Überwinder der Aufklärung, sondern als deren Exponenten begriffen, sie haben – um nur davon zu sprechen – Börne, Heine und Tucholsky nicht länger ausgegrenzt, sie haben Freud und die Psychoanalyse, den westlichen Marxismus, den Wiener und Berliner Positivismus als große intellektuelle Bewegung ernst genommen.[48]

Wenn wir die Gegensatz-Kategorien »Politik – Moral«, »Politik – Kultur« und »Privatmann – Staatsbürger« zur Verfügung haben, dürfte es uns nicht schwer fallen, unsere bundesrepublikanische Gesellschaft zu analysieren mit Blick auf das Verhältnis von Poli-

44 Oskar Negt, a.a.O., S. 10. Daß dies aber kein ausschließlich deutsches Phänomen ist, konnte Richard Sennett in seiner Studie *Verfall und Ende des öffentlichen Lebens*, Frankfurt/M. 1983, zeigen.

45 Titel des Artikels von Oskar Negt, a.a.O.

46 Ebd., S. 11.

47 Vgl. ebd., S. 10.

48 Jürgen Habermas, »Die neue Intimität zwischen Politik und Kultur«, in: *Die Zukunft der Aufklärung*, hg. von Jörn Rüsen, Eberhard Lämmert und Peter Glotz, Frankfurt 1988, S. 62.

tik und Moral. Wahrscheinlich ist es aber nicht so einfach, wie es uns auf den ersten Blick erscheinen mag, denn die realen Verhältnisse haben sich in den letzten zwanzig Jahren radikal verändert. Darum können die Kategorien, die in anderen politischen Verhältnissen entstanden sind, nicht zur weiteren Analyse herhalten. Wir müssen nach der Platonischen Methode vorgehen, um die Wahrheit zu finden: Hin- und Hergehen zwischen Erfahrung und Kategorie. »Ohne dieses Durchgehen nach allen Richtungen und ohne dieses Hin und Her ist es unmöglich, auf das Wahre zu kommen und Einsicht zu erwerben«,[49] sagt Platon uns.

4. Die verlorengegangene Übersichtlichkeit

Die Ordnung, die sich mit den Gegensatz-Kategorien »Moral – Politik« und »Privatmann – Staatsbürger« fassen ließ, geriet erstmals zur Zeit der Studentenbewegung durcheinander. Das Parlament, das politische Entscheidungsgremium, wurde von innen und außen kritisiert. Von Innen durch Vorschläge zur Parlamentsreform,[50] von Außen durch die außerparlamentarische Opposition, durch die die Politik mit moralischen Argumenten konfrontiert wurde.[51] Im Zuge dieser Kritik wurde der »Bedeutungsverlust des Parlaments als Zentrum rationaler Willensbildung«[52] erstmals deutlich. Von Parlamentariern wurde die Auffassung vertreten, daß durch eine Parlamentsreform Abhilfe zu schaffen sei. Die außerparlamentarische Opposition hatte – inzwischen durch das Studium der Marxschen »Kritik der Politischen Ökonomie« aufgeklärt – erkannt, daß das Parlament nur noch das Etikett »Instrument der demokratischen Willensbildung« trägt. Politik wird in den Chefetagen der Industriebetriebe gemacht. Das Politische ist unpolitisch geworden und das Unpolitische politisch.[53] Ebenso

49 Platon, *Parmenides* 136d, in der Übersetzung von Gadamer: Plato, *Texte zur Ideenlehre*, Frankfurt 1978, S. 65.

50 Vgl. Friedrich Schäfer, *Der Bundestag. Eine Darstellung seiner Aufgaben und seiner Arbeitsweise, verbunden mit Vorschlägen zur Parlamentsreform*, Köln und Opladen 1967, S. 293 ff.

51 Vgl. Peter Reichel, a.a.O., S. 147.

52 Ulrich Beck, *Risikogesellschaft. Auf dem Wege in eine andere Moderne*, Frankfurt 1986, S. 307 ohne die Hervorhebung des Originals.

53 Vgl. ebd., S. 305.

arbeitet eine sich selbst als unpolitisch verstehende Wissenschaft am Fortschritt weiter. Was die Wissenschaftler treiben, ist anscheinend der ungestillte Forscherdrang, der sie immer weiter in die Genstrukturen vordringen läßt, bis sie sich gänzlich verlieren. »Man kann zum Fortschritt zwar nein sagen, *aber das ändert nichts an seinem Vollzug*. Er ist der Blankoscheck auf Vollzug *jenseits* von Zustimmung oder Ablehnung.«[54] Wer sollte hier auch zustimmen oder ablehnen? Die Überlebensfragen eines Betriebes und das Entdecken in der Forschung sind politisch nicht ratifizierbar. Die Entscheidung politisch brisanter Fragen liegt im nichtpolitischen Bereich. Diese Entscheidungen sind insofern politisch als sie die Gestaltung des Lebens aller vergesellschafteter Menschen betreffen. Wirtschaft und Wissenschaft lösen Folgen aus, die von politischer Brisanz sind. Für die Folgen soll eine Regierung aber geradestehen, denn sie hat ja für den Bürger Verantwortung. Meist wird – wie nach Tschernobyl – die Gefahr bagatellisiert. Auf diese Weise kommen Politiker ihrer Verantwortung nach.

Stellen wir fest, daß nicht mehr genau bestimmt werden kann, was Politik ist und wo Politik gemacht wird, müssen wir weiterhin sehen, daß noch mehr durcheinander ist. Waren die Fronten einstmals klar: Wissenschaft und Moral, ebenso wie Politik und Moral je auf einer Seite, so sehen wir, daß auch dieses Kategorienschema zur Gesellschaftsanalyse nicht mehr viel hergibt. Wissenschaftler und Politiker bedienen sich inzwischen moralischer Argumente, um sich zu verteidigen. Fordern die Kernkraftgegner die Schließung von Atomanlagen, so wird ihnen von den Betreibern vorgeworfen, sie seien unmoralisch, ob sie denn nicht daran dächten, daß damit eine große Anzahl von Menschen arbeitslos würde. Politiker schelten die Atomkraftgegner unmoralisch, weil sie eine Angsthysterie erzeugten: Ob man sich denn nicht schäme, die Bevölkerung in Angst zu treiben. – Wurde früher von Politikern und Wirtschaftsvertretern mit Zahlen argumentiert, so haben die Kernkraftgegner heute Wissenschaftler auf ihrer Seite, die mit durch Zahlen untermauerten, rationalen Argumenten aufzutreten wissen.

War auch die kategoriale Gegenüberstellung von Privatmann und Staatsbürger einstmals klar, so stellt sich jetzt die Frage, ob diese Kategorien analytisch noch viel hergeben. Bleiben wir bei den

54 Ebd., S. 329.

Kernkraftauseinandersetzungen. Die Partner der Auseinandersetzung Wirtschaft und Politik können ihre Konflikte nicht mehr miteinander austragen. Konflikte werden am Bauzaun ausgetragen zwischen Kernkraftgegnern und Staatsgewalt. Die eigentlichen Auseinandersetzungspartner werden auf die »Zuschauertribüne«[55] verbannt. Hierin wird das wachsende Interesse der bisherigen Privatleute an politischer Partizipation deutlich.[56]
Wenn die Nachricht von krebserzeugenden Chemikalien in Lebensmitteln zu vernehmen ist, werden die Produkte nicht mehr gekauft. So nimmt der Privatmann Einfluß auf die Wirtschaft. Die größere Entscheidungsfreudigkeit auf dem Gebiet der Partnerschaft (Zusammenleben ohne Trauschein, Gründen von Kinderläden, Entscheidung über die Kinderzahl, die Nichtgebundenheit der Sexualität an die Ehe) nimmt Einfluß auf viele Bereiche der Sozialpolitik.
Wir sehen an dieser veränderten politischen Landschaft noch mehr. Die Folgen dieser Fortschrittspolitik in Wissenschaft und Wirtschaft treffen uns bis in den privaten Bereich. Und die klare Trennung von Innen und Außen ist nicht mehr gewährleistet. Wir können uns nicht mehr hinter den Zaun der Privatheit verkriechen und dann die Illusion haben, geschützt zu sein. Nicht nur der Krieg – wie noch Max Weber und Carl Schmitt feststellten – betrifft die Privatheit, sondern auch das Atomkraftwerk und das Gift in den Lebensmitteln reicht in jede Wohnstube. Die politischen Verhältnisse weichen auch die Fronten von Gesinnungs- und Verantwortungsethik auf.
Das gesamte Kategoriensystem ist durcheinander, die Lage ist »objektiv unübersichtlich«[57] geworden. Der Sozialwissenschaftler ist verunsichert, ihm fehlen die kategorialen Leitlinien. Aber auch der Privatmann ist unsicher, auch ihm sind die Verhaltensleitlinien abhanden gekommen. Wurde noch *vor* Tschernobyl für eine gesunde und natürliche Ernährung plädiert, wurde *nach* Tschernobyl von denselben Leuten aufgefordert, »Gemüse nur noch aus Konserven zu essen. Das Gütesiegel, nach dem Eier von freischarrenden Hennen stammen, galt plötzlich als Warnsignal, kam einer

55 Ebd., S. 328.
56 Vgl. Roland Roth/Dieter Rucht (Hg.), *Neue soziale Bewegungen in der Bundesrepublik Deutschland*, Frankfurt 1987.
57 Jürgen Habermas, *Die neue Unübersichtlichkeit*, Frankfurt 1985, S. 143.

Totenkopfplakette gleich. Gefragt waren Produkte aus tierschindenden Legebatterien.«[58]
Ohne Empfehlungen von Fachleuten und ohne Leitlinien als Antwort auf die Sinnfrage kommt der einzelne in unserer Gesellschaft nicht zurecht. Nachdem die Religion ihre synthetisierende Kraft verloren hatte, setzte die Aufklärung auf das Individuum. »Habe Mut, dich deines *eigenen* Verstandes zu bedienen!«, forderte Kant seine Zeitgenossen auf.[59] Das hieß Selbstbewußtsein, Selbstbestimmung und Selbstverwirklichung. In einer kapitalistischen Gesellschaft sind diese Ziele allerdings so verstanden und umdefiniert worden: Bestimmtes Auftreten, Durchsetzung und Erfolg. Dahinter verbarg sich eine Unsicherheit, die durch den Konkurrenzkampf auf ökonomischer wie psychischer Ebene verstärkt wurde. Deshalb brauchte der einzelne – nachdem ihm die religiöse Orientierung genommen war – andere Orientierungen von außen. Dies lief der ursprünglichen Absicht der Aufklärer, die auf *Selbst*bestimmung setzten, entgegen. Diese Unsicherheit ist heute weit verbreitet. Sie ist um so mehr verbreitet, als nach den Protesten der außerparlamentarischen Opposition in der Bundesrepublik – aber nicht nur hier – die Arbeitslosigkeit in immer höheren Quotierungen aufkam. Später zeigte sich auch den Aufklärern, daß die aufklärungsbedürftigen Hintergründe komplexer, ja unübersichtlicher waren. Der Privatmann kann sich nicht mehr auf Empfehlungen verlassen und der Wissenschaftler nicht auf das hergebrachte Kategoriensystem. Das ist die Lage heute.
Nachdem wir uns ausführlich die Kategorien Politik und Moral, Privatmann und Staatsbürger angesehen haben, muß noch einiges – vielleicht Entscheidendes – zu den Kategorien Verantwortungs- und Gesinnungsethik gesagt werden, bevor ich versuchen will, Ansätze einer neuen Übersichtlichkeit vorzulegen. Von einer gesinnungsethischen Einstellung wird in der Regel dann gesprochen, wenn es auf die moralische Einstellung des Menschen alleine ankommt. Die Folgen einer Handlung aus dieser Einstellung heraus spielen keine Rolle. Von Verantwortungsethik sprechen wir dann, wenn die Folgen einer Handlung bei der Handlung mitbedacht werden.

58 Ulrich Beck, »Die Selbstwiderlegung der Bürokratie. Über Gefahrenverwaltung und Verwaltungsgefährdung«, *Merkur* Nr. 474, August 1988, S. 634 f.

59 Immanuel Kant, *Beantwortung der Frage: Was ist Aufklärung?*, A 481.

5. Verantwortungsethik

Der Begriff »Verantwortung« hat in der Ethikdiskussion eine beispiellose Karriere hinter sich. Es gibt keinen anderen ethischen Begriff, der in so kurzer Zeit in dieser Weise im Mittelpunkt der Ethikdiskussion gestanden hätte. Das Wort »Verantwortung« hat, »insbesondere seit dem ersten Weltkrieg, ein solches Gewicht und eine solche Vertiefung gewonnen, daß wir mit Recht von ihm als einem neuen Grundwort unserer Sprache reden, wenngleich wir heute noch weit davon entfernt sind, die Verantwortung als philosophischen Grundbegriff hinreichend formulieren zu können«.[60] Noch unter dem Eindruck der schrecklichen Folgen des ersten Weltkrieges schrieb Max Weber seine bekannte Abhandlung »Der Sinn der ›Wertfreiheit‹ der soziologischen und ökonomischen Wissenschaften« von 1917.[61] Seither wurde der Begriff der Verantwortung immer häufiger Thema ethischer Abhandlungen. Ich will mich zwei neueren Abhandlungen zuwenden, der von Karl-Otto Apel und der von Hans Jonas.

a) Hans Jonas

Hans Jonas hat mit seinem Buch »Das Prinzip der Verantwortung«[62] Aufsehen erregt und eine breite Diskussion angeregt. 1987 bekam er den Friedenspreis des Deutschen Buchhandels. In seiner Rede bei der Preisverleihung ging Jonas, wie auch in seinem Buch, von den Gefahren aus, die dem Menschen drohen durch die atomare Hochrüstung und die ökologische Krise mit ihren immer neuen Schreckensmeldungen. Und er fährt fort: »Nie darf apokalyptische Panik uns vergessen machen, daß die Technik ein Werk der uns Menschen eigenen Freiheit ist. Taten dieser Freiheit haben uns zum gegenwärtigen Punkt gebracht. Taten derselben Freiheit – die sie bleibt trotz der selbstgeschaffenen Zwänge zum Fortfahren auf der eingeschlagenen Bahn – werden über die globale

60 Johannes Schwardtländer, »Verantwortung«, Stichwort in: Hermann Krings/Hans Michael Baumgartner/Christoph Wild (Hg.), *Handbuch philosophischer Grundbegriffe* in sechs Bänden, München 1974, S. 1577.
61 Vgl. Max Weber, *Gesammelte Aufsätze zur Wissenschaftslehre*, Tübingen 1922, S. 451-502.
62 Hans Jonas, *Das Prinzip der Verantwortung*, Frankfurt 1979.

Zukunft entscheiden, die zum ersten Mal in ihren Händen liegt.«[63] Auf den Zusammenhang von Freiheit und Verantwortung will ich mich in der Auseinandersetzung mit Hans Jonas beschränken. Da wir Menschen – wie Hans Jonas sagt – über die globale Zukunft entscheiden, die in unseren Hängen liegt, haben wir auch Verantwortung für die Zukunft unserer Welt. Und er sagt dazu an anderer Stelle – in einer Diskussion mit Karl-Otto Apel, auf dessen Vorschläge ich gleich noch eingehen werde: »Der Mensch ist das einzige uns bekannte Wesen, das Verantwortung haben kann. Indem er sie haben *kann*, *hat* er sie. Die Fähigkeit zur Verantwortung bedeutet schon das Unterstelltsein unter ihr Gebot: das Können selbst führt mit sich das Sollen. Die Fähigkeit aber zur Verantwortung – eine *ethische* Fähigkeit – beruht in der *ontologischen* Befähigung des Menschen, zwischen Alternativen des Handelns mit Wissen und Wollen zu wählen. Verantwortung ist komplementär zur *Freiheit*.«[64] Um nun den Begriff der Verantwortung näher auszuleuchten, muß Hans Jonas hinzufügen, daß die Verantwortung *für* etwas besteht und daß ich sie auch *vor* jemandem habe. Wofür haben wir Menschen Verantwortung? In seiner Friedenspreisrede sagt er, daß die »in endloser Werdemühe entstandene Vielfalt des Lebens als ein Gutes oder ein ›Wert an sich‹ anzusehen ist«.[65] Für die Erhaltung dieser Vielfalt des Lebens auf der Welt trage der Mensch Verantwortung. Vor wem hat er nun Verantwortung? Jonas sagt, vor seinem eigenen Gewissen. Und woher nimmt das Gewissen die Maßstäbe? Da alles Seiende werthaltig sei, ein »Wert an sich« sei, sei es mit einem Anspruch an mich begabt. »Und da durch dies Besondere die Werthaltigkeit des Seins im Ganzen mich anspricht, so erscheint letztlich dies Ganze als dasjenige nicht nur, *für* das ich jeweils partikular mit meinem Tun verantwortlich *werde*, sondern auch als das, *wovor* ich immer schon mit all meinem Tunkönnen verantwortlich *bin* – weil sein *Wert* ein *Recht* auf mich hat. Damit ist gesagt, daß vom Sein der Dinge selbst ... ein Gebot ergehen und *mich* meinen

63 Hans Jonas, »Hoffnung wächst aus Verantwortung für die Welt«, in: *Süddeutsche Zeitung* vom 12. Oktober 1987, S. 35.

64 Hans Jonas, »Prinzip Verantwortung – Zur Grundlegung einer Zukunftsethik«, in: Thomas Meyer/Susanne Miller (Hg.), *Zukunftsethik und Industriegesellschaft*, München 1986, S. 3.

65 Ebd.

kann.«[66] Aus dieser schwierig zu erfassenden metaphysischen Verbindung vom Ganzen, mit dem einzelnen Menschen über den Begriff der Verantwortung, will ich keine metaphysikkritischen Bemerkungen, die hier angebracht wären, anschließen. Dazu habe ich mich im Exkurs des 5. Kapitels im vorliegenden Buch geäußert. Hier will ich auf die Konsequenzen eingehen, die Hans Jonas aus der Verantwortung jedes einzelnen Menschen für das Gesamte zieht. Damit komme ich wieder auf den Zusammenhang von Freiheit und Verantwortung zurück, wenn Hans Jonas seine Konsequenzen zieht: Zu den Opfern, die eine Verantwortungsethik uns auferlegen wird, gehören – meint Hans Jonas –

auch Verzichte auf Freiheit, die nötig werden in Proportion zum Anwachsen unserer Macht und ihrer Risiken der Selbstzerstörung. Die Kontrollen, die solche Macht in so wenig verläßlichen Händen wie den unsern erfordert, können nicht umhin, der Willkür auch im Individuellen strengere Grenzen zu setzen; und zusammen mit den nicht mehr statthaften Libertinagen eines ungehemmten Kapitalismus und seiner Konsumexzesse können auch manche uns teure Freiheiten, persönliche und kommunale, der sich verschärfenden condition humaine zum Opfer fallen. Gewiß wird zur Frage, wieviel wir uns von ihrem Luxus noch leisten können, und mit steigender Krise erscheint das Gespenst der *Tyrannei.* Als rettende Zuflucht müßten wir selbst sie hinnehmen, denn sie ist immer noch besser als der Untergang.[67]

Um den Fortbestand der Freiheit nach der bewältigten globalen Krise macht sich Jonas keine Sorgen, denn selbst in Zwangssystemen, die uns gegenwärtig sind, sei das Freiheitsbestreben jedes einzelnen Menschen unbesiegbar. Es rege sich immer wieder und könne jederzeit neu belebt werden. Darum könne man angesichts der drohenden Agonie der Welt eine »Pause der Freiheit«[68] hinnehmen. In seiner Friedenspreisrede spricht er davon, daß es mindestens einschränkende gesetzliche Regelungen geben müsse, in dem Sinne: »Verboten ist, was nicht ausdrücklich erlaubt wird«.[69]

66 Ebd.
67 Ebd., S. 13.
68 Ebd., S. 13.
69 Ebd.

aa) Zum Problem Freiheit – Verantwortung

Hans Jonas sagt uns, daß Freiheit und Verantwortung Komplementärbegriffe sind. Das bedeutet, daß es ohne Freiheit keine Verantwortung geben kann, denn nur wenn wir als Handelnde frei wählen können zwischen verschiedenen Handlungsalternativen, können wir für unser Tun auch Verantwortung übernehmen. Darum ist die Verantwortung die notwendige Folge der menschlichen Willensfreiheit.[70] Weil in einer politischen Ethik der heutigen Zeit der Begriff der Verantwortung zweifellos eine zentrale Bedeutung hat, darum muß auch für die heutige Zeit der Begriff der Freiheit neu bestimmt werden. Diese Bestimmung habe ich im 5. Kapitel vorgenommen.
Es ist eine offenbare Widersprüchlichkeit in der Theorie von Hans Jonas, dem Menschen für die Zukunft unserer Welt die Verantwortung zu geben und auf der anderen Seite die Freiheit beschneiden zu wollen.

bb) Zur Frage der Übernahme der Verantwortung durch Einzelne

In der komplexen arbeitsteiligen Welt wird ein Teilstück einer jeden Handlung, die Auswirkungen für unsere Welt hat, von einzelnen Menschen übernommen. Hans Jonas schreibt die Verantwortung für die Folgen dem einzelnen Menschen zu. Kann der einzelne die Verantwortung übernehmen? Arbeitsteilung ist das Organisationsprinzip unserer Zeit, nicht nur in der Rüstung und im Krieg oder auf dem Gebiet der Ökologie. Aber aus diesen Bereichen will ich Beispiele nennen. Wer trägt eigentlich die Verantwortung für den Abwurf der Atombombe über Hiroshima und Nagasaki? Tragen die Wissenschaftler, die die Bombe entwikkelt haben, die Verantwortung oder die Techniker, die sie hergestellt haben? Tragen der Präsident der Vereinigten Staaten oder seine Berater, die ihm den Einsatz geraten haben, die Verantwortung? Trägt der Kapitän des Schiffes, das die Bombe transportiert hat, oder der Bomberpilot die Verantwortung? Ähnlich kann man fragen im ökologischen Bereich. Wer hat die Verantwortung für

70 Vgl. dazu Johannes Schwardtländer, a.a.O., S. 1579.

das Ozonloch? Der Chemiker, der das Treibgas entwickelt hat, oder der Techniker, der die Einsatzmöglichkeit gefunden hat? Trägt der Politiker die Verantwortung, der das generelle Verbot dieses Treibgases versäumt hat, oder der Verbraucher, der sich nicht die freiwillige Selbstbeschränkung auferlegt, oder der Produzent, der es herstellt?
Jeder einzelne dieser hier aufgezählten Menschen könnte die Verantwortung auf den anderen schieben. Jeder einzelne dieser hier aufgezählten Menschen kann auch gar nicht die globalen Folgen seines Tuns überblicken. Hier kann nur die Handlungsgemeinschaft als ganze verantwortlich gemacht werden. Damit verschiebt sich die Verantwortung vom einzelnen weg zum Ganzen. Damit hätte dann niemand mehr Verantwortung. Wir sehen, daß das Problem der Verantwortungsethik in der Frage kulminiert, wer eigentlich das Subjekt der Verantwortung ist.
Auch der von Jonas angesprochene Gesetzgeber oder tyrannische Politiker kann die Verantwortung nicht übernehmen, denn auch er kann die globalen Folgen nicht überblicken.
Absehen will ich an dieser Stelle von der Problematik von Zwangsgesetzen, die der freien Zustimmung aller entbehren, die von ihnen betroffen sind. Nur ein ergänzender Hinweis ist hier angebracht: Zwangsgesetze sind stets in Gefahr, umgangen zu werden. Gesetze werden nur befolgt, wenn ihre Geltung mit einem gleichzeitigen Einstellungswandel verbunden ist. Von Umweltsündern werden Lücken im Gesetz immer schamlos ausgenutzt. Das ist die Erfahrung unserer heutigen Zeit.

cc) Zum Verhältnis des Einzelnen zum Ganzen

Die ganze Problematik, um die es in allen Diskussionen um die Verantwortung für die heutige Welt angesichts der atomaren Hochrüstung, der immer neuen Schreckensmeldungen aus dem Bereich der Ökologie und der Finanzkrisen geht, basiert auf einem ungeklärten Verhältnis des einzelnen Menschen zum Ganzen der Welt. Dieses Problem muß vorweg geklärt werden, sonst laufen alle Problemlösungsversuche ins Leere. Diese Gefahr sehe ich bei Hans Jonas gegeben. Bei ihm steht auf der einen Seite das Gewissen des einzelnen Menschen und auf der anderen die Gefahr des Untergangs des Weltganzen, in das der Einzelne mithineingezogen würde. Eine Ethik der Verantwortung läßt sich erst auf der Basis eines geklärten Verhältnisses vom Einzelmenschen zum Weltganzen entwickeln. Ich habe mich in vielen Kapiteln auf den Sozialbehaviorismus von Georg Herbert Mead bezogen. Darum will ich mich hier darauf beschränken, die für die Verantwortung eindrucksvollsten Thesen von Mead vorzutragen. Die Entwicklung jedes einzelnen Menschen in einer Gesellschaft beschreibt Mead als einen Prozeß der Orientierung an anderen. Das Individuum ist zunächst ein anderer, bevor er es selbst wird. Als selbstgewordenes Individuum kann es als generalisierter anderer auch zu sich selbst Stellung nehmen. So bewertet es auch seine sozialen Handlungen von der Warte der sozialen Ganzheit aus. Der einzelne Mensch ist immer zugleich auch das Ganze und dennoch davon immer ein wenig verschieden. Mead sagt weiter: »Zusammen bilden sie eine Persönlichkeit, wie sie in der gesellschaftlichen Erfahrung erscheint. Die Identität ist im wesentlichen ein gesellschaftlicher Prozeß, der aus diesen beiden unterscheidbaren Phasen besteht. Gäbe es diese beiden Phasen nicht, so gäbe es keine bewußte Verantwortung und auch keine neuen Erfahrungen.«[71] Daran sehen wir, daß auch die Übernahme von Verantwortung ein wechselseitiger Prozeß ist, ebenso wie der Prozeß der Sozialisation selbst. Auch dann, wenn dieser Prozeß in zwei Phasen verläuft, kann der einzelne, der gerade die Verantwortung übernimmt, dies auch als generalisierter anderer tun.

Dies kann auch als Wechselseitigkeit beschrieben werden. In einer Kommunikationsgemeinschaft, die Gegenstand der Theorie von Karl-Otto Apel ist, muß sich jeder frei einbringen können. In dieser Gemeinschaft muß der einzelne die Rechte, die er anderen zugesteht, auch für sich beanspruchen. Fordere ich also von der Gesamtheit die Verantwortung für das Weltganze, so habe ich sie auch schon übernommen. Und jeder muß die Verantwortung für das Weltganze fordern, denn »zum ersten Mal seit Menschengedenken (existiert) eine wirkliche Weltgesellschaft«.[72] In diesem Sinne wird für jeden einzelnen von uns heute Politik zur Pflicht.

71 Georg Herbert Mead, *Geist, Identität und Gesellschaft*, 2. Auflage, Frankfurt 1975, S. 221.

72 Oskar Negt, *Modernisierung im Zeichen des Drachen*, a.a.O., S. 10.

b) Karl-Otto Apel

Hier kann ich zur Verantwortungsethik übergehen, die Apel entwickelt hat. Auch er beginnt seine Ausführungen mit der Einsicht: »Zum erstenmal in der menschlichen Gattungsgeschichte sind die Menschen praktisch vor die Aufgabe gestellt, die solidarische Verantwortung für die Auswirkungen ihrer Handlungen im planetarischen Maßstab zu übernehmen.«[73]
Daß die Menschen dies tun *können*, beruht auf einer Eigenschaft, die dem vergesellschafteten Menschen – und nur mit einem solchen haben wir es immer zu tun – eigen ist. Dies führt Apel in seiner Auseinandersetzung mit Jonas und dessen These, daß nur der einzelne Verantwortung übernehmen könne, ins Feld:

> Natürlich kann jemand, empirisch gesehen, allein für sich – in ›Einsamkeit und Freiheit‹ (Wilhelm v. Humboldt) – denken. Aber: auch wenn er dies tut, denkt er mit dem *Anspruch intersubjektiver Gültigkeit*, und zwar nicht nur hinsichtlich der *Wahrheit* seiner Gedanken, sondern zuvor schon hinsichtlich ihres *Sinns*. Diesen muß er, im Prinzip, *als sprachlich artikulierten Sinn mit anderen teilen* können. *Insofern* kann im Prinzip keiner für sich allein denken ... Und diese Differenzierung zeigt, daß wir im ernsthaften Denken bereits eine *Diskurs*- und *Verantwortungsethik* im Sinne der *verallgemeinerten Gegenseitigkeit einer potentiell unbegrenzten Argumentationsgemeinschaft* anerkannt haben.[74]

Daß wir in diesem Sinne immer schon in einer Kommunikationsgemeinschaft leben, mag noch einleuchten. Daß wir aber eine Verantwortung schon übernommen haben, ist nicht ohne weiteres einleuchtend. Damit uns das einleuchten kann, muß noch eine weitere Voraussetzung bestehen. Diese Voraussetzung ist, daß es heute für keinen Menschen mehr bestreitbar ist, daß unsere Welt in extremer Gefahr ist. Dies ist sozusagen eine evidente Voraussetzung für die weitere Argumentation von Karl-Otto Apel und seine Begründung einer Verantwortungsethik. Aus dem Erkennen der Gefahr für unsere Welt, resultiert die Frage, wie läßt sich diese Gefahr bannen? Mit dem *ernsthaften* Stellen einer *Frage* haben

73 Karl-Otto Apel, *Transformation der Philosophie*, Band 2, Frankfurt 1976, S. 361.

74 Karl-Otto Apel, »Verantwortung heute – nur noch Prinzip der Bewahrung und Selbstbeschränkung oder immer noch der Befreiung und Verwirklichung von Humanität?«, in: Thomas Meyer/Susanne Miller (Hg.), a.a.O., S. 27f.

wir im Prinzip die *Verantwortung des Problemlösens* in bezug auf die reale Welt übernommen – aber nicht ›allein‹, sondern als Mitglieder einer *realen Kommunikationsgemeinschaft*, mit der jetzt schon Verständigung im Prinzip möglich sein muß, und als Mitglieder einer *unbegrenzten idealen Kommunikationsgemeinschaft*, für die Überprüfung und Anerkennung unserer Wahrheitsansprüche vorausgesetzt sind.«[75] Auf die ideale Kommunikationsgemeinschaft komme ich gleich zurück. Zunächst fährt Apel, bezogen auf die reale Kommunikationsgemeinschaft, fort: »Wir haben [...] im ernsthaften Argumentieren – schon mit der Stellung der Frage – im Prinzip die *solidarische Verantwortung fürs Problemlösen* und die *Gleichberechtigung beim Problemlösen* aller Mitglieder einer *realen* Kommunikationsgemeinschaft – eben der jetzt existierenden Menschheit – anerkannt.«[76]
Daraus resultiert, daß – wie ich schon sagte – sowohl der einzelne wie auch die Gemeinschaft Verantwortung übernimmt. Dem kann man nicht die Ohnmacht des einzelnen entgegenhalten. Aufgrund dessen, daß die Problematik, mit der wir es zu tun haben, global ist, wird dem einzelnen deutlicher als je zuvor, daß wir in einer Gemeinschaft mit anderen leben, die von denselben Problemen betroffen sind. Ihm kann darüber hinaus auch klar werden, daß es von jedem einzelnen Mitglied der Gemeinschaft abhängt, daß Probleme bekannt werden und daß über Problemlösungen eine Verständigung hergestellt werden muß. »Das diskursiv erzielte Einverständnis hängt ... ab von dem nicht-substitutierbaren ›Ja‹ oder ›Nein‹ eines jeden Einzelnen.«[77] Es geht also nicht darum, daß der einzelne allein die Verantwortung übernehmen soll. Er kann sie auch nicht übernehmen, wie ich oben schon gegen Jonas eingewandt habe.

Es geht nur – allerdings – darum, daß der einzelne schon bei der morgendlichen Zeitungslektüre daran denkt, wie er sich – je nach Maßgabe seiner Kompetenz und seiner Kraft – *an der Organisation der kollektiven Verantwortung beteiligen* kann. Diese Organisation der kollektiven Verantwortung durch Beteiligung einzelner an entsprechenden praktisch relevanten Diskursen ist ja tatsächlich immer schon auf zahllosen institutionellen und informellen Organisationsebenen im Gang – von der Ebene der

75 Ebd., S. 28.
76 Ebd.
77 Jürgen Habermas, »Moral und Sittlichkeit. Hegels Kantkritik im Lichte der Diskursethik«, *Merkur* Nr. 442, Dezember 1985, S. 1046.

Gesetzgebung bis hin zur Einrichtung eines Kindergartens oder zur Abfassung eines Leserbriefes durch einen Rentner ... Darüber hinaus geht es darum, eine diskursive Vermittlung zwischen der partikularen mit der konkret-allgemeinen Verantwortung immer erneut in die Wege zu leiten.[78]

In einem solchen realen Diskurs sind von der Philosophie her nur die Prinzipien und die Regeln des Diskurses beizusteuern. Wichtiger in der heutigen Zeit sind in einem realen Diskurs die Experten, auf die man bei einer Problemlage, wie wir sie heute haben, nicht mehr verzichten kann. Hier zeigt sich auch, daß theoretisch-wissenschaftliche Information immer auch ein praktisches Problem ist und umgekehrt. Diese beiden Momente der Vernunft kommen – wie ich oben schon sagte – heute in Diskussionen über die Gefahr von Atomanlagen zusammen.

Nun noch zu einem Problem, das nach Karl-Otto Apel besonders auf internationaler Ebene deutlich wird. Auf dieser Ebene ist in der Regel nicht die Form der diskursiven Konfliktaustragung in solidarischer Verantwortung vorherrschend. Hier erleben wir in der Regel ein strategisches Spiel von Angebot und Drohung, von Darbietungen der Überlegenheit und dem Ausspielen taktischer Finessen. Aus diesen eingespielten Verhaltensmustern ist in der Regel kein Entkommen. Nach Karl-Otto Apel haben wir hier »ein Musterbeispiel jener ›Sachzwänge‹ vor uns, die nach Meinung vieler Leute ohnehin eine ethisch verantwortliche Politik als Illusion erscheinen lassen«.[79]

Nun wissen wir aber, daß notwendigerweise jeder Diskurs, wenn er zustandekommt, und er kommt schon – wie gesehen – bei der Formulierung von Argumenten im Denken jedes einzelnen zustande, die regulative Idee einer idealen Kommunikationsgemeinschaft wirksam wird. Wir tun immer schon so, als könnten wir mit unseren Argumenten alle potentiellen Diskursteilnehmer erreichen. In dieser regulativen Idee ist auch enthalten die solidarische Anerkennung aller Diskursteilnehmer als freie und gleiche.[80]

78 Karl-Otto Apel, a.a.O., S. 31 und S. 33.

79 Ebd., S. 36.

80 Vgl. die von Jürgen Habermas dargestellte ideale Sprechsituation, in: Jürgen Habermas, *Vorstudien und Ergänzungen zur Theorie des kommunikativen Handelns*, Frankfurt 1984, S. 177 f. und Detlef Horster, »Jürgen Habermas und die liberalen Emanzipationsversprechen von Freiheit, Gleichheit und Brüderlichkeit«, in: Klaus Hansen (Hg.), *Frankfurter Schule und Liberalismus*, Baden-Baden 1981, S. 144 f.

Darum kann dieser Sachzwang des strategischen Verhandelns nicht besagen,

> daß ein Politiker sich mit ›moralfreier Realpolitik‹ im Sinne des *Krisenmanagements* oder im Sinne des rein *strategischen* Konzepts der ›Gegnerschaftsstabilisierung‹ begnügen müßte oder dürfte. Als ›moralischer Politiker‹ im Sinne der Verantwortungsethik steht er unter der Verpflichtung eines regulativen Prinzips, das ihm gebietet, unter strategischer Berücksichtigung des Sicherheitsrisikos, beharrlich mitzuarbeiten an der langfristigen Veränderung der Verhältnisse in dem Sinn, daß mehr und mehr eine *diskursiv-konsensuale* Konfliktregelung an die Stelle der *strategischen* treten kann.[81]

Eine solche Konzeption der Verantwortungsethik läßt anknüpfen an das zur politischen Kultur oben schon Gesagte. Auf ihrer Basis läßt sich die verlorengegangene Übersichtlichkeit wiederherstellen und zeigen, daß die neue Unübersichtlichkeit in gewisser Weise schon ein Anzeichen dafür ist, daß auf Problemlösungen hingearbeitet wird.

6. Unübersichtlichkeit und Unsicherheit als Chance

Gesinnungsethisch orientierte Menschen konnten sich immer darauf berufen, daß sie mit den Folgen ihres Handelns nichts zu tun hatten, denn sie handelten nach ihren Prinzipien und hatten diese zu bedenken, sonst nichts. Wir haben nun durch das Vorangehende sehen können, daß das »Zeitalter der Ausrede vorbei« ist.[82] »Man kann das auch so ausdrücken: Verantwortungsethik gehört heute zu den wesentlichen Merkmalen einer politischen Kultur. Sie enthält den verantwortungsbewußten Gestaltungswillen für das gesamtgesellschaftliche Zusammenleben.«[83]
Wir haben weiterhin gesehen, wie der einzelne in das Gesamte eingebunden ist. Nur in der Kommunikationsgemeinschaft kann der einzelne Verantwortung übernehmen. Und dennoch – oder gerade deshalb – lastet auf jedem einzelnen ein solcher »Verantwortungsdruck«, wie es ihn in der Geschichte nie vorher gegeben

81 Karl-Otto Apel, a.a.O., S. 36f.
82 Ulrich Beck, *Risikogesellschaft*, a.a.O., S. 372.
83 Oskar Negt, »Zur prekären Situation der politischen Kultur in Deutschland«, a.a.O., S. 11.

hat.[84] Diese Verantwortung hat der einzelne auch schon längst auf sich genommen. Er übernimmt beispielsweise Verantwortung, wenn er den anderen als Ökologiesünder kritisiert, indem er ihn fragt, ob er denn nicht wüßte, welche Folgen das Treibgas in der eben benutzten Sprühdose habe, oder ob es denn sein müßte, daß er für diese kurze Strecke sein Auto in Gang setzt. Dies ist ein Stück mehr an Sozialkontrolle, das das Aufweichen der Kategorien von Innen und Außen, von Privatmann und Staatsbürger kennzeichnet. Diese Aufweichung hatte ich weiter oben schon deutlich gemacht an den Beispielen der Auseinandersetzung um die Kernkraftwerke, der Nachrichten über krebserzeugende Chemikalien und der Beeinflussung der Sozialpolitik durch die unabhängige Gestaltung des Privatbereiches.

Wir haben weiterhin gesehen, daß moralische Argumente in Wissenschaft und Politik Geltung erlangen. Politik und Kultur durchdringen sich. Politik wird nicht nur in den Bereichen gemacht, die für sie ehedem vorgesehen waren. Es beunruhigt die Parteipolitiker, daß die Zahl der Wechselwähler ansteigt.[85] Politik wird weitgehend in den Medien gemacht, wodurch sich die Politiker aufgescheucht fühlen. Von »Pressekampagnen« ist dann die Rede. Bürgerinitiativen, Nachbarschaftsorganisationen, neue soziale Bewegungen machen Politik und verändern die gesellschaftliche Landschaft. Die offizielle Politik regiert daran vorbei. Die politischen Institutionen werden noch bedeutungsloser werden, wenn sie diese neuen politischen Bewegungen nicht wahrnehmen, wenn sie ihre sowieso schon bestehende Realitätsferne vergrößern.

Wir stellen somit ein Ineinandergreifen von Privatem und Politischem, von Gesinnung und Verantwortung, von Moral und Politik, von Moral, Wissenschaft und Technik, ja letztlich von praktischem und theoretischem Vernunftmoment fest. Diese deutliche Trennung von Politik und Moral, wie wir sie noch am Anfang der Neuzeit bis in unsere jüngste Vergangenheit feststellen konnten, besteht nicht mehr. »Was unmoralisch ist, ist heute auch unpolitisch.«[86]

Aus der für den Wissenschaftler sich ergebenden Unübersichtlichkeit und aus der für den Bürger sich ergebenden Unsicherheit ergibt sich auf der anderen Seite aber eine Chance. »Die *Chance*,

84 Vgl. ebd.
85 Vgl. Ulrich Beck, a.a.O., S. 310.
86 Oskar Negt, a.a.O.

das Mehr an Gleichheit, Freiheit und Selbstgestaltung, das die Moderne verspricht, *gegen* die Einschränkungen, funktionalen Imperative und Fortschrittsfatalismen der Industriegesellschaft zu finden und zu aktivieren.«[87]

7. Kann man die Chance erhöhen?

Angesichts der aufgewiesenen Tendenzen stellt sich die Frage fast von selbst. Zunächst müssen wir einmal fragen, durch welche Einflußnahmen können wir die Chance nicht oder nicht wesentlich erhöhen. Das Ineinandergreifen von theoretisch-wissenschaftlicher und moralisch-politischer Argumentation haben wir gesehen. Wir können im Sinne einer Verantwortungsethik nur argumentieren, wenn wir Zahlen und Fakten haben, die »im Geiste einer Verantwortungsethik erarbeitet ... werden«.[88] Ich muß genauestens wissen, was eine bessere Zukunft verhindert, welche Dinge den Bestand dieser Welt gefährden. »Insofern ist auch eine sozusagen theoretische Aufklärung schon ein praktisches Problem.«[89] Moral und Theorie erwachsen einer einheitlichen Vernunft, die lediglich verschiedene Momente hat. Ich kann also nicht eins der Momente der einheitlichen Vernunft durch ein Moment aus einer fremden Kultur ersetzen. Ich kann nicht eine Religion oder Moral aus einer anderen Kultur nehmen und das praktische Vernunftmoment ersetzen. Diese Weltbilder sind in anderen kulturellen Zusammenhängen gewachsen.

Wendet man sich anderen Religionen und Kulturen zu, dann entspricht dieses Bedürfnis einem tiefen Mißtrauen in die Aufklärung. Dieses tiefe Mißtrauen ist aber nur insofern berechtigt, als sich nach der Aufklärung eine Tendenz bei uns durchgesetzt hat, die ich schon bei Aristoteles in Ansätzen sehe. Es ist die Tendenz, das theoretische Vernunftmoment von dem praktischen abzutrennen. Es ist bei uns nicht nur eine Trennung von praktischem und theoretischem Vernunftmoment zu konstatieren, sondern ein Verwechseln von Vernunft und Verstand. Bei uns wurde Vernunft mit

87 Ulrich Beck, a.a.O., S. 370.

88 Karl-Otto Apel, a.a.O., S. 35.

89 Werner Schneiders, »Emanzipation als moralisches Problem. Zur Beantwortung der Frage: Wie ist Aufklärung praktisch möglich?«, in: *Rechtstheorie*, 9. Band, 1978, S. 210.

Verstand oder theoretischem Vernunftmoment gleichgesetzt. Diese Gleichsetzung führt zu einer Kritik von Aufklärung und Vernunft mit Argumenten von außen. Sie führte – übrigens auch bei Hans Jonas – zu einem Naturalismus, zu einer Hinwendung zu außerkulturellen Religionen und zur Verherrlichung des Mythos. Dabei wurde stets verkannt, was Vernunft eigentlich ist. Es wurde nicht gesehen, daß Vernunft sich aus drei Momenten zusammensetzt und daß das praktische Vernunftmoment noch immer die Kraft hat, das Übergewicht des theoretischen Vernunftmoments zu kritisieren, es einzudämmen und moralisch-ethische Argumente stärker zum Tragen zu bringen; ja, den Verstand moralisch anzuleiten und zu den Mitteln auch die Zwecke zu geben. Habermas sagte einmal, »daß gerade in Deutschland die Selbstkritik der Aufklärung so alt ist wie diese selber. Als unvernünftig galt *immer* schon, wer die Grenzen des Verstandes nicht kennt. Wenn sich der Verstand zur Totalität aufspreizt und den Platz der Vernunft ursupiert, verliert der Geist das Vermögen der Reflexion auf die Grenzen der Verstandestätigkeit. Daß die Aufklärung sich über sich selbst, auch über das von ihr angerichtete Unheil aufklärt, gehört also zu ihrer eigenen Natur. Nur wenn man das verdrängt, kann sich die Gegenaufklärung als Aufklärung über Aufklärung empfehlen.«[90]

Im übrigen: Wäre die Veränderung der politischen Landschaft mit dem Ziel der Verhinderung der Menschheitskatastrophe ein Problem nur der fehlenden religiösen Bindung oder der falschen Moral, dann könnte in der Tat die Empfehlung des Buddhismus oder der moralische Appell helfen. Aber weder die Konkurrenz im ökonomischen wie im psychischen Bereich, noch die kapitalistische Ausbeutung auf der Basis dieser Konkurrenz,[91] sind moralischen Einstellungen allein geschuldet. Marx hat ausdrücklich darauf hingewiesen, daß der Kapitalist nicht moralisch schlecht ist und mit einer solchen Einstellung die Ausbeutung betreibt. Der Verantwortliche im Wirtschaftsbetrieb sei überzeugt, daß die Gewinne nicht zurückzuführen seien auf die »Exploitation der Arbeit, sondern wenigstens teilweise auch andern, davon unabhängigen Umständen, namentlich aber seiner individuellen

90 Jürgen Habermas, »Die neue Intimität zwischen Politik und Kultur«, a.a.O., S. 63 f.

91 Vgl. Karl Marx, *Grundrisse der Kritik der politischen Ökonomie*, Berlin-Ost 1953, S. 544 f.

Tat«.[92] Hier kann nur Ideologiekritik helfen. Und die Möglichkeit der Ideologiekritik ist ein Produkt der Aufklärung. Konkurrenz und Individuierung sind ökonomisch und psychisch strukturelle Probleme. Moralische Appelle allein und die Empfehlung einer anderen Religion können keine Veränderungen bewirken. Der Privatmann nimmt den Staatsbürger auch nicht per Dekret in sich zurück. Daß man Verhaltensänderungen nicht per Dekret vornehmen kann, mußte Hobbes schon erkennen.[93]

Dennoch: Kultur und ökonomische Struktur stehen in Wechselwirkung zueinander, andererseits sind sie relativ unabhängig voneinander, denn wie könnte es sonst sein, daß griechische Kultur uns heute noch erfreut?[94] Dies ist nur so zu erklären, daß es sich hier um einen Überschuß von Kultur *unserer* kulturellen Kindheit handelt, der im Bereich des Politischen und Ökonomischen noch nicht wirksam geworden ist. Von diesem Überschuß, der seiner Realisierung harrt, gibt es noch reichlich.[95] Daß Kultur und Ökonomie sich wechselseitig bedingen, aus unserer heutigen Sicht allerdings mit negativen Folgen, hat schon Max Weber in seiner »Protestantischen Ethik« zeigen können. Er wußte, daß in der protestantischen Moralauffassung der Geist des Kapitalismus schon vorhanden war, *vor* der kapitalistischen Entwicklung.[96] Er zeigt dann weiter, wie die kapitalistische Entwicklung und der kapitalistische Geist sich wechselseitig bedingen.[97]

Eine Reihe von Entwicklungstendenzen konnte aufgewiesen werden. Sie können verstärkt werden. In diesem Sinne schrieb Freud auch an Einstein in einem Briefwechsel über die Möglichkeit der Vermeidung von Kriegen: »Alles, was die Kulturentwicklung fördert, arbeitet auch gegen den Krieg.«[98]

92 *Marx-Engels Werke*, hg. vom Institut für Marxismus-Leninismus beim ZK der SED, Berlin-Ost 1957ff., Band 25, S. 148.
93 Vgl. dazu Jürgen Habermas, *Theorie und Praxis*, a.a.O., S. 78.
94 Vgl. Karl Marx, a.a.O., S. 31.
95 Vgl. Oskar Negt, »Erbschaft aus Ungleichzeitigkeit und das Problem der Propaganda«, in: Joachim Perels/Jürgen Peters (Hg.), *Es muß nicht immer Marmor sein. Ernst Bloch zum 90. Geburtstag*, Berlin-West 1975, S. 18-23.
96 Vgl. Max Weber, *Die protestantische Ethik*, a.a.O., S. 46.
97 Vgl. ebd., S. 18.
98 Sigmund Freud, *Gesammelte Werke* in achtzehn Bänden, Frankfurt 1960ff., Band XVI, S. 27.

Verstärkung der aufgewiesenen Tendenzen kann im Sinne von Tocqueville nur heißen, daß eine durchaus neue Welt einer neuen Politik und natürlich auch einer neuen politischen Wissenschaft bedarf.[99] »In diesem Sinne bedarf die *durchgesetzte* Demokratie, in der sich die Bürger ihrer Rechte bewußt sind und diese mit Leben füllen, eines anderen Politikverständnisses und anderer politischer Institutionen als die Gesellschaft auf dem Wege dahin.«[100]

Vielleicht befindet sich unsere Gesellschaft aber noch in einem Übergangsstadium, in welchem zwar nicht mehr der »Marsch durch die Institutionen« gefordert werden kann, aber doch, daß die bestehenden politischen Institutionen »gegenüber den zweckorientierten Ergebnissen radikaldemokratischer Willensbildung hinreichend empfindlich« werden müssen.[101] Sie sollten sie als Signale so ernst nehmen wie Wahltermine. Dies bedeutet, daß die Partizipation der einzelnen, die bisher schon sichtbar sind, verstärkt werden muß. Dies bedeutet weiter, daß die Einwirkungs- und Mitwirkungsrechte der Bürger vermehrt werden und auch rechtlich festgeschrieben werden müssen, denn eine neue politische Ordnung bedarf auch eines gerechteren Rechts. Das bedeutet ferner, daß das Vertrauen in die *eigene* Kultur gestärkt werden muß. Es muß überdies stärker darauf hingewiesen werden, daß Verantwortung gemeinsam übernommen werden muß, daß Politik für jeden zur Pflicht werden muß.

»Eine skeptische, aber nicht-defätistische Aufklärung kann sich heute durch die Tatsache ermutigt fühlen, daß sich in den Auseinandersetzungen der politischen Öffentlichkeit, und angetrieben von den sozialen Bewegungen, die kulturellen Orientierungen der breiten Bevölkerung neu formieren ... Die Kultur kann eine verkrustete Politik unterspülen.«[102]

Wie schon am Ende des letzten Abschnitts gesagt, muß die Unübersichtlichkeit und Unsicherheit als Chance genutzt werden, das Mehr an Gleichheit, Freiheit und Selbstgestaltung zu verwirklichen. »Die Formel Freiheit, Gleichheit, Brüderlichkeit ... wurde erst im Juni 1793 aufgestellt. Ihr Geburtsort war der Klub

99 Vgl. Alexis de Tocqueville, a.a.O., S. 21.
100 Ulrich Beck, a.a.O., S. 315.
101 Jürgen Habermas, *Die neue Unübersichtlichkeit*, a.a.O., S. 160.
102 Jürgen Habermas, »Die neue Intimität zwischen Politik und Kultur«, a.a.O., S. 67.

der Cordeliers, einer politischen Vereinigung, die den Jakobinern anfangs nahestand, mit Danton und Desmoulins als Haupt.«[103] Ein Mehr an Freiheit und Gerechtigkeit zu verwirklichen, bedarf auf dem Hintergrund einer veränderten politischen Landschaft zunächst einer gründlichen philosophischen Reflexion dieser Begriffe, die im folgenden vorgelegt wird.
Das Wesentliche dieser politischen Veränderung ist, daß der Privatmann den Staatsbürger immer mehr in sich zurücknimmt, so daß Politik in den privaten Bereich hineingelangt und Moral öffentlich wird, ganz im Sinne von Marx, der 1843 sagte: »Erst wenn der wirkliche individuelle Mensch den abstrakten Staatsbürger in sich zurücknimmt und als individueller Mensch in seinem empirischen Leben, in seiner individuellen Arbeit, in seinen individuellen Verhältnissen, *Gattungswesen* geworden ist, erst wenn der Mensch seine ›forces propres‹ als *gesellschaftliche* Kräfte erkannt und organisiert hat und daher die gesellschaftliche Kraft nicht mehr in der Gestalt der *politischen* Kraft von sich trennt, erst dann ist die menschliche Emanzipation vollbracht.«[104]

103 Ernst Bloch, *Gesamtausgabe* in 16 Bänden und einem Ergänzungsband, Frankfurt 1959 ff., Band 6, S. 79.
104 *Marx-Engels Werke*, a.a.O., Band 1, S. 370.

3. Macht

1. Drei Wesensmomente der Macht

Der Philosoph reflektiert das Selbstverständliche und das Alltägliche. Er sucht nach dem Wesentlichen am Selbstverständlichen und Alltäglichen. Macht, Machtstreben und Machtkampf sind uns selbstverständlich, gewohnt und alltäglich. Wir erleben in unserem täglichen Umgang Machtkämpfe. Wenn wir das alles wissen, dann dürfte es uns ein Leichtes sein, auch die Wesensstrukturen der Macht zu bestimmen.
Wenn Macht tatsächlich vorliegt, dann muß sie immer dieselben Wesensmomente haben, ganz gleich, ob es sich um die Macht im Bereich des Politischen handelt oder um die Macht im sozialen Mikrobereich oder um die Macht des Menschen über die Natur oder um die Macht über mich selbst. Darum kann ich das Hauptbeispiel, an dem ich die Wesensmomente von Macht aufzeigen will, aus dem Bereich des Politischen wählen.

a) Die Macht zeigt sich nicht immer offen

Der antike Historiker Thukydides hatte sich dem Phänomen der Macht als erster zugewandt. Auf ihn hat sich später Nietzsche mit folgenden Worten bezogen: »Meine Erholung, meine Vorliebe, meine *Kur* von allem Platonismus war zu jeder Zeit *Thukydides*.«[1]
In sehr differenzierter Weise widmete sich Thukydides der Analyse der Macht in seiner Schrift über den Peloponnesischen Krieg. In diesem Krieg war die kleine, unbedeutende Insel Melos neutral geblieben und hatte sich weder Sparta noch Athen als Bundesgenossen zugeordnet. Athen war auf dem Weg, gegenüber Sparta die Vorherrschaft in Griechenland zu gewinnen. Mit einer starken Flotte fuhren sie vor Melos auf und wollten vor der Belagerung der Stadt eine Unterredung mit den Regierenden von Melos. Die

1 Nietzsche wird zitiert nach der heute gebräuchlichen dreibändigen Ausgabe von Karl Schlechta, 6. Auflage, München 1969. Die römische Ziffer zeigt den Band an und die arabische Ziffer die Seitenzahl. Hier: II/1028.

Athener eröffneten das Gespräch mit der Behauptung, daß die Melier wie die Athener das gleiche Interesse hätten, nämlich die Erhaltung der Stadt Melos. Hinter diesem gemeinsamen Interesse steckten aber wiederum ganz unterschiedliche Vorstellungen. Die Melier wollten nicht, daß ihre Stadt zerstört wird, und die Athener wollten nicht viel Mühe aufwenden, um mit einem neuen Bundesgenossen ihren Herrschaftsbereich erweitern zu können. Was können wir hieran sehen? Die Athener, die im Besitz der Macht waren, gaben nicht offen zu, weshalb sie diese Aussprache führten. Sie schoben einen Vorwand vor: Melier und Athener hätten ein gleiches Interesse. Ja, ihr Argument war fast altruistisch: Wir wollen, liebe Melier, nur euer Bestes. Macht tritt nicht offen hervor, halten wir als ein erstes Wesensmoment von Macht fest. Sie zeigt sich nicht offen. Immer da, wo etwas vorgeschoben wird, um das tatsächliche Machtinteresse zu verdecken, sprechen wir von Ideologie. Darauf komme ich später noch zurück. In einer Demokratie, in der dem Anspruch nach alle gleichwertig sind, muß der Machtkampf verdeckt und nicht offen geführt werden. Die demokratischen Regeln würden ihn sonst sofort disqualifizieren. Will man etwas durchsetzen, hört man oft, daß man es nur zum Wohle der Bürger wolle. Das mag unbestritten zum Teil stimmen. Im Melier-Dialog ist es auch das Interesse der Athener, die Stadt Melos nicht zu zerstören. Doch das stärkere dahinterstehende Interesse ist die möglichst mühelose Gewinnung eines Bundesgenossen.

b) Die Macht zeigt sich demonstrativ

Das Widersprüchliche der Macht wird uns sogleich klar, wenn wir ein weiteres Wesensmoment der Macht ins Auge fassen. Die Melier boten den Athenern mit folgenden Worten an, weiterhin neutral zu bleiben: »Daß wir uns ruhig verhalten und statt eure Feinde Freunde sind, jedoch verbündet mit keinem der beiden Gegner, damit könnt ihr euch nicht zufriedengeben?« Die Athener antworteten: »Nein, denn eure Feindschaft schadet uns nicht so sehr, wie Freundschaft als Beweis unserer Schwäche, Haß dagegen als Zeichen unserer Stärke bei unseren Untertanen gilt.«[2]

2 Thukydides, *Der Peloponnesische Krieg*, übersetzt und hg. von Helmut Vretska, Stuttgart 1966, S. 270, das ist das v. Buch, Kapitel 94 und 95.

Hier zeigt sich ein anderes Wesensmoment der Macht. Eben hatten wir gefunden, daß es zum Wesen der Macht gehört, sich zu verbergen und nicht offen aufzutreten. Jetzt sehen wir, daß es zur Macht auch gehört, sich demonstrativ zu zeigen. Wären die Athener mit ihrer Flotte abgezogen und hätten den Meliern die Neutralität belassen, dann hätten die anderen Untertanen es als Schwächezeichen der Macht Athens angesehen. Sie hätten selbst Mut bekommen, gegen die Mächtigen zu rebellieren. Sie hätten sich gesagt, wenn Athen schon gegen die kleinste Insel nichts ausrichten konnte wie dann erst gegen uns größere. Auch diese Präsentation der Macht kennen wir heute immer noch. Es gab und gibt Politiker, die davon sprechen, daß dem Bürger jederzeit die Anwesenheit der Staatsmacht gezeigt werden müsse.

c) Das grenzenlose Streben der Macht als ihr wichtigster Wesenszug

Wir haben hier also zwei widersprüchliche Momente des Wesens der Macht aufgespürt. Haben wir damit das Wesen der Macht bestimmt? Sehen wir uns das Beispiel noch einmal an, dann fällt uns auf, daß hier zwar schon eine Antwort auf die Frage nach den Motiven der Athener gegeben worden ist: Sie wollten ihre Macht erweitern. Dies gaben sie in ebensolcher bemerkenswerten Offenheit zu, weil sie schon zugaben, daß die Unterwerfung von Melos eine Machtdemonstration sein sollte, damit den anderen Untertanen die Macht Athens präsent war. Die Athener sagten den Meliern, daß sie mit ihrer Unterwerfung zur »Vergrößerung der Herrschaft«[3] Athens beitragen würden. Diese Vergrößerung der Herrschaft war – folgt man den Analysen des Thukydides – gar nicht mehr nötig angesichts des ursprünglichen Zweckes der Machtausübung. Ursprünglich war die Machtpolitik Athens ein Instrument zur Verbreiterung und Bewahrung der Demokratie.[4] Diese Art der Gestaltung eines Staates war in Griechenland durchaus neu. Die Spartaner nämlich, die bis dahin die Vorherrschaft in Griechenland hatten, praktizierten eine ganz andere Art der Staatsführung, die alles andere als demokratisch war. Dem

3 Vgl. ebd., Kapitel 97.
4 Vgl. ebd., S. 160 ff., das ist das II. Buch, Kapitel 34 bis 46.

setzten die Athener ihre demokratische Staatsverfassung gegenüber. Sparta war von Mißtrauen und Angst erfüllt. Deshalb mußten die Athener sich schützen. Nun ist die Demokratie durch ein eigenes Ethos ausgezeichnet, »aus welchem sich das Verhältnis von Macht und Humanität bestimmt«.[5] Die Machtpolitik wurde zunächst als ein Instrument der Bewahrung der Demokratie gehandhabt. Die Demokratie sollte abgesichert werden. Ohne Macht wäre die junge Athenische Demokratie Anfeindungen von innen und außen hilflos ausgeliefert gewesen.

Schutz der Demokratie war jedenfalls die Absicht der Machtpolitik, die aus der Perikles-Rede fünfzehn Jahre vor der Belagerung der Stadt Melos noch deutlich wurde. Thukydides zeigte auf, wie die Machtpolitik allmählich immer stärker betrieben wurde umwillen von mehr und mehr Macht. Dies ist ein weiterer Wesenszug der Macht: Der Wille zur Macht ist grenzenlos und unersättlich, können wir mit Nietzsche sagen.[6] Die Macht ist nicht fähig, sich selbst zu begrenzen.

Maß, Grenze und Ziel liegen nicht in ihr selbst, sondern müssen ihr von außen her gesetzt werden. Ein politisches Denken jedoch, das gänzlich in der Funktion der Machtsicherung aufgegangen ist, hat von sich her nichts mehr, was der ins Mehr und Mehr strebenden Macht entgegengesetzt werden könnte. Die Macht treibt ihre Inhaber ins Grenzenlose, wenn sie nicht in etwas anderem gehalten wird, das sie bindet und begrenzt. Dieses Bindende und Begrenzende ist nach der Erkenntnis des Thukydides das »politische Ethos.«[7] Und es ist nicht zufällig, daß zu der Zeit der Belagerung von Melos das politische Ethos im Verfall begriffen war. Dies läßt sich sehr deutlich an den Reden des Kleon und des Diodotes ein Jahr nach Perikles' Tod ablesen.[8] Nun ging es auch – offen eingestanden – nicht mehr um den Schutz der jungen Demokratie, sondern um die Herrschaft über ganz Griechenland von Sizilien bis zum Hellespont. Dieser Eroberungskrieg war der Anfang des Untergangs von Athen.

Zur Zeit des Perikles gab das politische Ethos der Macht noch das Maß. Sobald die Macht sich aber von ihrem politischen Ethos

5 Karl-Heinz Volkmann-Schluck, *Politische Philosophie*, Frankfurt 1974, S. 66.
6 Vgl. Nietzsche, a.a.O., II/504.
7 Volkmann-Schluck, a.a.O., S. 64.
8 Vgl. Thukydides, a.a.O., S. 205 ff., das ist das III. Buch, Kapitel 37 bis 48.

gelöst hatte, wurde sie nicht mehr begrenzt. Um ihrer selbst willen strebt die Macht nach immer mehr Macht. Diese Maßlosigkeit wird in dem Melier-Dialog am Anfang von den Athenern noch mühsam verborgen, später wird offen gesagt, daß die Unterwerfung von Melos der »Vergrößerung der Herrschaft« diene.
Ich sprach mit Nietzsche davon, daß der Wille zur Macht grenzenlos und unersättlich ist. Dies war eine Behauptung, die wir nicht näher geprüft haben. Wir können sie nicht einfach so stehenlassen oder gar glauben, daß es sich so verhält, nur weil Nietzsche das gesagt hat. Auch was Nietzsche gesagt hat, kann ja falsch sein. Darum stellt sich uns jetzt die Frage, was ist denn der Wille? Sind Wille und Macht gar dasselbe?

2. Der Wille zur Macht

Was also ist ein Wille? Wir wollen etwas erlangen, wir wollen etwas fertigstellen oder wir wollen etwas verändern. Dies gelingt immer nur dann, wenn wir die Regel kennen, das Gewollte zu erreichen. Immanuel Kant gibt uns da einen Anhaltspunkt, wenn er sagt: »Ein jedes Ding der Natur wirkt nach Gesetzen. Nur ein vernünftiges Wesen hat das Vermögen, *nach der Vorstellung* der Gesetze zu handeln, oder einen *Willen*.«[9] Hier wird der Wille gleichgesetzt damit, nach der Vorstellung von Gesetzen zu handeln. Das bedeutet, daß ich die Gesetze meines Handelns kennen muß. Ich muß wissen, wie mein Handeln wirkt. Wir konstruieren die Welt nach dem Kausalitätsgesetz. Alle Wirkung hat ihre Ursache. Das ist die Grundlage eines jeden Naturgesetzes. »Alles, was *geschieht*«, betont Kant, »setzt etwas voraus, worauf es *nach einer Regel* folgt.«[10]
In antiken Griechenland war die techne beschränkt auf das von Menschenhand Hervorgebrachte, vornehmlich war damit das gemeint, was der Handwerker hervorbrachte. Er hatte das, was er machen wollte, in seiner Vorstellung, bevor er ans Werk ging. Er kannte auch die Herstellungsweise, also die Regeln seines Handwerks. Er hatte im wahrsten Sinne des Wortes sein Werk in der Hand. Er hatte Macht über sein Werk. In der Neuzeit wird der

9 *Grundlegung zur Metaphysik der Sitten*, 1. Auflage von 1785, S. 37.
10 *Kritik der reinen Vernunft*, 1. Auflage von 1781, S. 189.

Begriff erweitert auf die Natur, denn in den kausalen Definitionen wird die Natur als ein Gegenstand angesehen, der alles nach Gesetzen hervorbringt. Darum müssen diese Gesetze erkannt werden.

Jetzt erfolgt der entscheidende Schritt auf dem Weg zur Erhellung dessen, was der Wille ist: Wenn der Mensch hinter die Gesetze der Natur kommt, dann ist er prinzipiell in der Lage, die Erzeugung der Natur selbst vorzunehmen. Sie wird seinem Willen entsprechend geformt. Wir sehen hier, daß die *Erkenntnis* der Natur nach Kausalgesetzen selbst schon technisch ist und nicht erst ihre Umsetzung. Wie ist dies zu erklären, daß nicht erst die Anwendung dieser Erkenntnisse technisch ist, sondern schon die Erkenntnisweise? Diese Erkenntnisweise nach Kausalgesetzen ist selbst schon auf technische Erzeugung gerichtet. Auch die Anwendung der Erkenntnisse ist nur möglich, weil die Erkenntnisweise selbst schon technisch ist: Sie ist es, weil sie die Ursache für eine Wirkung sucht. Kenne ich die Ursache für eine Wirkung, dann kann ich den Prozeß von der Ursache zur Wirkung so in Gang setzen, daß die Wirkung eintritt. Der Naturwissenschaftler hat dann sein Werk, das ist für ihn die Natur, in der Hand. Er hat Macht über sein Werk.

Das bedeutet: Der Wille des Menschen verfügt vorher schon über die Wirkung, bevor sie sich überhaupt ereignet. Der Wille kennt nämlich die Bedingungen, unter denen die Wirkung mit Notwendigkeit erfolgt. Das Wirken der Natur kann somit beginnen, eine Wirkmöglichkeit des menschlichen Willens zu werden. Dazu muß der Wille aber genau die Gesetze der Natur kennen. Verfährt er willkürlich, dann funktioniert das durch den Willen in Gang gesetzte Handeln nicht. Das Handeln des Willens kann allerdings auch Bedingungen schaffen, unter denen die Natur so wirkt, wie sie es von sich aus nicht getan hätte. Dazu gehört beispielsweise die Entfesselung der Atomenergie. Zu ihrem Zweck werden sogar Elemente geschaffen, die in der Natur selbst nicht vorkommen. Wenn die Natur so zum Gegenstand eines technisch geprägten Naturwissens wird, dann herrscht in der Natur selbst der Wille des Menschen. Aus der Ohnmacht des Menschen der Natur gegenüber wollte er ihre Macht begrenzen, um überleben zu können. Ursprünglich wollte er sich vor Naturkatastrophen schützen. Die Macht, die er dabei über die Natur gewonnen hat, kann ihren ursprünglichen Sinn verlieren und kann sich ins Grenzenlose stei-

gern. Das muß aber nicht notwendig der Fall sein, denn der Mensch kann auch die in der Natur liegenden Möglichkeiten so entfalten, wie es die Natur von sich aus nie gekonnt hätte.
Hier zeigt sich, daß Nietzsche zu Recht Wille und Macht gleichsetzt. Dies läßt sich schon etymologisch herleiten. Macht kommt vom gotischen magan, das heißt dort: etwas vermögen. Das Vermögen ist bei Platon und Aristoteles die dynamis, eine Kraft, durch die ich etwas vermag. Sie ist eine Möglichkeit, aus der etwas Wirkliches hervorgeht. Sie ist darum der Wille des Über-sich-hinaus-Strebens.

3. Das Streben ist das Wesen der Macht

In der Macht liegt ursprünglich ein Streben. Erinnern wir uns an unser Beispiel: Das Machtstreben sollte der Athenischen Demokratie zur Entfaltung verhelfen und sie bei ihrer Entfaltung schützen. Das Streben in der Macht bleibt, auch wenn sie sich von ihrem sinngebenden Ursprung löst. Dann nämlich strebt sie danach, sich mehr und mehr zu vergrößern, um ihrer selbst willen.
Dieses Streben ist das Wesen der Macht. Die Macht strebt jederzeit: Entweder werden ihr Ziele von außen gegeben durch ein politisches Ethos wie bei den Athenern in unserem Beispiel oder die Macht strebt danach, sich zu vergrößern. Das stimmt überein mit einer anderen antiken Tradition, auf die auch Nietzsche sich stützt, nämlich mit Platon und Aristoteles.[11] Dort finden wir dieses Streben als dynamis, als Vermögen oder Streben nach der Verwirklichung der in der Sache selbst liegenden Möglichkeiten. Überall geht nach Aristoteles die Möglichkeit (dynamis) der Wirklichkeit (energeia) voraus. Alles strebt danach, in die für es bestimmte Form zu gelangen. Aristoteles nimmt als Beispiel ein Haus: Die Baustoffe (Steine, Zement usw.) sind geeignet für ein Haus, sie sind der Möglichkeit nach ein Haus. Die Baustoffe sind aber erst dann ein Haus, wenn es gebaut und in seine endgültige Form gebracht worden ist. Das Streben, in die endgültige Form einzutreten, gehört nach Aristoteles zum Wesen von allem, was ist. Dieses Streben von Etwas, zu sich selbst zu kommen und über den gegenwärtigen Zustand hinaus zu wollen, nannten die Grie-

11 Vgl. Martin Heidegger, *Nietzsche*, Pfullingen 1961, Bd. 1, S. 76.

chen Entelechie. Noch deutlicher wird uns dieser Zug in einem Beispiel, das uns Bloch gibt. Nach seiner Erkenntnis sah Michelangelo an den Adern und der Maserung eines Marmorblocks die in ihm schlafenden Gestalten. Nur ein einziger bestimmter Marmorblock strebe danach, die von Michelangelo geschaffene Davidsgestalt zu werden.[12] Alles, was ist, sagt uns Bloch, ist noch »unvollendete Entelechie«.[13]

Wir haben uns jetzt immer weiter vorgearbeitet zum Wesen der Macht. Das Wesen der Macht ist ihr Streben. Es gibt stets verschiedene Streberichtungen. Aus diesem Wesenszug der Macht ergeben sich unendlich große Gefahren, aber auch unendlich viele Möglichkeiten. Dies darf nicht vergessen werden, wenn ich zunächst noch einmal auf die Gefahren eingehe, die aus der Macht hervorgehen.

4. Die Gefahren, die aus der Macht erwachsen

a) Machtmißbrauch bei Abkoppelung der Macht von ihrem sinngebenden Ursprung

Bei den Athenern lag der Ursprung ihrer Machtpolitik darin, sich ihre Demokratie zu bewahren. Sie wollten sich gegen die Gefahren, die ihnen von innen und außen drohten, schützen. Zum Schutz der jungen Demokratie bedurfte es der Macht. Auch zum Schutz der Demokratie nach innen bedarf es der Macht. Wenn beispielsweise ein niedersächsischer Innenminister sagt, daß die Polizei bei Demonstrationen härter durchgreifen und bei einer späteren gerichtlichen Prüfung auch ruhig einmal eine Niederlage riskieren solle, dann ist sich dieser Minister nicht mehr bewußt, warum die Staatsmacht hier eingesetzt wurde: Nämlich zum Schutz der Demokratie und zum Schutz demokratischer Rechte. Die Väter des Grundgesetzes waren sich durchaus bewußt, daß es einen Machtmißbrauch geben könne. Machtmißbrauch nannten sie die Tatsache, daß die Macht nicht mehr ihre ursprüngliche Aufgabe erfüllte. Carlo Schmid, einer der Väter unserer Verfassung: »Die Regierung muß aber mit der Macht moralisch und

12 Vgl. Ernst Bloch, *Gesamtausgabe*, Bd. 7, S. 144.
13 Ebd., S. 475.

rational umgehen, sonst wird auch die Demokratie zur Tyrannis.«[14] Und darin liegt eine Gefahr der Demokratie. In einem demokratischen Staat geht alle Macht vom Volke aus. Da liegt der Ursprung legitimer Macht. Das Volk überträgt die legitime Macht an die drei Gewalten. Daß die Macht an Institutionen so übertragen werden kann, bedeutet eine ungeheure Entlastung für die Bürger. Ich bin überzeugt, daß nur durch diese Möglichkeit der Entlastung der Interaktion eine Demokratie überhaupt funktionieren kann. Keine Demokratie könnte ohne Institutionen existieren. In der Machtübertragung liegt aber auch eine Gefahr. Gerade in der Übertragung der Macht auf Institutionen und Funktionsträger liegt die Gefahr der Verselbständigung der Macht. Deshalb haben die Autoren des Grundgesetzes zum Schutz gegen den Machtmißbrauch die Gewaltenteilung für unsere Verfassung vorgesehen. Dennoch wird oft vergessen, daß die Staatsmacht ursprünglich dem politischen Ethos der Freiheit verpflichtet ist. Aus unserer Verfassung geht hervor, daß die Freiheit von einzelnen nur soweit eingeschränkt werden darf, als sie die Freiheit von anderen Menschen beeinträchtigten.[15] Wir wissen alle, daß die Staatsmacht sich von diesem politischen Ethos ihres Ursprungs auch in der Demokratie entfernen kann. Auch hier verselbständigt sich die Macht. Es scheint so, daß gerade bei Innenministern eine solche Einstellung zur Macht anzutreffen ist.

b) Die Macht der Bürokratie und der strategische Einsatz von Macht

Wir können diese Gefahren, die in dem Wesenszug der Macht sich zu verselbständigen ihren Ursprung haben, an vielen anderen Beispielen deutlich machen. Ämter und Institutionen sind entstanden, um die soziale Interaktion zu entlasten und zu erleichtern. Wir alle kennen aber Beispiele dafür, daß Ämter ihre Macht, die ursprünglich einmal an das Funktionieren einer demokratischen Interaktion gebunden war, nicht mehr für diesen Zweck einsetzen. An den Sinn erinnernd, kann man zur Antwort bekommen: »Selbst wenn Sie den Verkehr nicht behindert haben, hier ist auf

14 Carlo Schmid, *Politik und Geist*, Stuttgart 1961, S. 157.
15 Vgl. ebd., S. 158.

jeden Fall das Parken verboten.« Die ideologische Variante heißt dann: »Aufrechterhalten der öffentlichen Ordnung«. Institutionen sind offenbar schnell dabei, sich von ihrer ursprünglichen Sinnankoppelung abzukoppeln. Darin liegt die Ursache für das Entstehen von strategischem Machteinsatz. Ich meine strategische Macht im Bereich des Politischen im Gegensatz zur legitimen Macht. Gibt es einmal Institutionen, die mit Macht ausgestattet sind, so können die Inhaber von Ämtern und Funktionen die Macht, die in den Institutionen liegt, ausüben, ohne sich ihre Legitimation aus demokratischen Prozessen zu holen. Wenden sie ihre Macht gegen den vermuteten Willen der betroffenen Bürger an, ist die Legitimation dafür meist ideologisch. Es ist sehr schwer, gegen die Macht der Institutionen etwas auszurichten. Habermas hat einmal sehr treffend von der Kolonialisierung der Lebenswelt durch die Bürokratie gesprochen. Und zum Problem der Reduzierung der Bürokratie sagte Niklas Luhmann: »Will man etwas gegen die Bürokratie tun, muß man es offenbar mit Hilfe der Bürokratie tun. Will man etwa die Zahl der rechtlichen Regulierungen verringern, muß man der Bürokratie den Auftrag geben, die Entbehrlichkeit zu prüfen und entsprechende Vorschläge zu machen.«[16] Selbst bei dem Versuch ihrer Reduzierung wächst die Macht der Bürokratie ins Grenzenlose.

c) Ideologie

Ich komme nun zum Thema »Ideologie«; zum ideologisch verschleierten Einsatz von Macht. Wir hatten gesehen, daß der Wille zur Macht in allen vernünftigen Wesen anzutreffen ist. Wir hatten auch gesehen, daß dieser Wille zur Macht in der Natur wirksam werden kann. Kann er das auch gegenüber anderen vernünftigen Wesen?

Wenn es sich um legitime Macht handelt, dann muß es ja eine Einigung geben. Handelt es sich aber um den strategischen Einsatz von Macht, dann muß der Wille, etwas durchzusetzen, erst noch eine scheinbar legitime Begründung finden, damit der Einsatz von Macht auch die gewünschte Wirkung haben wird. Eine solche scheinbar legitime Begründung nennen wir Ideologie.

16 *Frankfurter Allgemeine Zeitung* vom 27. Dezember 1982, S. 6.

Dort, wo Macht eingesetzt wird, ohne daß sie sich unmittelbar auf gemeinsame legitimationswirksame Überzeugungen stützen kann, ist der Ursprung für Ideologien. »Illusionen, die mit der Macht gemeinsamer Überzeugung ausgestattet sind, nennen wir ja Ideologien.«[17] Die gemeinsame Überzeugung wird in die jeweilige Ideologie hineingelegt, um den *anderen* zu überzeugen, *damit er* dem eigenen Willen gemäß handelt. Wir hatten schon gesehen, daß die Athener solche Argumente den Meliern gegenüber benutzten, daß sie von einem gemeinsamen Interesse sprachen. Wir hatten auch schon gesehen, daß Politiker vorgeben, immer nur zum Wohle der Bürger zu handeln oder daß Amtsinhaber mit dem Gemeinwohl argumentieren, wenn sie ihre Macht gebrauchen. Sogar Kriege werden heraufbeschworen, scheinbar im Interesse der gesamten freien Welt. Die Ideologien »haben die rechtfertigenden Begründungen für Machtansprüche über Menschen zu liefern. In ihnen wird die Welt so zurechtgelegt, daß das, was in Wirklichkeit gewollt wird, die Macht, als das von jedem zu erstrebende gemeinsame Gute erscheint.«[18] Die Rechtfertigungen sind immer etwas Nachgeschobenes. Das, was die Politiker im sozialen Makrobereich als rechtfertigende Begründungen heranziehen, das nennen wir im sozialen Mikrobereich Taktieren und Rationalisieren. Hier zeigt sich ein Wesensmoment der Macht, das wir im Anfang gefunden hatten, nämlich, daß es im Wesen der Macht liegt, sich zu verbergen.

Als inneres Wesensgesetz der Macht hatten wir ihr Streben ausgemacht. Dieses Streben kann in verschiedene Richtungen gehen, hatte ich gesagt. In der einen Richtung erwachsen die aufgewiesenen Gefahren, in der anderen Richtung werden unendlich viele Möglichkeiten sichtbar. Ich will einige Beispiele für das, was in den verschiedenen Richtungen möglich ist, geben. Diese Beispiele will ich für vier verschiedene Bereiche geben.

17 Jürgen Habermas, *Philosophisch-politische Profile*, erweiterte Auflage, Frankfurt/M. 1981, S. 246.

18 Karl-Heinz Volkmann-Schluck, *Einführung in das philosophische Denken*, Frankfurt 1965, S. 79.

5. Das Streben der Macht in verschiedene Richtungen

a) Die verschiedenen Richtungen

Bleiben wir zunächst einmal im Bereich des *Politischen*, von dem wir ausgegangen sind. Macht kann hier zur Errichtung und Stabilisierung der Tyrannis eingesetzt werden. Sie kann aber auch eingesetzt werden, die Demokratie zu vervollkommnen und zu stabilisieren. Beides kann nur durch Einsatz von Macht geschehen.

Nehmen wir einen anderen Bereich, nehmen wir die *eigene Person* als Ziel unseres Strebens. Ziel kann sein, mehr und mehr Macht über mich zu erlangen und meinen Körper damit zu ruinieren (in krankhaft gesteigerter Form bei der Magersucht). Ich kann zum Ziel meines Strebens aber auch meine Vervollkommnung als Mensch machen. Ich kann im Sinne der Entelechie zu mir selbst kommen, d. h. alle in mir liegenden Möglichkeiten realisieren. Beide Richtungen können nur durch Einsatz von Macht eingeschlagen werden.

Das menschliche Streben bezogen auf die *Natur* kann sein, die Natur auszubeuten und damit zu ruinieren. Ziel kann aber auch der Naturschutz sein. Beides ist nur mit Einsatz von Macht möglich.

Für den *sozialen Mikrobereich* wissen wir von Hegel, daß der Herr nur angesichts des Knechtes die Macht behalten kann. Zur Selbstbestätigung braucht ein Selbstbewußtsein ein anderes Selbstbewußtsein, sagt uns Hegel in seiner Terminologie; aber nicht etwa, um dem anderen dessen Selbstbewußtsein zu bestätigen. Nein, das andere Selbstbewußtsein wird zur Entwertung gebraucht, um sich so das eigene Selbstbewußtsein zu bestätigen. Das andere Selbstbewußtsein darf nicht völlig entwertet werden, denn man braucht es ja zur eigenen Selbstbestätigung. Wir alle wissen, daß man diese Bewegung endlos forttreiben kann. Dies wußte auch Hegel. Seine Ausführung kann als Analyse der Auswirkungen der Konkurrenzgesellschaft im zwischenmenschlichen Bereich gelten. Es gibt für Hegel aber auch die Bewegung in die andere Richtung, die endet mit dem »vernünftigen Selbstbewußtsein«, wie er es nennt. Nach Hegel ist es *das* Selbstbewußtsein, das auf jedes andere Selbstbewußtsein mit der Einsicht sieht, daß kein

Selbst einem anderen etwas voraushaben kann. Wir würden vielleicht von Gleichwertigkeit sprechen.
Diese verschiedenen Möglichkeiten des Einsatzes von Macht gibt es. Wenn man unsere Gesellschaft betrachtet, so kann man als Auswirkung der Konkurrenzgesellschaft, in der der Machtkampf besonders gut funktioniert, feststellen, daß in allen vier von mir genannten Bereichen immer die erste Richtung eingeschlagen wurde. Dies hat wohl auch Alfred Adler während des ersten Weltkrieges gesehen. Ich folge damit der These von Karl Heinz Witte: Über die Auswirkungen des Machtkampfes in unserer Gesellschaft, über die »kollektive Machtneurose«[19] war Adler erschrokken und entsetzt. Zu dieser Zeit fügte Adler den Begriff des Gemeinschaftsgefühls in die Schrift »Über den nervösen Charakter« ein. Dies bezeichnete Witte als Adlers Flucht in das Gemeinschaftsgefühl aus Erschrecken vor dem allgegenwärtigen Machtstreben. In der Tat: »Gemeinschaftsgefühl wird zum Gegenpol des Machtstrebens, es leitet das Streben nach Macht um in ein sozial nützliches Streben nach Vollkommenheit.«[20] So interpretiert es Almuth Bruder-Bezzel. Ihre Feststellung steht damit in Übereinstimmung mit der hier vorgelegten Analyse. Was jetzt hier folgen müßte und was ich als wichtige Aufgabe ansehe, ist die genaue Bestimmung des Verhältnisses von Machtstreben zu Gemeinschaftsgefühl.

b) Lust an der Macht

Das Wesen der Macht ist ihr Streben. Ohne Streben gäbe es keine Bewegung, keine Lebendigkeit, nichts Produktives. Ohne Macht gäbe es nur Stillstand und Tod. *Wollen wir das nicht, so müssen wir Macht bejahen.* Nietzsche sprach in diesem Zusammenhang gar von der Lust an der Macht: »Lust ist nur ein Symptom vom Gefühl der erreichten Macht, eine Differenz-Bewußtheit.«[21] Diese

19 Karl Heinz Witte, »Das schielende Adlerauge – oder wie Alfred Adler die Schätze seiner ursprünglichen Theorie übersah«, *Zeitschrift für Individualpsychologie* 13. Jahrg., S. 16-25 (1988), hier S. 24.
20 Almuth Bruder-Bezzel, »Der Ganzheitsbegriff Alfred Adlers in seinem historischen Kontext«, in: *Gruppendynamik*, 18. Jahrg., Heft 1, 1987, S. 73 bis 81, hier S. 78.
21 Nietzsche, a.a.O., III/750.

Differenz-Bewußtheit speist sich aus dem Gefühl der Ohnmacht. Bei der Ohnmacht stellt sich ein Gefühl der Unlust ein.[22] Darum ist nach Nietzsche die Lust auch ein treibendes Moment, ein inneres Gesetz der Machtvermehrung: »Das Leben«, sagt er uns, »strebt nach einem Maximal-Gefühl von Macht; ist essentiell ein Streben nach Mehr von Macht; Streben ist nichts anderes als Streben nach Macht.«[23]
»Daß Machtbildung aus der Mobilisierung von Unterlegenheitsgefühlen erfolgen kann, [...] gehört zu Nietzsches großen Entlarvungen der psychischen und sozialen Triebkräfte der Macht [...] Alles hat Macht, aber allem fehlt auch Macht.«[24] Diese Bewegung von Auf und Nieder, von Macht und Ohnmacht erhält nach Nietzsche überhaupt das Leben. Wir müssen dabei sehen, daß der Machtwille für Nietzsche nicht zielgerichtet ist. Er wirkt einfach. Nietzsche hatte vor, eine Biodizee zu schreiben, in der er nachweisen wollte, daß auch in Atomen und Zellen ein Machtwille enthalten sei.[25]

c) Weichenstellung

Hier liegt meine Differenz gegenüber Nietzsche und darin kann ich ihm nicht mehr zustimmen. Aus meiner Analyse ergibt sich, daß das Streben eine Richtung hat. *Jedes* Streben hat eine Richtung, sonst wäre es kein Streben. Das liegt schon im Begriff des Strebens. Das Ziel wird durch ein Ethos gegeben, oder das Ziel der Macht ist Vergrößerung der Macht. Wollen wir andere Alternativen als Folgen des Machtstrebens als die, die uns jetzt sichtbar sind und die Adler schon während des ersten Weltkrieges bedrückten, so muß das Machtstreben teleologisch gebunden werden. Dies also sehe ich anders als Nietzsche. Mit Ernst Bloch meine ich, daß Weichen gestellt werden müssen für das Machtstreben, damit das Machtstreben in den richtigen Gleisen fährt. Was wir bisher als das Machtstreben erkannt haben, ist bei Bloch das

22 Vgl. Nietzsche, a.a.O., III/778.
23 Nietzsche, a.a.O., III/776.
24 Volker Gerhardt, »Zum Begriff der Macht bei Nietzsche«, in: *Perspektiven der Philosophie. Neues Jahrbuch*, Bd. 7, 1981, S. 73 bis 88, hier S. 86.
25 Vgl. Nietzsche, a.a.O., III/777.

Hoffen. Allerdings ein aktives Hoffen. Dieses Hoffen, das Ernst Bloch meint, muß immer wieder enttäuscht werden. Die Enttäuschung ist die Weggefährtin der Hoffnung, meint Bloch. Und Anlässe für die Enttäuschung unserer Hoffnung finden wir heute mehr als genug. Hoffnung ist nicht blinde Zuversicht, daß schon alles gut werde am Ende. Dann wird es mit Sicherheit nicht gut. Für die nur Zuversichtlichen gilt immer noch der alte Spruch: »Hoffen und harren macht manchen zum Narren«. Nein, die Hoffnung muß immer wieder mit den Tatsachen konfrontiert werden. Man darf vor dem schlecht Gewordenen in unserer Welt nicht die Augen verschließen. Bloch spricht von einer gelehrten Hoffnung, von der docta spes. Das ist eine, die immer wieder mit den Tatsachen konfrontiert wird. Diese Hoffnung ist mit der konkreten Tendenz in der Welt vermittelt. Sie resigniert aber nicht vor den Tatsachen, sondern sagt: »Desto schlimmer für die Tatsachen. [...] Konkrete Utopie richtet die miserable Faktizität.« Das kann sie aber nur aufgrund einer ökonomisch-soziologischen Analyse »zur Durchschauung dessen, was hier faktisch geworden ist. (Sie) ist hier besonders dringend fällig.«[26] Hier zeigt sich augenfällig, daß theoretische Erkenntnis immer auch ein praktisches Problem ist.[27]

Wir stehen heute vor den Auswirkungen des Machtstrebens. Es wäre völlig falsch, für diese Auswirkungen blind zu sein. Auch Adler war nach genauem Hinsehen erschrocken über die Auswirkungen des allgegenwärtigen Machtstrebens. Und gerade deshalb und aufgrund seines genauen Hinsehens wollte er dem Machtstreben eine Zielperspektive geben, wenn er sagte, daß die Kraft des Gemeinschaftsgefühls über alle äußeren Widerstände siegen werde.[28] Ebenso gab Bloch dem Streben eine Zielperspektive, wenn er uns erinnert: »Der Welt-Prozeß ist noch nirgends gewonnen, doch freilich auch noch nirgends vereitelt, und die Menschen können auf der Erde die Weichensteller seines [...] Prozesses [...] sein. [...] Wer das Unverhoffte nicht erhofft, der wird es nicht finden.«[29]

26 *Es spricht Ernst Bloch*, Schallplatte des Suhrkamp-Verlages, Frankfurt 1970.
27 Vgl. Werner Schneiders, »Emanzipation als moralisches Problem. Zur Beantwortung der Frage: Wie ist die Aufklärung praktisch möglich?«, in: *Rechtstheorie*, 9. Band, 1978, S. 201 ff., hier S. 210.
28 Alfred Adler, *Der Sinn des Lebens*, Frankfurt 1973, S. 172.
29 *Es spricht Ernst Bloch*, a.a.O.

4. Markt und Moral

1. Das traditionale Wechselverhältnis von Wirtschaft und Ethik

Das Problem des Zusammenhangs von Wirtschaft und Moral hat Tradition. Der Historiker Michel Mollat schreibt über den bekannten spätmittelalterlichen Kaufmann:

Jacques Coeur kannte die frommen Sprüche, die seine italienischen Berufsgenossen an den Anfang ihrer Rechnungsbücher stellten. Er fand nicht allein in Frankreich Prediger, die imstande waren, die moralischen und kirchenrechtlichen Regeln des Geldgebrauchs in Erinnerung zu rufen. Genau zu der Zeit, als er sich häufiger in Florenz aufhielt, stellte der Erzbischof von Florenz, der selbst aus dem Kaufmannsmilieu stammende hl. Antonino, den Kaufherren bis ins einzelne die Grundsätze der Kirche über die erlaubten Grenzen des Kredits, die Mißbilligung des Wuchers und die Almosenpflicht dar.[1]

Auch die Problematik des Zusammenhangs von Politik und Ökonomie hat abendländische Tradition. Seit dem Mittelalter schon »bestimmte die Wirtschaft so eindeutig die Weltpolitik wie in den Tagen Jakob Fuggers des Reichen. Es war nicht ein Mann des Staates, sondern ein privater Unternehmer, der die größte Macht der Welt in Händen hielt. Der Augsburger Geldherr entschied, wann Kriege geführt und Frieden geschlossen wurde. Von ihm hing es ab, ob ein Habsburger oder ein Valois zum römisch-deutschen Kaiser gewählt wurden.«[2]

2. Wirtschaft und Ethik heute

Wie sieht es nun mit dem Verhältnis von Ökonomie und Moral angesichts der völlig anderen gesellschaftlichen Problemlage heute aus? Gibt es moralische Orientierungen für Unternehmer? Beein-

1 Michel Mollat, *Der königliche Kaufmann Jacques Coeur oder der Geist des Unternehmertums*, München 1991, S. 277.
2 Günter Ogger, *Kauf dir einen Kaiser. Die Geschichte der Fugger*, München 1979, S. 11.

flußt die Wirtschaft die Politik? Der Vorstandsvorsitzende der Daimler-Benz AG, Werner Breitschwerdt, kennzeichnete die Wertekonkurrenz, in der sich die Unternehmer heute angesichts der ökologischen Probleme befinden, mit folgenden Worten:

Wir haben die Aufgabe, eingetretene Pfade zu verlassen, Neues anzustoßen und durch neue oder technisch verbesserte Produkte und Produktionsverfahren den Wandel im Markt selbst zu gestalten. Ich meine, wir sollten diese ureigene Verantwortung des Unternehmers nicht gegen eine wie auch immer geartete gesellschaftspolitische Verantwortung ausspielen lassen. Gerade indem wir als Unternehmer unsere Verantwortung für den wirtschaftlichen Erfolg unseres Unternehmens wahrnehmen, erfüllen wir einen – ich würde sogar sagen, den wesentlichen – Teil unserer gesellschaftspolitischen Verantwortung: Erfolgreiche Unternehmensführung ist [...] ein besonders wichtiger Dienst an der Gesellschaft.[3]

Der Gesichtspunkt, daß Unternehmer, wie alle anderen, deren Handeln Auswirkungen auf die Umwelt hat, Verantwortung für die Folgen tragen, ist mit dem Titel »Business Ethics« im Amerika der siebziger Jahre »als Reaktion auf Skandale in Verbindung mit Präsident Nixons Wiederwahlkomitee, mit den DC-10-Abstürzen, mit Bestechungen, Schmiergeldzahlungen und anderen neuen Fällen«[4] ins öffentliche Bewußtsein gerückt. Und 1985 wurde Unternehmensethik dort zur akademischen Disziplin. Heute stehen die von der Industrie verursachten Umweltbelastungen im Mittelpunkt dieses Universitäts-Fachs. Unter diesem Gesichtspunkt und unter einem ganz anderen Blickwinkel als der des Vorstandsvorsitzenden der Daimler-Benz AG findet Wirtschaftsethik – mit der üblichen Verzögerung[5] – inzwischen auch bei uns Interesse.

Nicht nur in der »Frankfurter Rundschau« werden abgeklärte ökonomische Debatten über Umweltschutz geführt und diesem selbst eine regelmäßige Seite eingeräumt, auch der »Blick durch die Wirtschaft« widmet

3 Werner Breitschwerdt, *Technischer Fortschritt und unternehmerische Verantwortung*, Privatdruck eines Vortrags vom 5. Februar 1987 der Bank Hofmann AG, Zürich, S. 5 f.

4 Richard T. De George, »Unternehmensethik aus amerikanischer Sicht«, in: Hans Lenk/Matthias Maring (Hg.), *Wirtschaft und Ethik*, Stuttgart 1992, S. 305.

5 Horst Steinmann/Albert Löhr, »Die Diskussion um eine Unternehmensethik in der Bundesrepublik Deutschland«, in: Hans Lenk/Matthias Maring (Hg.), a.a.O., S. 237.

dem Gegenstand ganze Serien. Zwar liefern diese Trends noch kein scharfes Bild. Als sicher gelten kann jedoch, daß umweltgerechtes Wirtschaften für die Unternehmen schon bedeutet, sich nicht im Konflikt mit ihrem gesellschaftlichen Umfeld zu befinden.[6]

Der Trend hin zu einem verstärkten Interesse an Moralfragen im Zusammenhang mit der Wirtschaft bestätigt sich auf vielfältige Weise und verschiedenen Feldern: »Wurde noch vor wenigen Jahren jeder mitleidig belächelt, der im Zusammenhang mit den ›harten wirtschaftlichen Realitäten‹ auf besondere ethische Probleme hinwies, so ist heutzutage eine wahre Flut von Tagungen, Seminaren, Vorträgen und Publikationen zur Unternehmensethik zu registrieren.«[7]

3. Ethik-Kodizes und Wirtschaftsanalysen

Meist gehen angesichts der drohenden ökologischen Katastrophe die Empfehlungen in die Richtung von Selbstverpflichtungen für Unternehmer, die das »ungezügelte Gewinnstreben« einschränken würde, ohne daß man gleich die Überlebensfrage des Betriebes stellen müßte.[8] Daran schließen sich Vorschläge für verschärftere Maßnahmen des Gesetzgebers an: »Wenn ethische Appelle allein nicht ausreichen, sollte man sich überlegen, welche (rechtlichen, allgemein: institutionellen oder politischen) Maßnahmen greifen.«[9]
Die mögliche Wirksamkeit von Selbstverpflichtungen oder von staatlichen Normen müßten überprüft werden. Dies gelingt am ehesten auf der Basis einer »Sachanalyse der Wirtschaft«, denn – so wird postuliert – »eine Wirtschaftsethik ist immer nur so gut wie Erfassung und Analyse ihres Objekt- und damit Anwendungsbereichs«.[10] Hier bewahrheitet sich erneut, daß »theoretische Aufklärung ein praktisches Problem« ist.[11]

6 Thomas Kreuder, »Clean Production: Die wahre Revolution in der Industrie«, in: *Die Neue Gesellschaft/Frankfurter Hefte*, 39. Jg., Nr. 8/1992, S. 708 f.
7 Horst Steinmann/Albert Löhr, a.a.O., S. 236.
8 Vgl. ebd., S. 244 ff.
9 Hans Lenk/Matthias Maring, »Wirtschaftsethik – ein Widerspruch in sich selbst?«, in: dies. (Hg.), a.a.O., S. 25.
10 Ebd., S. 11.
11 Werner Schneiders, »Emanzipation als moralisches Problem. Zur Be-

Bezogen auf unseren Gegenstand referiere ich einige Kernaussagen der Untersuchungen von Marx im dritten Band des »Kapital«, um die innere Struktur der gegenwärtigen Produktionsweise, die sich gegenüber den Anfängen der Marktwirtschaft nicht geändert hat, zu durchleuchten. Auf dieser Basis kann ich die Ausgangsfrage, in welchem Verhältnis Markt und Moral zueinander stehen, präziser beantworten.[12]

Den Gewinn, den ein Unternehmer macht, nennt Marx Profit. Der Profit muß sich auf das gesamte Kapital, das eingesetzt wird, beziehen (Profitrate), denn nur so kann der Kapitalist überhaupt beurteilen, ob er sein Kapital rentabel eingesetzt hat oder ob er nicht mehr Gewinn erzielt, wenn er das Unternehmen verkauft und anderswo profitabler investiert. Heute gibt es dafür natürlich vielfältigere Möglichkeiten als zu Marx' Zeiten, der noch konstatieren mußte, daß es sich für einen Unternehmer, in dessen Betrieb die Profitrate niedriger wäre als der übliche Bankzins, nicht mehr lohne, in seiner Sparte zu investieren.

Im Kapitalismus – so Marx – kann es nie eine individuelle Profitrate geben, weil die Konkurrenz wirksam ist und die Profitrate sich zu einer Durchschnittsprofitrate ausgleicht. Dennoch ist es so, daß in den unterschiedlichen Industriezweigen unterschiedliche Profitraten erwirtschaftet werden, die sich erst dann auf Dauer ausgleichen. Die unterschiedlichen Profitraten müssen sich ausgleichen, denn die kapitalistische Produktion ist nur unter den Gesetzen der Konkurrenz möglich. Gäbe es keine Konkurrenz, gäbe es keine kapitalistische Produktion. Der Begriff der »kapitalistischen Produktion« impliziert nach Marx die Konkurrenz. Darum müssen sich die Profitraten zwangsläufig ausgleichen. Die Frage ist nur, wie stellt sich dieser Ausgleich her. Es gibt zwei Ausgleichsbewegungen: Innerhalb eines Industriezweiges gleicht sich die Profitrate dadurch aus, daß die einzelnen Produzenten ihre Produktionsbedingungen den jeweils günstigeren Bedingungen angleichen. Außerdem gibt es für die Produzenten – da der Markt offen ist – die Möglichkeit, in andere Industriezweige auszuweichen, in denen es höhere Gewinnchancen gibt.

antwortung der Frage: Wie ist Aufklärung praktisch möglich?«, in: *Rechtstheorie*, 9. Bd., 1978, S. 210.

12 Die ausführliche Analyse, auf die ich mich beziehe, findet sich in: Detlef Horster, *Die Subjekt-Objekt-Beziehung im Deutschen Idealismus und in der Marxschen Philosophie*, Frankfurt/M. 1979, S. 223 ff.

Das Kapital entzieht sich [...] einer Sphäre mit niedriger Profitrate und wirft sich auf die andre, die höheren Profit abwirft. Durch diese beständige Aus- und Einwanderung, mit einem Wort, durch seine Verteilung zwischen den verschiednen Sphären, je nachdem dort die Profitrate sinkt, hier steigt, bewirkt es solches Verhältnis der Zufuhr und Nachfrage, daß der Durchschnittsprofit in den verschiedenen Produktionssphären derselbe wird.[13]

Das ist kein zeitlich nacheinander ablaufender Prozeß, denn die Konkurrenz innerhalb der einzelnen Zweige und die Konkurrenz zwischen ihnen wirkt gleichzeitig.
Die Ausgleichung der Profitraten geschieht natürlich durch Maßnahmen der Unternehmer. Sie können sich diesem Prozeß, der ihnen gewissermaßen vom Markt vorgegeben wird, nur bei Strafe des Untergangs entziehen. »Eine einzelne Unternehmung kann nicht das Gewinnprinzip schlechthin außer Kraft setzen.«[14] Einer, der es wissen muß, André Kostolany, hat diese Tätigkeit des willentlich-unwillentlich Handelnden für den Börsenspekulanten – was aber durchaus für jeden anderen Wirtschaftenden auch gilt – so beschrieben:

Der Börsenspekulant muß sein Vorgehen der sich ständig ändernden Situation anpassen wie der Kartenspieler an die Karten, die er erhält. Die Ereignisse können für den Spekulanten günstig oder ungünstig sein wie die erhaltenen Karten für den Spieler. Der gute Spekulant zieht sich wie der gute Kartenspieler aus der Affäre: Mit guten Karten gewinnt er viel, mit schlechten Karten verliert er wenig. Mit günstigen Ereignissen macht der Börsianer größere Profite, mit Ereignissen, die seinen Interessen entgegenlaufen, verliert er möglichst wenig.[15]

Eine Analyse ganz anderer Coleur bestätigt den Marxschen Befund. Friedrich August von Hayek beschreibt den Marktmechanismus als einen Zusammenhang, der nur

Tatsachen in Rechnung zieht, die wir nicht kennen. Und zwar Tatsachen, die der Mensch nicht wissen kann, weil sie außerhalb des Bereiches seiner Wahrnehmung sind, entweder im räumlichen oder im zeitlichen Sinne. Kaum jemand von uns weiß, für wen er in letzter Linie produziert oder wer nun eigentlich all das produziert, was er ißt. Die Weltwirtschaft ist so ausgedehnt, daß unsere Arbeit ständig Ergebnissen dient, von denen wir

13 *Marx-Engels Werke*, Berlin 1957ff., Band 25, S. 206.
14 Horst Steinmann/Albert Löhr, a.a.O., S. 246.
15 André Kostolany, *Kostolanys Börsenseminar*, Düsseldorf/Wien/New York 1987, S. 50.

nichts wissen und auch nichts wissen können und umgekehrt. Wir werden am Leben erhalten, weil Menschen sich bemühen, uns das zu beschaffen, was wir haben wollen, ohne zu wissen, daß auch wir existieren.[16]

Hayek sieht in diesem Sinne den Markt als spontane Ordnung an, deren Zustand »nicht das beabsichtigte Ziel der individuellen Handlungen war. Da nur Situationen, die vom menschlichen Willen geschaffen worden sind, gerecht oder ungerecht genannt werden können, können die Einzelheiten einer spontanen Ordnung nicht gerecht oder ungerecht sein.«[17] Dem würde Marx zustimmen, denn auch er sagt, daß der kapitalistische Produktionsprozeß als natürlich und nicht anders möglich erscheint.[18] Somit ist – was Marx im dritten Band des »Kapital« nicht müde wird zu betonen – die kapitalistische Ausbeutung, die er in den vorhergehenden Bänden analysiert hatte, für ihn kein moralisches Problem, weil auch für den Kapitalisten die Ausbeutung genausowenig sichtbar sei wie für jedermann sonst. Somit könne man den Kapitalisten auch keinen moralischen Vorwurf machen.[19]

4. Wertekonflikt der Unternehmer

Angesichts dieser Sachlage heißt die treffend richtige Frage: »Wie gelingt es, den eigennützigen Homo oeconomicus auf moralische Normen zu verpflichten, die in den weitaus meisten Fällen sein Eigeninteresse einschränken?«[20] Widmet man der eingangs zitierten Rede von Werner Breitschwerdt gesteigerte Aufmerksamkeit, so wird unüberhörbar, daß der Wertekonflikt für ihn klar entschieden zugunsten der Profitmaximierung ist. Das liegt in der Natur der Marktwirtschaft. Wäre der wachsende Gewinn nicht

16 Friedrich August von Hayek, *Evolution und spontane Ordnung*, Privatdruck eines Vortrags vom 5. Juli 1983 der Bank Hofmann AG, Zürich, S. 31 f.
17 Friedrich August von Hayek, *Recht, Gesetzgebung und Freiheit, Band 2: Die Illusion der sozialen Gerechtigkeit*, Landsberg am Lech 1981, S. 56.
18 Vgl. Marx-Engels Werke, a.a.O., S. 833.
19 Vgl. ebd., S. 148.
20 Josef Meran, »Wirtschaftsethik. Über den Stand der Wiederentdekkung einer philosophischen Disziplin«, in: Hans Lenk/Matthias Maring (Hg.), a.a.O., S. 64.

das Hauptziel der Unternehmenspolitik, würde das den Ruin des Unternehmens bedeuten. Nicht nur den Aktiengesellschaften würde durch ihre Aktionäre die finanzielle Grundlage entzogen, sondern vor allem mittelständischen Unternehmen im derzeitigen und jederzeitigen harten Konkurrenzkampf. Darum liest man in den Unternehmensleitlinien der BASF auch: »Dauerhaft gute Ertragskraft auf der Grundlage einer soliden Finanzstruktur« sei das Ziel, um im internationalen Wettbewerb bestehen zu können. Und im Selbstverständnispapier der Hoechst AG heißt es: »Gewinn ist Maßstab und Lohn für erfolgreiches Wirtschaften. Ein guter Gewinn ist ein Zeichen für ein gesundes Unternehmertum der Zukunft. Hoechst will seinen Aktionären eine angemessene Verzinsung für ihr Kapital bieten. Nur ein gesundes Unternehmen kann sichere Arbeitsplätze bieten und mit seinen Steuern zu den Gemeinschaftsaufgaben von Staat und Gesellschaft beitragen.«[21] Doch lesen wir in den BASF-Leitlinien wie im Hoechster Selbstverständnis ebenso von dem »Verantwortungsbewußtsein gegenüber Mensch und Natur«:

Sicherheit und Umweltschutz sind für Hoechst ein Gebot vorausschauenden Handelns und eigener Verantwortung. Sicherheit und Umweltschutz stehen gleichrangig neben dem Ziel der Leistungsfähigkeit im internationalen Wettbewerb. Unsere Produkte sollen umweltverträglich sein. Bei der Herstellung soll die Umwelt möglichst wenig belastet werden. Wirtschaftliche Gesichtspunkte dürfen niemals zu Lasten der Sicherheit gehen.« Und in den Rahmenrichtlinien der amerikanischen Ingenieursvereinigung heißt es: »Ingenieure, die bei der Ausübung ihrer beruflichen Pflichten eine Folgewirkung bemerken, die das Wohlergehen und die Sicherheit der Allgemeinheit in Gegenwart oder in Zukunft nachhaltig beeinflußt, sollen ihre Arbeitgeber oder Kunden in aller Form darüber unterrichten und, wenn nötig, eine darüber hinausgehende Offenlegung in Betracht ziehen.[22]

An diesen unternehmensbezogenen Ethik-Kodizes, die den hypokratischen Eiden vergleichbar sind, die Wissenschaftler nach dem Bau der Atombombe entwickelten, fällt es auf, daß 1973 von einer Umweltverantwortung noch nicht die Rede war, seit zehn Jahren aber eine immer zentralere Stellung in diesen Schriftstükken bekommt. Unternehmer stehen vor einer Wertekonkurrenz. Auf der einen Seite steht die Notwendigkeit der Profitmaximie-

21 In: Hans Lenk/Matthias Maring (Hg.), a.a.O., S. 356 und 374.
22 Thomas Kreuder, a.a.O., S. 709.

rung und auf der anderen Seite der Zwang zum Umweltschutz. Wir konnten sehen, daß es für den Unternehmer bei allen anderslautenden Beteuerungen die Möglichkeit einer freien Entscheidung in diesem Wertekonflikt nicht geben kann.
Für den Unternehmer gilt dasselbe, was Karl-Otto Apel für den Sportler als geltend annimmt: »Ein *solches* Versprechen [Einhaltung der Spielregeln als unbedingte Verpflichtung, D. H.] hat kein Spieler gegeben, denn es wäre *moralisch unverantwortlich*; kann doch jederzeit ein Umstand eintreten, der es geradezu zur moralischen Pflicht macht, bestimmte sportliche Spielregeln zu verletzen, um anderen Pflichten zu genügen – etwa der, sich selbst oder andere vor ernsthafter Verletzung zu bewahren.«[23] Unbedingte Einhaltung des Gebots umweltfreundlichen Produzierens und Herstellung umweltfreundlicher Produkte könnte mit dem Untergang des Unternehmens bestraft werden. Dies kann im Ernst von keinem Unternehmer verlangt werden. Darum folgert Apel weiter:

An der »regulativen Idee« [einer ökologischen Ethik, D. H.] ist m. E. festzuhalten [...], doch diese normative Grundeinstellung muß die Bereitschaft zur radikalen Reflexion des *kontrafaktischen* Charakters der Fiktion des Ideals einschließen – und insofern auch die Bereitschaft zur *externen wertfreien Thematisierung* des »Eigensinns« der *funktionalen Systemrationalität der Wirtschaft* in unserer heutigen Gesellschaft.[24]

Apel meint damit den Eigensinn der Marktgesetze, so wie Marx und Hayek sie offengelegt haben. Auch der exponierte Kritiker der Systemtheorie, Jürgen Habermas, ist der Auffassung, daß die kapitalistische Wirtschaft dem Systemparadigma noch am ehesten entspricht, womit er die Ergebnisse der hier referierten unterschiedlichen Theorien bestätigt.[25]

23 Karl-Otto Apel, *Diskurs und Verantwortung*, Frankfurt 1988, S. 229.
24 Ebd., S. 304.
25 Vgl. Jürgen Habermas, *Faktizität und Geltung. Beiträge zur Diskurstheorie des Rechts und des demokratischen Rechtsstaats*, Frankfurt/M. 1992, S. 427 f.

5. Verbraucher- und Arbeitnehmer-Ethik

Wenn das so ist, stellt sich um so dringlicher die Frage nach den Möglichkeiten des Eingreifens angesichts der drohenden Gefahren ökologischer Katastrophen. Zum profitablen Wirtschaften gehört es, daß man mit dem gesellschaftlichen Umfeld nicht in Konflikt kommt. Der Druck der Öffentlichkeit, Unternehmer zu umweltbewußtem Produzieren und umweltfreundlichen Produkten zu zwingen, muß von den Firmen abgefangen werden. Die Betonung umweltfreundlichen Wirtschaftens im eigenen Betrieb ist meist natürlich nichts anderes als die Legitimation für den besseren Absatz der eigenen Produkte: »Unternehmen, die soziale, umweltbezogene, ethische [...] Belange berücksichtigen, erfreuen sich steigender Nachfrage und wachsender Gewinne.«[26] So selbstregulierend wie es scheint, ist der Markt also nicht. Wenn die Verbraucher Lebensmittel, die beim Verzehr zum Krebsrisiko führen, ebensowenig kaufen wie Xylol-haltige Farben, Formaldehydverdunstende Möbel oder Produkte von skandalbelasteten Firmen, dann könnte eine auf Verbraucher-Aufklärung basierende »Verbraucher-Ethik« über Gewinn und Verlust entscheiden. Dies ist derzeit ein weitverbreiteter Trend. »Mittlerweile versprechen sogenannte Ethik-Fonds solventen Anlegern, beispielsweise nur in umweltfreundliche Produktion zu investieren.«[27] Dieser Trend zieht weitere Kreise und macht vor den Arbeitnehmern nicht halt:

> So geben über 50% hochqualifizierter Angestellter in Metall- und knapp 40% in Chemie-Berufen an, sich während ihrer Tätigkeit mit ethischen Fragen konfrontiert zu sehen. Insgesamt lehnt lediglich ein Sechstel praktische Widerstandshaltungen von vornherein ab. Die Bedeutung solcher Einstellungen läßt sich daran ablesen, daß bei Umweltschutzdelikten etwa die Hälfte der ein staatsanwaltschaftliches Ermittlungsverfahren auslösenden Hinweise von Betriebsangehörigen oder ehemaligen Mitarbeitern stammen. Daneben sind einer breiteren Öffentlichkeit bekanntgeworden die Weigerung eines Druckers und einer Packerin, kriegsverherrlichende Schriften herzustellen bzw. Metallteile in den Irak zu versenden, oder der Fall von Laborärzten, die ihre Mitwirkung an Forschungsarbeiten für ein Mittel zur Unterdrückung von Brechreiz einstellten, weil dadurch ein Beitrag zur Führbarkeit von begrenzten Atomkriegen geleistet werde.[28]

26 Hans Lenk/Matthias Maring (Hg.), a.a.O., S. 8.
27 Thomas Kreuder, a.a.O., S. 707.
28 Ebd., S. 708.

Dieser Trend führte dazu, daß auch Unternehmer reagieren mußten. »So liegen mittlerweile eine Vielzahl entsprechender Betriebsvereinbarungen vor, deren Existenz nicht nur den bislang hartnäckig behaupteten Widerspruch zwischen Ökonomie und Ökologie in Frage stellt, sondern auch die Annahme, Arbeitnehmer seien gegenüber Umweltschutzaspekten aufgrund ihres primären Arbeitsplatzinteresses indifferent.«[29]

6. KAIZEN und Lean Production

Dieser Trend wird verstärkt durch eine andere Entwicklung, die wir gegenwärtig beobachten können. Europäische und nordamerikanische Unternehmer und Manager stellen die Frage, was den uns so beunruhigenden Erfolg der japanischen Wirtschaft im internationalen Wettbewerb bewirkt. Wir sind einer nicht enden wollenden Diskussion darüber ausgesetzt, wie man die Überflutung des eigenen Marktes mit japanischen Produkten eindämmen oder die japanische Produktionsweise übernehmen kann. Inzwischen hat man erkannt, daß die Ursache tief in der japanischen Kultur und Mentalität begründet ist. KAIZEN heißt die erfolgreiche Wirtschaftsphilosophie und bedeutet nichts anderes als: »Ständige Veränderung in kleinen Schritten«. In Europa und Nordamerika wird lange über *grundlegende* Veränderungen nachgedacht, die dann in *einem Zuge* umgesetzt werden.[30] Alle großen japanischen Produkt- und Produktionsinnovationen haben ihren Ursprung zwar in Amerika oder Europa. Die Stärke japanischer Firmen liegt jedoch in kontinuierlichen qualitativen Verbesserungen, meint der japanische Managementberater Masaaki Imai.[31]

Die Botschaft von KAIZEN heißt, es soll kein Tag ohne irgendeine Verbesserung im Unternehmen vergehen. Die Überzeugung von der Notwendigkeit einer nie endenden Verbesserung ist tief in der japanischen Mentalität

29 Ebd., S. 710.

30 Vgl. Masaaki Imai, *Kaizen. Der Schlüssel zum Erfolg der Japaner im Wettbewerb*, München 1992, S. 53. Vgl. auch die treffende Kurz-Darstellung von Hiroyuki Itami in: *WirtschaftsWoche*, 46. Jg., Nr. 39 vom 18. 9. 1992, S. 59 und 62: »Häufige Kontakte. Nicht Abkupfern oder Geistesblitze aus dem Labor begründen Japans Entwicklungsvorsprung, sondern vor allem das Lernen am Arbeitsplatz«.

31 Ebd., S. 60.

verwurzelt [...] Auf dem Weg zum Fushimi-Inari-Schrein bei Kyoto sind z.B. 15 000 Holztore zu passieren! Wenn der Pilger dann endlich den Altar erreicht hat, ist er in die geheiligte Aura des Schreins eingetaucht, und seine Seele ist rein. Der Weg zum Schrein ist damit fast ebenso wichtig wie das Gebet am Altar selbst.[32]

Japaner sind mehr prozeß- als produktorientiert. Um den Unterschied zwischen westlicher Innovation und japanischer permanenter Veränderung begreifbar zu machen, wählt der Autor ein Bild: »Man kann KAIZEN mit einem Brutkasten vergleichen, in dem kleine, aber anhaltende Veränderungen ausgebrütet werden, während man die Innovationen als Magma ansehen kann, das von Zeit zu Zeit in Form von gewaltigen Eruptionen auftaucht.«[33] Ziel der Veränderungen ist die Verbesserung der Qualität eines Produktes.[34] Dieses Ziel verfolgen Japaner mit Ausdauer. »Qualitätskontrolle ist heute nicht mehr eine unter vielen Managementtechniken. Sie ist zum umfassenden Managementinstrument geworden, das vom ganzen Unternehmen, von der Geschäftsleitung bis zum einfachen Arbeiter, angewandt wird.«[35] Es gibt eine Organisation zur Koordinierung der Qualitätszirkel. Bei ihr sind 170 000 Zirkel registriert. Wahrscheinlich – so schätzt Imai – ist die tatsächliche Zahl mehr als doppelt so hoch. Der Erfolg ist, daß westliche Kunden mit der Qualität japanischer Produkte zufriedener sind als mit der von westlichen Produkten, und das bereitet amerikanischen wie europäischen Produzenten Kopfschmerzen.

Der Gesichtspunkt der Qualitätskontrolle ist das Begehren der Verbraucher. Auch in Japan also wird ein umweltfreundliches Produzieren allein über Verbraucher-Aufklärung und einer daraus resultierenden Verbraucher-Moral erreicht. Allerdings ist KAIZEN auch in Japan schon an die Grenzen gestoßen: »Die ›Alle machen mit‹-Orientierung, die so fundamental für das japanische Kaizen-Konzept ist, unterliegt allerdings durchaus Spannungen, und es spricht einiges dafür, daß diese Spannungen zunehmen. Sie resultieren einmal aus zeitlichen Koordinierungsproblemen; Qualitätszirkelaktivitäten haben die Überstundenproblematik noch verschärft.« So stehen die Arbeiter unter »großem Streß –

32 Ebd., S. 24-40.
33 Ebd., S. 49.
34 Ebd., S. 74.
35 Ebd., S. 130.

und dies Tag für Tag bei langen Arbeitszeiten. Gegenüber der Tagesroutine bleibt in der Regel und in weiten Bereichen kaum oder gar keine Zeit für Problemlösungsaktivitäten. In vielen Werken beschränkten sich die Beratungen auf die fünfminütige Teepause am Nachmittag. Diese Schattenseiten der japanischen Realität zu unterschlagen, wäre falsch.«[36]

7. Resümee

Dennoch ist eine Tendenz sichtbar: Sowohl die Verbraucher wie die Arbeitnehmer nehmen mehr und mehr Einfluß auf die Qualitätskontrolle der am Markt angebotenen Produkte. Maßstab für die Qualität ist unter anderem auch der ökologische Gesichtspunkt. Halten die Produkte diesem Maßstab nicht stand, werden sie nicht gekauft. Eine Verbraucher-Aufklärung führt also zu einer Verbraucher-Moral, die die Unternehmer zur Produktion umweltverträglicher Produkte und zur Herstellung umweltverträglicher Produktionsbedingungen zwingt. Nur Produkte, die unter solchen Bedingungen hergestellt wurden und selbst auch umweltfreundlich sind, werden gekauft. So wird die Wertekonkurrenz zwischen dem unternehmerisch vorrangigen Wert der Profitmaximierung und dem Wert der Umweltverträglichkeit aufgehoben. Über den Markt kommen beide zur Deckung.
Unbestritten sind Verbraucher-Manipulationen durch Interessenverbände und gesponsorte »Aufklärung«, die professionalisierte Öffentlichkeitsarbeit betreiben, möglich. Darauf bin ich hier nicht weiter eingegangen. Mir kam es darauf an, herauszustellen, daß ausschließlich der Markt das Forum ist, über den sich eine Unternehmer-Moral konstituieren kann. Es muß sich zeigen, ob sich eine nicht kapitalgesteuerte Öffentlichkeit durchsetzen und die Themen bestimmen kann, über die gestritten wird. Es gibt eine Vielzahl von Teilöffentlichkeiten, die »porös füreinander« sind und bleiben werden.[37]

36 Ulrich Jürgens, »In Japan stößt die ›Lean Production‹ bereits an ihre Grenzen«, in: *Blick durch die Wirtschaft*, 35. Jg., Nr. 96 vom 19. Mai 1992, S. 7.
37 Vgl. zu diesem Komplex Jürgen Habermas, a.a.O., S. 451 ff.

5. Freiheit

Ist »Freiheit« ein nur intelligibler Begriff? Ist »Freiheit« eine nur regulative Idee? Kann Freiheit Wirklichkeit werden? Diese Fragen beschäftigten nicht nur die Philosophen der Aufklärung, sie beschäftigen uns heute immer noch. Im folgenden werde ich, anknüpfend an die Reflexionen der Aufklärungsphilosophen Kant, Fichte, Schelling und Hegel, eine Antwort suchen, die auf nichtmetaphysischer Denkweise basiert.

1. Kant

Der Begriff »Freiheit« ist in unserer Kultur eng verbunden mit der Vorstellung von der »Autonomie des Subjekts«. Aus dem Begriff der »selbständigen Subjektivität« zieht die »Moderne ihr Freiheitsbewußtsein«.[1] Sinnfällig konnte diese Wechselseitigkeit an dem Brauch werden, Strafgefangenen ihre Identität dadurch zu nehmen, daß man ihnen anstelle ihres Namens Nummern gab. Dadurch sollte ihnen der Freiheitsentzug spürbar werden.

Der Begriff des autonomen Subjekts und der Begriff der Freiheit bedingen sich wechselseitig. Diese Wechselseitigkeit faßte Adorno in folgende Worte: »Frei sind die Subjekte, nach Kantischem Modell, soweit, wie sie ihrer selbst bewußt, mit sich identisch sind [...] Unfrei sind sie als nichtidentische, als diffuse Natur [...].«[2] Folgen wir dieser Einsicht, dann müssen wir – Adorno hat das angesprochen – unseren Blick zur Kantischen Philosophie wenden.

Laut Kant ist der Mensch das einzige Wesen, das in der Lage ist, vernünftig zu handeln. Was heißt das? Der Mensch kann sich selbst Zwecke geben; er kann die Gesetze seines Handelns selbst bestimmen. Alles andere geschieht und alle anderen Lebewesen handeln nach von der Natur vorgegebenen Gesetzen. Der Mensch als vernünftiges Wesen gibt sich seine Gesetze selbst und ist somit

1 Jürgen Habermas, Die Einheit der Vernunft in der Vielheit ihrer Stimmen, in: *Merkur* Nr. 467 vom Januar 1988, S. 7.
2 Theodor W. Adorno, *Negative Dialektik*, Frankfurt 1970, S. 292.

frei. Er ist das einzige Wesen, dem Freiheit möglich ist und das autonom handeln kann. Das grundlegende moralische Gesetz, das der Mensch sich gibt, ist – nach Kant – der kategorische Imperativ: »Handle so, daß die Maxime deines Willens jederzeit zugleich als Prinzip einer allgemeinen Gesetzgebung gelten könne.«[3] Dieses Gesetz seines Handelns hat der Mensch sich selbst gegeben. Darum muß er es unbedingt befolgen; Kant spricht hier auch von »Kausalität aus Freiheit«.[4] Befolgt der Mensch das Gesetz nicht, so verliert er die Achtung vor dem Gesetz und somit vor sich selbst. Der Zweck des Gesetzes liegt demnach in dem Gesetz selbst.

In welchem Verhältnis steht das moralische Gesetz zur Freiheit? Ist die Freiheit des Menschen Bedingung des kategorischen Imperativs oder ist der Mensch erst dann frei, wenn er den kategorischen Imperativ befolgt? Darauf gibt Kant eine klare Antwort in der *Grundlegung zur Metaphysik der Sitten*. Dort sagt er, daß das Gesetz unter der Kausalität der Freiheit stehe. Das faßt er in der *Kritik der praktischen Vernunft* genauer: Die Freiheit sei die ratio essendi des moralischen Gesetzes, das moralische Gesetz dagegen die ratio cognoscendi der Freiheit.[5] Freiheit des Menschen muß vorausgesetzt werden, damit der kategorische Imperativ überhaupt gedacht werden kann. Nur ein vernünftiges Wesen, das qua seiner Vernunft frei sein kann von fremden Einflüssen, kann den kategorischen Imperativ denken. Es muß also die Möglichkeit der Unabhängigkeit von den Naturgesetzen geben, damit der Mensch den kategorischen Imperativ überhaupt formulieren kann. Nur in der Geltung des kategorischen Imperativs realisiert der Mensch die mögliche Freiheit. Der kategorische Imperativ selbst ist aber nur möglich aufgrund der Freiheit: »Freiheit und unbedingtes praktisches Gesetz weisen also wechselweise auf einander zurück.«[6]

Was ist denn nun Freiheit? Kant formuliert in der *Kritik der praktischen Vernunft* weiter: Die Unabhängigkeit *von* den Naturgesetzen ist Freiheit im negativen Verstande. Das ist also die Freiheit, die vorausgesetzt werden muß, damit der kategorische Imperativ formuliert werden kann. Der positive Begriff der Freiheit kommt

3 *Kritik der praktischen Vernunft*, A 54.
4 *Kritik der reinen Vernunft, B 586.*
5 *Kritik der praktischen Vernunft*, A 5.
6 *Kritik der praktischen Vernunft*, A 52.

durch den kategorischen Imperativ zustande. Er garantiert die Autonomie des Menschen. Autonomie heißt, daß der Mensch ohne Hinzuziehung und ohne das Hineinreden anderer Ursachen frei bestimmen kann unter Anleitung des kategorischen Imperativs. Dieses Gesetz hat der Mensch sich selbst gegeben aufgrund seiner Vernunft: Nur dieses Gesetz, was der Mensch sich selbst gegeben hat, anerkennt er. Er wird dadurch unabhängig von der Natur und ihren Gesetzen, somit frei.

Das moralische Gesetz ist aufgrund innerer Gesetzgebung zustande gekommen. Insofern ist dieses Gesetz nicht ohne weiteres auf Naturdinge anwendbar. »Wenn wir uns selbst als Handlungsursache erfahren, haben wir den physikalischen Determinismus gegen uns, der unsere Handlungen wie alle Ereignisse in den allgemeinen kausalen Weltzusammenhang einordnet; in ihm kann ein spontanes, kausal wirksames Handlungssubjekt im nachdrücklichen Sinne nicht vorkommen.«[7] – Wegen dieser Verschiedenheit scheint es unmöglich, von dem Gebiet des Intelligiblen auf das der äußeren Natur überzugehen. Die intelligible Freiheit scheint sich also nicht realisieren zu lassen. Aber die Forderung des Freiheitsgesetzes ist, daß Freiheit wirklich werden und nicht immer nur der Möglichkeit nach sein soll. Von dem Gesetz wird Handlung angemahnt. Alles Handeln, sofern es sittlich fundiert ist, hat einen Zweck. Der Zweck des Freiheitsgesetzes ist der, daß es wirklich wird. Freie menschliche Tätigkeit innerhalb der umgebenden Natur soll wirklich werden. Wenn diese freie menschliche Tätigkeit wirklich werden soll, muß die Natur doch in irgendeiner Weise mit dem Freiheitsgesetz übereinstimmen können. Wo aber könnte die Natur diesem Zwecke gemäß sein? Die reflektierende Urteilskraft stellt die Natur als zweckmäßig organisiert vor. Nur so kann die Erkenntnis der Natur systematischen Charakter haben. Darum kann es wohl nur die reflektierende Urteilskraft sein, nach der die theoretische Vernunft wesentlich mit der praktischen Vernunft in Übereinstimmung ist. Oder, anders formuliert: Die reflektierende Urteilskraft als zwecksetzende ermöglicht es, die Brücke zu schlagen zwischen der theoretischen Vernunft und der praktischen. Die theoretische Vernunft gibt die Regeln der Naturerkenntnis – ihr gehört die Urteilskraft an –, und die praktische Vernunft gibt die Regeln menschlichen Handelns.

7 Herbert Schnädelbach, *Vernunft und Geschichte*, Frankfurt 1987, S. 105.

Vergegenwärtigen wir uns, was bei Kant die reflektierende Urteilskraft ist: Sie stellt die Natur unter *einen* Zweck bezüglich der Erkenntnismöglichkeiten empirischer Naturerscheinungen und deren Zusammenfassung unter Naturgesetze. Es muß gefragt werden, ob die praktische Vernunft diesen Zweck gibt. In der Negation läßt sich immerhin sagen, daß dann, wenn das nicht so wäre, wir zwar der Möglichkeit nach frei sind, aber sobald wir durch faktisches Handeln in den Bereich der Wirklichkeit übertreten, nicht mehr frei sind. Wir blieben also im Gegensatz zur Forderung des Freiheitsgesetzes immer nur der Möglichkeit nach frei. Daß wir in der Wirklichkeit frei werden, was der Forderung des Freiheitsgesetzes entspricht, kann nur dann geschehen, wenn wir auch die Natur durch die freie menschliche Tätigkeit bestimmen können. Von daher ist das Feld von seiten der praktischen Vernunft für einen Brückenschlag zur theoretischen geebnet.

Aber auch von dem Gebiet der theoretischen Vernunft her ist das Feld insofern geebnet, als der Verstand über das ihm Erkennbare hinausweist, und die reflektierende Urteilskraft als theoretisches Vermögen die Möglichkeit der zweckmäßigen Organisiertheit der Natur eröffnet. Und wir können ebenfalls aus der Erfahrung sagen, daß jede neue Naturerkenntnis diese zweckmäßige Organisiertheit bestätigt. Wir wissen also, daß es eine zweckmäßige Organisiertheit der Natur gibt, wir wissen nur nicht, was der Zweck ist. Mit den Mitteln theoretischer Vernunft ist die Natur durch den Begriff der Zweckmäßigkeit bestimmbar, aber nicht bestimmt.

Da nun von beiden Seiten her das Feld für einen Brückenschlag geebnet ist, kann die praktische Vernunft diesen Zweck geben und die Natur, die *bestimmbar* ist, auch bestimmen. Wir wissen dann, wie der Zweck heißt, es ist nämlich der von Kant so genannte Endzweck: »Nur im Menschen, aber auch in diesem nur als Subjekt der Moralität, ist die unbedingte Gesetzgebung in Ansehung der Zwecke anzutreffen, welche ihn also allein fähig macht, ein Endzweck zu sein, dem die ganze Natur teleologisch untergeordnet ist.«[8] Wir sehen also, daß hier die Einheit der theoretischen mit der praktischen Vernunft von Kant hergestellt ist. Der End-

8 *Kritik der Urteilskraft*, B 398 f.

zweck ist für beide bestimmend, so daß über ihn die Einheit vermittelt wird.[9]
Mit dieser Anstrengung wollte Kant zeigen, daß auch die Natur unter der »Kausalität aus Freiheit« steht[10] und nicht nur – wie in der Antinomienlehre postuliert –, daß die Natur nicht der »Kausalität aus Freiheit« widerstreitet.

2. Fichte und Schelling

Die Suche nach der Einheit, die Kant in der Vernunft hergestellt sah, bewegte auch das Denken der Philosophen des Deutschen Idealismus. Sie suchten den ursprünglichen Einheitspunkt, aus dem realisierte Freiheit herzuleiten sei. Nach ihrer Ansicht ist die ursprüngliche Einheit das Versäumnis Kants.[11] Bei Schelling wurde diese Freiheit gesucht. Nach den Worten von Walther Ehrhardt ist »die Wirklichkeit der Freiheit die zentrale Entdeckung Schellings« und der »Versuch, die Freiheit überall zur Darstellung zu bringen«, das Problem, das seinem wissenschaftlichen Lebensweg das Gepräge eines organisierten Systems gibt.[12] Und Schelling sagt: »Der Anfang und das Ende aller Philosophie ist – *Freiheit*!«[13]
Wenn man dem folgt, dann ist im Anschluß an Kant auch bei Schelling der Grundsatz aller Philosophie der Mensch als moralisches Wesen. In ihm ist die Ursache der Freiheit zu suchen. Für Fichte lag es nahe, in der Setzung des autonomen Ich den Grundsatz der Philosophie und die Ursache von Freiheit zu sehen. Von da aus war es ein leichtes, das Ich als absoluten Anfangspunkt allen Wissens, also auch des theoretischen, anzusehen. Alles Wissen, ganz gleich welcher Profession, hat seinen Ursprung im Ich.

9 Anders Schnädelbach. Vgl. a.a.O., S. 103.
10 *Kritik der reinen Vernunft*, B 586.
11 Vgl. dazu Detlef Horster, *Die Subjekt-Objekt-Beziehung im Deutschen Idealismus und in der Marxschen Philosophie*, Frankfurt 1979, S. 92 ff.
12 Walter E. Ehrhardt, F. W. J. Schelling: Die Wirklichkeit der Freiheit, in: Josef Speck (Hg.), *Grundprobleme der großen Philosophen. Philosophie der Neuzeit* II, Göttingen 1976, S. 116.
13 *F. W. J. von Schellings sämtliche Werke*, hg. von K. F. A. Schelling, Stuttgart und Augsburg 1856-1861, Band I, S. 177.

Insofern war Fichte konsequenter als Kant, der der praktischen Vernunft das theoretische Wissen erst unterordnen mußte. Aber Schelling war Fichte nicht konsequent genug, denn das Wissen Fichtes ist für das Ich noch Objekt. Hier sei die Subjekt-Objekt-Trennung noch gegenwärtig. Schelling sucht nach dem unbedingten Wissen. »Gibt es überhaupt ein Wissen«, sagt er, »so muß es ein Wissen geben, zu dem ich nicht wieder durch ein anderes Wissen gelange, und durch welches allein alles andere Wissen Wissen ist.«[14] Dies zu finden, geht Schelling über Fichte hinaus. Er will nicht nur das menschliche Wissen begründen, sondern er will auf eine *unbedingte Einheit* hinaus, aus der sich alles begründen und alles entwickeln läßt.[15] Während im Absoluten bei Fichte das menschliche Wissen noch Objekt ist, will Schelling ein Absolutes, das allem Denken und ihm entspringenden menschlichen Wissen vorhergeht. Er will nicht so halbherzig sein wie Fichte, sondern ein wirklich unbedingtes, nichts voraussetzendes Absolutes. Dieses Absolute darf kein Objekt sein, denn ein Objekt hat immer ein Subjekt zu seiner Bedingung; ebenso darf es kein Subjekt sein, denn es hätte ein Objekt zu seiner Bedingung. Gesucht wird aber das *unbedingte* Absolute. Subjekt und Objekt sind notwendig mit Differenz behaftet, gesucht wird aber das absolut Eine.[16] Bei Schelling gibt es keine Parteinahme für das Subjektive wie bei Fichte. Subjekt und Objekt sind gleichgewichtig. Dennoch nennt er das Absolute auch ICH[17], um dann aber zu sagen: »Das Wesen des Ichs ist Freiheit.«[18] Damit will Schelling die Wirklichkeit der Freiheit begründen, denn »das absolute Ich hat seinen Ort nicht in den Schranken des Bewußtseins und des Selbstbewußtseins«[19], wie noch bei Kant und Fichte.

14 Ebd., S. 162.
15 Vgl. Detlef Horster, a.a.O., S. 95 ff.
16 Vgl. ebd., S. 104.
17 Vgl. Schelling, S. 167.
18 Ebd., S. 179.
19 Walter E. Ehrhardt, S. 118.

3. Hegel

Dennoch scheint die Realisierung von Freiheit immer noch Anlaß zur Beunruhigung der Philosophen zu sein. Hegel kann sich mit der Lösung Schellings nicht zufriedengeben. Er will die Wirklichkeit der Freiheit auf ganz andere Weise bestimmen, nämlich auf dem Wege dialektischer Vermittlung. Hegel greift Kants Kategorien der Relation auf und bestimmt deren Verhältnis zueinander. Freiheit tritt bei der Bestimmung der Kategorien Ursache und Wirkung auf. Hegel schreibt:

Nun aber sind diese beiden nicht nur unterschieden, sondern ebensowohl auch identisch, und dies findet sich dann auch dergestalt in unserem gewöhnlichen Bewußtsein, daß wir von der Ursache sagen, daß sie dies nur ist, insofern sie eine Wirkung hat, und von der Wirkung, daß sie dies nur ist, insofern sie eine Ursache hat. Ursache und Wirkung sind somit beide ein und derselbe Inhalt, und der Unterschied derselben ist zunächst nur der des *Setzens* und *Gesetztseins*, welcher Formunterschied sich dann aber auch ebenso wieder aufhebt, dergestalt, daß die Ursache nicht nur Ursache eines Anderen, sondern auch Ursache ihrer selbst, und die Wirkung nicht nur Wirkung des Anderen, sondern auch Wirkung ihrer selbst ist [...] Die Wechselwirkung ist nun zwar allerdings die nächste Wahrheit des Verhältnisses von Ursache und Wirkung, und es steht dieselbe sozusagen an der Schwelle des Begriffs; jedoch eben um deswillen hat man sich mit der Anwendung dieses Verhältnisses nicht zu begnügen, insofern es um das begreifende Erkennen zu tun ist [...] Das Ungenügende bei der Anwendung des Verhältnisses der Wechselwirkung besteht näher betrachtet darin, daß dies Verhältnis, anstatt als ein Äquivalent für den Begriff gelten zu können, vielmehr selbst erst begriffen sein will, und dies geschieht dadurch, daß die beiden Seiten desselben nicht als ein unmittelbar Gegebenes belassen, sondern [...] als Momente eines Dritten, Höheren, erkannt werden, welches dann eben der Begriff ist.[20]

Damit zeigt Hegel, daß die unterschiedenen Momente des Kausalverhältnisses identisch sind. Die Wechselwirkung ist die Aufhebung der Unterscheidung von Ursache und Wirkung. Mit der Aufhebung dieser als notwendig angenommenen Unterscheidung, nämlich, daß die Wirkung notwendig und zwangsweise der Ursache folgt, erweist sich auch die Notwendigkeit selbst als ihr Gegenteil, nämlich als Freiheit. War in aller bisherigen und auch in

20 G. W. F. Hegel, Enzyklopädie der philosophischen Wissenschaften, §§ 153–156, in: G. W. F. Hegel, *Werke*, hg. von Eva Moldenhauer und Karl Markus Michel, Frankfurt 1971 ff., Band 8, S. 299-302.

der nachhegelschen[21] Philosophie die Notwendigkeit stets die Crux der Freiheit, so erweist sich hier die Identität von Notwendigkeit und Freiheit. Erweisen sich nämlich die Momente des Kausalverhältnisses, Ursache und Wirkung, als identisch, so wird auch ihr notwendiges Verhältnis zueinander aufgehoben. Denn wenn man sagt, daß die Wirkung, welche durch die Ursache genötigt wurde, mit dieser Ursache identisch ist, so wirkt die Wirkung aus sich selbst. Sie wird also nicht mehr durch ein Fremdes bestimmt, sondern durch sich selbst. Diese Selbstbestimmung ist für Hegel Freiheit. Die Notwendigkeit, die zwischen Ursache und Wirkung angenommen wurde, erweist sich als Freiheit.

Und diese Freiheit ist nicht bloß die Freiheit der abstrakten Negation, sondern vielmehr konkrete und positive Freiheit. Hieraus ist dann auch zu entnehmen, wie verkehrt es ist, die Freiheit und die Notwendigkeit als einander gegenseitig ausschließend zu betrachten. Allerdings ist die Notwendigkeit als solche noch nicht Freiheit; aber die Freiheit hat die Notwendigkeit zu ihrer Voraussetzung und enthält dieselbe als aufgehoben in sich. Der sittliche Mensch ist sich des Inhalts seines Tuns als eines Notwendigen, an und für sich Gültigen bewußt und leidet dadurch so wenig Abbruch an seiner Freiheit, daß diese vielmehr erst durch dieses Bewußtsein zur wirklichen und inhaltsvollen Freiheit wird, im Unterschied von der Willkür als der inhaltlosen und bloß möglichen Freiheit.[22]

Dies ist wieder nur auf dem Hintergrund des zur Kantischen Philosophie Gesagten zu begreifen.
Nach Kant kann sich der Mensch als einziges Lebewesen überhaupt die Gesetze seines Handelns geben und sich so der Willkür entziehen. Diese in Freiheit gegebenen Gesetze seines Handelns muß der Mensch mit Notwendigkeit befolgen, will er nicht die Achtung vor sich selbst verlieren.
Hier ist nun einiges zur Hegelschen Dialektik gesagt worden: Die Wechselwirkung sei als Äquivalent für den Begriff zu nehmen. Der Begriff sei die Wahrheit der Wechselwirkung. Der Begriff ist das Dritte und Höhere bei Hegel. Aber die Entwicklung geht weiter: Der Begriff selbst hat ebenso seine Momente, das subjektive und das objektive. Diese Momente werden gegeneinander entwickelt und zu ihrer Wahrheit geführt, zur Idee.
Es scheint hier angebracht, etwas zur Dialektik zu sagen, bevor

21 Vgl. dazu Ulrich Pothast, *Die Unzulänglichkeit der Freiheitsbeweise*, Frankfurt 1980.
22 G. W. F. Hegel, a.a.O., § 158, S. 303 f.

mit der Fortführung der Gedanken zur Freiheit begonnen werden kann.

Exkurs zur »Dialektik«

Das Wort Dialektik wird – nach Meinung von Ulrich Pothast – »viel zu ubiquitär gebraucht«.[23] Besonders dann, wenn einem Wissenschaftler eine Sache selbst nicht klar ist, wenn sie nicht eindeutig geklärt ist und nicht eindeutig erklärt werden kann, wenn das Ganze selbst noch clair-obscur ist, dann wird die Dialektik zum Hilfsmittel, eigene Unklarheiten zu überspielen. Dem Wissenschaftler mag man das nachsehen. Weiß aber der Philosoph, was mit diesem Fachterminus gemeint ist? Karl Löwith sagt mit Heidegger, jede Dialektik sei »eine echte philosophische Verlegenheit«.[24] Aber selbst Hegel, um dessen Dialektik-Begriff es hier geht, gibt keinen theoretisch-systematischen Aufschluß über das, was Dialektik ist.[25] Und auch sein Nachfahre Marx ist spärlich in Äußerungen zur Dialektik.[26] Erst im Nachvollzug seiner Argumentation im *Kapital* läßt sich erkennen, was bei Marx Dialektik ist.

Nun soll in diesem Exkurs der Begriff »Dialektik« nur soweit geklärt werden, als es zum Thema zweckdienlich erscheint. Hegel will ja die Wirklichkeit der Freiheit dialektisch nachweisen und die Aporie Notwendigkeit und Freiheit, an der die Philosophie seiner Vorgänger, besonders die Kantische, noch krankte, auflösen.

Die Hegelsche Dialektik hat einige Vorläufer. Die Einheit der scheinbaren Gegensätze, von der oben schon die Rede war, ist das Gesetz des Seins, so wie es schon Heraklit formulierte. Etwas, sagt uns Heraklit, kann nicht ohne sein anderes existieren. Die radikale Gegensätzlichkeit aller Erscheinungen hat ihre Einheit im einheitlichen Kosmos, kündet uns Heraklit. Alles, was über-

23 Ulrich Pothast, a.a.O., S. 298.

24 Karl Löwith, *Heidegger, Denker in dürftiger Zeit*, Frankfurt 1953, S. 37.

25 Hans Friedrich Fulda, Hegels Dialektik als Begriffsbewegung und Darstellungsweise, in: Rolf-Peter Horstmann (Hg.), *Seminar: Dialektik in der Philosophie Hegels*, Frankfurt 1978, S. 169.

26 Vgl. Christoph Helferich, *G. W. F. Hegel*, Stuttgart 1979, S. 2.

haupt ist, existiert in der Einheit mit seinem gegenteiligen Anderen: »Ein und dasselbe ist Lebendiges und Totes und Wachendes und Schlafendes und Junges und Altes; denn dies schlägt um und ist jenes, und jenes schlägt um und ist dies.«[27] »Eins ist alles«, heißt es in Fragment 50. Ohne Frage erkennen wir hier die oben gezeigte Schlußfigur Hegelscher Argumentation wieder. Es kann auch kaum bestritten werden, daß sie ihr Vorbild in der Heraklitschen Flußlehre[28] findet, »nach welcher der Fluß selbst die Einheit von Gegensätzen ist, sofern er immer derselbe ist, solange anderes und immer anderes Wasser in ihm fließt«.[29]
Wesentlicher scheint aber der Einfluß Platons auf Hegel gewesen zu sein, von dessen Dialog *Parmenides* Hegel sagte, daß er das »größte Kunstwerk der alten Dialektik« sei.[30] Die Bemühungen Platons im *Parmenides* machen auch die Verlegenheit der Metaphysik deutlich, die wiederum die Verlegenheit der Dialektik hervorgebracht hat. Diese muß zunächst in Grundstrukturen sichtbar gemacht werden, um die Dialektik als der Metaphysik zugehörig bestimmen zu können. Ich werde das in folgenden Schritten aufweisen: Zunächst werde ich das Grundproblem der Metaphysik herausstellen (a), um unter Hinweis auf die Lösungen bei Platon (b) zeigen zu können, daß sich in der Bewußtseinsphilosophie (c), die ihre Anfänge bei Plotin hat und ihre Ausformulierungen bei Kant erfährt, das metaphysische Problem nicht erledigt hat. Erst dann wird deutlich werden, daß zur Wirklichkeit der Freiheit die Dialektik nicht das begreifende Instrumentarium liefert.

a) Das Grundproblem der Metaphysik

Wie für Heraklit ist auch für andere frühgriechische Denker die Welt die Vielheit dessen, was stets in Bewegung und Entwicklung ist und was seine Einheit in der immer gleichbleibenden und sich nicht verändernden Idee des Kosmos findet. Der Kosmos gibt

27 Heraklit, Fragment 88, zitiert nach: Heraklit, *Fragmente*, hg. von Bruno Snell, 8. Auflage, München 1983, S. 29.
28 Vgl. Heraklit, Fragment 12, a.a.O., S. 9.
29 Manfred Baum, *Die Entstehung der Hegelschen Dialektik*, Bonn 1986, S. 27.
30 G. W. F. Hegel, Phänomenologie des Geistes, a.a.O., Band 3, S. 66.

dieser Vielheit ihre harmonische Ordnung. Die harmonische Ordnung bleibt, obwohl alles entsteht, besteht und vergeht. Die griechischen Denker und nach ihnen auch die späteren Metaphysiker suchten nach dem identitätsstiftenden Wesen von *allem,* was ist, und nach dem Wesen des Einzelseienden, das ihm trotz seiner Veränderung seine Identität gibt. Es verhält sich wie mit einem Baum. Wir sehen den Baum blühen und teilen es mit. Diese Mitteilung ist solange wahr, wie der Baum tatsächlich blüht. Das Blühen geht über in ein Nichtblühen. Was nun den Baum zum Baum macht – unabhängig davon, ob er blüht oder nicht blüht, ob er Blätter trägt oder kahl ist –, das ist das Wesen des Baumes. Nach dem Wesen wird gesucht. Gesucht wird nach dem, was das Einzelseiende zu dem macht, was es ist, was ihm also Grund und Bestand gibt. Wenn das Wesen vom Einzelseienden abgezogen wird, ist es nicht mehr das gemeinte, bestimmte Einzelseiende. In welchem Bezug steht das Einzelseiende zu dem allen Einzelseienden einheitlichen Wesen? Das ist die metaphysische Frage.

b) Platon

Platon nennt das Wesen idea. Die Ideen oder Wesen bilden in Platons Philosophie ein Reich, das das Reich der wahren Wirklichkeit ist. Das, was sich den menschlichen Sinnen zeigt, ist ein unvollkommenes Abbild der wahren Wirklichkeit. Das, was sich den Sinnen zeigt, was dem Werden und Vergehen unterworfen ist, muß streng getrennt werden vom Reich der Ideen. In ihm ist die Idee des Guten die höchste Idee, auf die alles bezogen ist. Sie gibt allem, was ist, Grund und Bestand; genauso wie das Wesen dem Einzelseienden Grund und Bestand gibt. Soll das Reich der Ideen, das unvergänglich und ewig ist, nicht mit hineingezogen werden in die Bewegung des Entstehens und Vergehens, darf es nicht mit den vergänglichen Dingen in Berührung kommen. Kann das denn sein? Wir haben doch gerade erst gehört, daß der Baum nicht mehr der Baum ist, wenn man von ihm das Wesen, das Baumhafte abzieht. Muß er dann nicht mit seinem Wesen in Verbindung stehen? Diese Frage stellt Parmenides dem Sokrates im platonischen Dialog *Parmenides.* Sokrates gibt dort verschiedene Möglichkeiten an, wie die Ideen mit den Einzeldingen in Verbindung stehen könnten. Die Möglichkeit der Teilhabe der Ideen an den Einzeldingen wird verworfen. Die Ideen können nicht zu einem Teil in den Einzeldingen anwesend sein, weil die Ideen unteilbar sind. Ganz kann die Idee auch nicht im Einzelding enthalten sein, denn dann wäre sie gänzlich von sich selbst getrennt. – Es gibt noch weitere Vorschläge, doch hier sollte lediglich die metaphysische Problemlage deutlich werden. Wenden wir uns nun dem zweiten Teil des *Parmenides* zu, in dem die für Hegel vorbildliche Dialektik enthalten ist.

Alle Vorschläge des Sokrates enden mit dem Ergebnis, daß der Bereich des Einzelseienden vom Reich der Ideen getrennt bleiben müsse. Doch dann kommt am Anfang der sogenannten dialektischen Übung im zweien Teil des *Parmenides* die überraschende Wende: Es sei am Anfang der Untersuchung – sagt Parmenides – das Ziel gewesen, nachzuweisen, daß Eins ist. Eins und Sein sind demnach etwas Verschiedenes, denn sonst könne man auch sagen »Eins eins«. Wir sagen aber »Eins ist«. Eins und Sein sind somit von sich her Teile eines Ganzen. Eins und Sein sind umfaßt von einem Ganzen, dessen Einheit sie bilden. Jeder Teil für sich hält das Eins fest und auch das Seiende. Insofern bildet jeder Teil wieder zwei Teile und so fort. »Ist nun das Eins etwas anderes und das Sein etwas anderes: so ist weder vermöge des Einsseins das Eins von dem Sein verschieden noch vermöge des Seinsseins das Sein von dem Eins, sondern vermöge des Verschiedenen und Anderen sind sie verschieden voneinander. – So daß das Verschiedene weder mit dem Eins noch mit dem Sein einerlei ist?«[31] So entwickelt Parmenides aus der Idee die Eins und die Vielheit. Parmenides entwickelt das weiter, indem er zeigt, daß Eins und Vieles auch ein Zahlenverhältnis ist. Die Rede vom Einen wäre sinnlos, wenn es demgegenüber nicht das Mehrere oder das Viele gäbe. Das Viele ist das Nicht-Eine. Das Viele muß aber sein, damit es das Eine geben kann. Es ist dann eines unter Vielen. Sage ich Eins, muß notwendig die Zwei folgen, denn sonst wäre es schon sinnlos, Eins zu sagen. Zählen ist das vielfältige Einssetzen. »Und wenn Zahl ist, so ist auch Vieles und eine unendliche Menge Seiendes.«[32] Parmenides argumentiert dann weiter: Wenn das Eins Teil eines Ganzen ist, dann muß es sich auch innerhalb des Ganzen abgren-

31 Platon, *Sämtliche Werke*, hg. von Walter F. Otto, Ernesto Grassi und Gert Plamböck (Schleiermacher-Übersetzung), Hamburg 1957ff., Band IV, S. 79.

32 Ebd., S. 80.

zen. Es muß also dann doch eine Gestalt, eine Grenze und somit auch Anfang und Ende haben und damit in Bewegung sein. Wir sehen also, daß im ersten Teil der dialektischen Übung nachgewiesen wurde, daß das Eins keine Gestalt hat, keine Teile, keinen Anfang und kein Ende und somit auch nicht in Bewegung ist, sondern in Ruhe. Am Ende hat das Eins dagegen Gestalt, Anfang und Ende und ist in Bewegung. So kann mit triftigen Argumenten das Eine und das Andere nachgewiesen werden, ähnlich wie in Kants Antinomienlehre, die ebenfalls Anstoß für Hegels Dialektik war.[33] Doch die Wahrheit findet Platon nur in der dialektischen Bewegung, wie er schon am Anfang dieser Übung gesagt hatte: »Ohne dieses Durchgehen nach allen Richtungen und ohne dieses Hin und Her es unmöglich ist, auf das Wahre zu kommen und Einsicht zu erwerben.«[34] Die dialektische Bewegung von Bewegung und Ruhe führt Platon im Dialog *Sophistes* durch.[35]
Mit dem sich aus dem Begriff selbst erzeugenden Widerspruch und dessen Bewegung des »Hin und Her« löst Platon das Verhältnis von Einheit und Vielheit. Dieses metaphysische Problem wird dialektisch gelöst. Hier zeigt Platon, daß die Ideen selbst dialektischen Charakter haben: Sie haben den Charakter der Selbigkeit mit sich selbst und den Charakter der Verschiedenheit und der Abgrenzung gegenüber anderen Ideen. Diese dialektische Struktur liegt nicht nur im Reich der Ideen vor, sondern auch im Bereich der Einzelseienden. Diese dialektische Struktur verbindet letztlich beide Bereiche, womit dieses metaphysische Grundproblem für Platon gelöst wird.
Nun gilt Platon zwar als der eigentliche »Erfinder« des Wortes »Dialektik«,[36] doch ist seine Dialektik – wie sich ganz besonders in dem interpretierten Teil des *Parmenides* zeigt – ein philosophisches Verfahren, das in der Erzeugung von Antinomien besteht, um das Sowohl-als-Auch der Seins-Struktur zu zeigen. Es wird hier wie auch bei Aristoteles in der *Topik* ein Verfahren des Beweisens der Wahrheit. Hegel beruft sich zwar auf Platons *Parmenides* als des größten Kunstwerks der alten Dialektik, aber Hegels Dia-

33 Vgl. Herbert Schnädelbach, a.a.O., S. 158.
34 Für diese Stelle wurde die Übersetzung von Gadamer herangezogen in: Plato, *Texte zur Ideenlehre*, hg. und übersetzt von Hans Georg Gadamer, Frankfurt 1978, S. 65.
35 Vgl. dazu die Kapitel 36ff. dieses Dialogs.
36 Vgl. Manfred Baum, a.a.O., S. 8.

lektik sieht noch völlig anders aus: Sie ist die Beschreibung der Bewegung, in der Erkenntnis entsteht und wieder vergeht.[37] Sie ergibt sich nicht ohne weiteres aus der Logik des Elenchos wie bei Platon und Aristoteles. Sie zeigt den – auch geschichtlichen – Prozeß des Werdens. Aus dem Begriff entsteht – wie bei Platon aus dem Begriff des »Seins« – der sich selbst erzeugende Widerspruch. Der alte Begriff vergeht, aber auch der Widerspruch vergeht und gebiert einen neuen Begriff, der wiederum einen Widerspruch in sich trägt. Dies ist der Prozeß jeder tatsächlichen und begrifflichen Entwicklung für Hegel.

c) Bewußtseinsphilosophie

Die Idee des Guten, die in der Philosophie Platons dem Ganzen des Seienden Grund und Bestand gibt, wird bei Plotin abgelöst durch die Einheit von Seele und Idee. »›Denken‹ und ›Sein‹, in der Mannigfaltigkeit ihrer Abwandlungen wird bei ihm zur allgemeinen Seinsform.«[38] Auch das Denkende denkt sich als Seiendes. Somit wird das Denken zum einheitsstiftenden Bezugspunkt und löst den ontologischen bei Platon und Aristoteles ab. Die Bewußtseinsphilosophie erreicht ihre Vollendung bei Kant, der das einheitliche »Ich denke« oder die »synthetische Einheit der transzendentalen Apperzeption«[39] als einheitsstiftenden Bezugspunkt sieht. Nach Habermas »erneuert Hegel zum letzten Mal das metaphysische Einheitsdenken«.[40] In dialektischer Entwicklung wird die gesamte historische Realität mit dem absoluten Geist verbunden. Damit hat Hegel einerseits das Problem der Metaphysik, Eines und Vieles zu verbinden, einer Lösung zuzuführen versucht, andererseits hat er dadurch, daß er das Eine als absolutes Subjekt denkt, die selbständige Subjektivität, aus der »die Moderne ihr Freiheitsbewußtsein [...] zieht«, als höchsten Einheitspunkt angesehen.

37 Vgl. ebd., S. 5.
38 Karl-Heinz Volkmann-Schluck, *Plotin als Interpret der Ontologie Platos*, Frankfurt 1966, S. 36.
39 *Kritik der reinen Vernunft*, B 134.
40 Jürgen Habermas, a.a.O., S. 7.

4. Die Wirklichkeit der Freiheit

a) Die Wirklichkeit des metaphysischen Einheitspunktes

Für die Wirklichkeit der Freiheit hängt alles vom metaphysischen Einheitspunkt ab, denn nachdem er sich in der Geschichte der Metaphysik von Platons Idee zum absoluten autonomen Subjekt entwickelt hat, das – wie gesehen – Voraussetzung für und Produkt der Freiheit ist, kommt es für die Wirklichkeit der Freiheit auf dieses Subjekt an. »Freiheit in transzendentalphilosophischer Bedeutung bezeichnet den Prozeß- und Handlungscharakter dessen, was in der Philosophie als die aller Vielheit zugrunde liegende Einheit gedacht wird.«[41] Alle metaphysischen und damit auch dialektischen Verwirklichungsversuche müssen – wie der Exkurs gezeigt hat – idealistisch bleiben, auch dann, wenn sie die Realität der Freiheit beschwören. »Die Idee der Freiheit verlor nicht zuletzt darum ihre Gewalt über die Menschen, weil sie vorweg so abstrakt-subjektiv konzipiert war, daß die objektive gesellschaftliche Tendenz sie mühelos unter sich begraben konnte.«[42]

Dies gilt auch für die Hegelsche Freiheitskonzeption. Die Selbstvermittlung des absoluten Geistes ist bei Hegel zugleich als geschichtlicher Prozeß gedacht. Der Geist, der auf seinem Entwicklungsgang alles in Gestalten des Geistes überführt, ist die identitätsstiftende Instanz für das vielerlei Einzelne, das herabgesetzt wird auf ein Äquivalent für den Begriff. Er löst den ontologischen Einheitspunkt in der Philosophie Platons und Aristoteles' ab. Somit kann dem Geist nur noch die vorhergehende Stufe seiner eigenen Entwicklung zum Material dienen, bis er den höchsten Punkt des absoluten Geistes erreicht hat. In dieser Verfahrensweise heben sich die Dualismen auf, die wir noch bei Kant finden, beispielsweise die der Sinnenwelt und der moralischen Welt, die Kant mühsam über die Konstruktion der Vernunfteinheit, in der es einen Endzweck gibt, herzustellen gedachte. Hegel formulierte dagegen:

41 Hermann Krings, Artikel »Freiheit«, in: *Handbuch philosophischer Grundbegriffe*, hg. von Hermann Krings/Hans Michael Baumgartner/Christoph Wild, München 1973, S. 502.

42 Theodor W. Adorno, a.a.O., (Anm. 2) S. 213.

Der Geist ist hiermit das sich selbst tragende, absolute reale Wesen. Alle bisherigen Gestalten des Bewußtseins sind Abstraktionen desselben [...] Sie waren Bewußtsein, Selbstbewußtsein und Vernunft [...] Als Einheit des Bewußtseins und des Selbstbewußtseins ist er das Bewußtsein, das Vernunft hat, das [...] den Gegenstand hat als an sich vernünftig bestimmt [...] Diese Vernunft, die er hat, endlich als eine solche von ihm angeschaut, die Vernunft ist, oder die Vernunft, die in ihm wirklich und die seine Welt ist, so ist er in seiner Wahrheit; er ist der Geist, er ist das wirklich sittliche Wesen. Der Geist ist das sittliche Leben eines Volks, insofern er die unmittelbare Wahrheit ist.[43]

Mit dieser Entwicklungskonstruktion hat Hegel die Geschichte in den »metaphysischen Rang« (Habermas) erhoben, was »schon die Zeitgenossen erregt hatte: eine Geschichte mit festgestellter Vergangenheit, vorentschiedener Zukunft und verurteilter Gegenwart ist keine Geschichte mehr. Die Kontingenzen des unvorhergesehenen Anderen und Neuen, mit denen seitdem die Geschichte immer deutlicher erkennbar in die Strukturen der einheitsstiftenden Vernunft eingreift, dementieren alle voreiligen Synthesen und eindämmenden Konstruktionen.«[44]

Wollen wir nicht, daß die Idee der Freiheit unter den »objektiv gesellschaftlichen Tendenzen begraben« wird (Adorno), dann kann uns die Hegelsche Konstruktion keine Architektur für die Wirklichkeit der Freiheit sein. Sie kann es ebensowenig wie die anderen vorgetragenen Konzeptionen.

Vermittelte Hegel noch die Bildungsgeschichte des absoluten Geistes mit jedem individuellen Bildungsprozeß derart, daß letzterer den Gang seiner Entwicklung am Gang des Bildungsprozesses des absoluten Geistes ablesen konnte, so ist auf dem Hintergrund der von Adorno und Habermas aufgezeigten Problemlage nach der Vermittlung von individueller Sozialisation und intersubjektiv geteilter Lebenswelt zu fragen. Die Lebenswelt ist vergleichbar dem absoluten Einheitspunkt der Metaphysik, die dem vielerlei Einzelnen Grund und Bestand gibt. Die vielerlei Einzelnen sind die einzelnen Individuen. Nur: kann man hier den metaphysischen Einheitspunkt auf empirischer Ebene einholen; bedarf es der *meta*-physischen Anstrengungen nicht mehr? Die Lebenswelt, die Habermas beispielsweise mit Hilfe einer Universalpragmatik

43 G. W. F. Hegel, Phänomenologie des Geistes, a.a.O., Band 3, S. 325 f. ohne die Hervorhebungen des Originals.

44 Jürgen Habermas, a.a.O., S. 8.

analysiert, wäre dann das, was ich mit der Wirklichkeit des metaphysischen Einheitspunktes meine. Es wäre – wenn man so will – Metaphysik ohne Metaphysik. Es soll im Folgenden versucht werden, diese Fragen zu beantworten und nach der Möglichkeit der Metaphysik ohne Metaphysik zu suchen.

b) Individuen und intersubjektiv geteilte Lebenswelt

Ziel jeder Sozialisation ist die Entwicklung eines stabilen, autonomen Ich. Was bedeutet diese Ich-Identität? Habermas gibt darauf folgende Antwort: »In der Identität des Ich drückt sich das paradoxe Verhältnis aus, daß das Ich als Person überhaupt mit allen anderen Personen gleich, aber als Individuum von allen anderen Individuen schlechthin verschieden ist.«[45]
Bis zur Erreichung einer solchen Identität durchläuft nach dem bekannten Schema von Kohlberg jeder Mensch drei Stufen.[46] Im Durchgang durch eine solche Entwicklung ist die stabile Ich-Identität nicht schon dadurch erreicht, daß die Normen der Gesellschaft bloß anerkannt werden (wobei es nach Kohlberg verschiedene Gründe für die Anerkennung gibt), sondern das stabile Ich weist sich dadurch aus, daß es sich mit seinen eigenen individuellen Bedürfnissen in die gesellschaftliche Normdiskussion einbringen kann, denn »solange sich das Ich von seiner inneren Natur abschnürt und die Dependenz von Bedürfnissen, die auf angemessene Interpretationen noch warten, verleugnet, bleibt die noch so sehr durch Prinzipien geleitete Freiheit gegenüber bestehenden Normensystemen in Wahrheit unfrei.«[47] Wir haben hier eine Bestimmung der Freiheit gewonnen, die auf der Basis eines empirischen Einheitspunktes möglich ist. Wir können diese Bestimmung nur dann festhalten, wenn erwiesen ist, daß es diesen realistischen – und nicht metaphysischen – Einheitspunkt gibt, der mit allen einzelnen vergesellschafteten Menschen in Identität besteht. Ist es überhaupt realistisch, daß das einzelne Ich mit allen anderen Individuen die Welt teilt? Ich greife hier auf die Lehre von

45 Jürgen Habermas, *Zur Rekonstruktion des Historischen Materialismus*, Frankfurt 1976, S. 85.

46 Vgl. Lawrence Kohlberg, *Zur kognitiven Entwicklung des Kindes*, Frankfurt 1974.

47 Jürgen Habermas, *Zur Rekonstruktion*, a.a.O., S. 74.

»me« und »I« bei Georg Herbert Mead zurück.[48] Die zentrale Stelle bei Mead lautet: »Das ›Ich‹ (I) reagiert auf die Identität, die sich durch die Übernahme der Haltung anderer entwickelt. Indem wir diese Haltungen übernehmen, führen wir das ›Ich‹ (me) ein und reagieren darauf als ein ›Ich‹ [...] Das ›Ich‹ ist die Reaktion des Organismus auf die Haltungen anderer; das ›Ich‹ (me) ist die organisierte Gruppe von Haltungen anderer, die man selbst einnimmt. Die Haltungen der anderen bilden das organisierte ›Ich‹ (me), und man reagiert darauf als ein ›Ich‹.«[49] Das »me« bei Mead ist das soziale »Selbst«, auf das das Individuum reagiert und so auch zur Bildung dieses sozialen »Selbst« beiträgt. Mehr noch, denn seine Reaktion wird »ein neues Element enthalten. Das ›Ich‹ liefert das Gefühl der Freiheit, der Initiative.«[50] Hier haben wir formal wieder dieselbe Konstruktion, wie sie uns aus der Metaphysik bekannt ist, aber nur formal, denn Mead kennt die Trennung von Empirie und Rationalität nicht, da Vernunft sich intersubjektiv konstituiert:

Beide sind im Prozeß getrennt, gehören aber so wie die Teile eines Ganzen zusammen [...] Sie sind nicht identisch, da das ›Ich‹ niemals ganz berechenbar ist. Das ›Ich‹ verlangt nach einem bestimmten ›Ich‹, insoweit wir die Verpflichtungen erfüllen, die im Verhalten selbst auftreten, doch ist das ›Ich‹ immer ein wenig verschieden von dem, was die Situation selbst verlangt. So gibt es also immer den Unterschied zwischen ›Ich‹ und ›ICH‹. Das ›Ich› ruft das ›ICH‹ nicht nur hervor, es reagiert auch darauf. Zusammen bilden sie eine Persönlichkeit, wie sie in der gesellschaftlichen Erfahrung erscheint. Die Identität ist im wesentlichen ein gesellschaftlicher Prozeß, der aus diesen beiden unterscheidbaren Phasen besteht. Gäbe es diese beiden Phasen nicht, so gäbe es keine bewußte Verantwortung und auch keine neuen Erfahrungen.[51]

Wie ist dieser Prozeß zu verstehen?

Sprach- und handlungsfähige Subjekte werden [...] als Individuen allein dadurch konstituiert, daß sie als Mitglieder einer jeweils besonderen Sprachgemeinschaft in eine intersubjektiv geteilte Lebenswelt hineinwachsen. In kommunikativen Bildungsprozessen bilden und erhalten sich die

48 Vgl. George H. Mead, *Geist, Identität und Gesellschaft*, übersetzt von Ulf Pacher und mit einer Einleitung hg. von Charles W. Morris, Frankfurt 1975, S. 216ff.
49 Ebd., S. 217f.
50 Ebd., S. 221.
51 Ebd.

Identität des Einzelnen und die des Kollektivs *gleichursprünglich*. Mit dem System der Personalpronomina ist nämlich in den verständigungsorientierten Sprachgebrauch der sozialisatorischen Interaktion ein unnachgiebiger Zwang zur Individuierung eingebaut; über dasselbe Medium der Alltagssprache kommt aber zugleich die vergesellschaftende Intersubjektivität zum Zuge.[52]

Sprache ist das Medium, das die Vermittlung möglich macht. In Sprache ist die gesamte Lebenswelt enthalten. Das abstrakt Allgemeine und die dialektische Vermittlung mit dem Einzelnen wird abgelöst durch einen durchaus erfaßbaren Interaktionszusammenhang. Dies bedeutet Metaphysik ohne Metaphysik.

c) Individuelle Freiheit und gesellschaftliches Normensystem

Wir können jetzt zu unserer schon gewonnenen Bestimmung von Freiheit zurückkehren. Freiheit bedeutet also, daß ein Individuum sich in einem Normensystem mit seinen individuellen Bedürfnissen zur Geltung bringen kann. Als Argumentationsteilnehmer in einem solchen Normendiskurs

wird jeder auf sich gestellt und bleibt doch in einem universalen Zusammenhang eingebettet [...] Das diskursiv erzielte Einverständnis hängt gleichzeitig ab von dem nicht-substituierbaren ›Ja‹ oder ›Nein‹ eines jeden Einzelnen wie auch von der Überwindung seiner egozentrischen Perspektive. Ohne die uneingeschränkte individuelle Freiheit der Stellungnahme zu kritisierbaren Geltungsansprüchen kann eine faktisch erzielte Zustimmung nicht wahrhaft allgemein sein; ohne die solidarische Einfühlung eines jeden in die Lage aller anderen wird es zu einer Lösung, die allgemeine Zustimmung verdient, gar nicht erst kommen können. Das Verfahren diskursiver Willensbildung trägt dem inneren Zusammenhang beider Aspekte Rechnung – der Autonomie unvertretbarer Individuen und ihrer Einbettung in intersubjektiv geteilte Lebensformen. Die gleichen Rechte der Individuen und die gleichmäßige Achtung ihrer persönlichen Würde werden von einem Netz interpersonaler Beziehungen und reziproker Anerkennungsverhältnisse getragen. Andererseits bemißt sich die Qualität des Zusammenlebens nicht nur am Grad der Solidarität und dem Stand der Wohlfahrt, sondern auch daran, wie weit die Interessen eines jeden Einzelnen im allgemeinen Interesse *gleichmäßig* berücksichtigt werden.[53]

52 Jürgen Habermas, Moral und Sittlichkeit. Hegels Kantkritik im Lichte der Diskursethik, in: *Merkur* Nr. 442 vom Dezember 1985, S. 1043.
53 Ebd., S. 1046.

d) Reformulierung des kategorischen Imperativs

Wir sehen, daß in einer solchen Formulierung der Diskursethik auch die Bedürfnisse eines jeden Einzelnen Berücksichtigung finden. Hier ist der Kritik Hegels[54] und Schillers[55] an Kant Rechnung getragen, der den Wert einer sittlichen Handlung lediglich darin sah, daß sie aus Pflicht geschieht, was – wie oben schon erörtert – bedeutet, daß man aus Achtung vor dem Sittengesetz und in Unterwerfung unter dieses Gesetz mit Ausschluß individueller Bedürfnisse und Neigungen handelt. Insofern hat die individuelle Freiheit in der Diskursethik ein noch stärkeres Recht als bei Kant.

Dennoch handelt es sich bei der Formulierung des Grundsatzes der Diskursethik um eine Formulierung, die sich an den kategorischen Imperativ Kants anlehnt und auch dessen starken Anspruch hat, nämlich universell zu gelten. Diese universale Geltung wird aber dadurch erlangt, daß das Moralprinzip auf das Verfahren der moralischen Argumentation bezogen wird. Die Diskursethik

> stellt den Grundsatz auf, daß nur diejenigen Normen Geltung beanspruchen dürfen, die die Zustimmung aller Betroffenen als Teilnehmer eines praktischen Diskurses finden könnten. Zugleich wird der kategorische Imperativ zu einem Universalisierungsgrundsatz herabgestuft, der in praktischen Diskursen die Rolle einer Argumentationsregel übernimmt: bei gültigen Normen müssen Ergebnisse und Nebenfolgen, die sich aus einer allgemeinen Befolgung für die Befriedigung der Interessen eines jeden ergeben, von allen zwanglos akzeptiert werden können.[56]

Oder anders formuliert heißt der Grundatz der Diskursethik: Nur solche Normen können allgemeine Anerkennung und somit gesellschaftliche Gültigkeit erlangen, deren Folgen alle Betroffenen tragen wollen, ganz gleich, ob sie nun im einen Fall die Norm aktiv anwenden oder zu einer anderen Zeit von der Anwendung passiv betroffen werden.[57]

54 Vgl. ebd.
55 Vgl. Schillers Schrift, *Über Anmut und Würde.*
56 Jürgen Habermas, Moral und Sittlichkeit, a.a.O., S. 1041; ohne die Hervorhebungen des Originals.
57 Vgl. Jürgen Habermas, *Moralbewußtsein und kommunikatives Handeln*, Frankfurt 1983, S. 75 f.

Die Frage, die sich für Kant stellte, war ja, wie der intelligible Begriff der Freiheit auch auf Naturdinge anwendbar sei. Schnädelbach formuliert dieses Kantische Problem sehr präzise so: »Wir sind empirische Wesen; unsere Handlungen sind Vorkommnisse in Raum und Zeit. Die Frage ist, ob wir all dies, was zur Natur im Kantischen Sinne gehört, zugleich als den Ort darzustellen vermögen, an dem wir unsere Freiheit erfahren.«[58] Dieses Problem haben wir in der Diskursethik nicht mehr, denn in ihr ist der Bereich des Intelligiblen nicht mehr vom sinnlichen Bereich getrennt. Das Intelligible oder die Rationalität ist »nach Mead eine Kompetenz [...], die selbst bereits in sozialen Interaktionszusammenhängen erworben wird«.[59] Die Diskursethik vermag also ein uraltes metaphysisches Problem zu lösen.
Jetzt kann deutlich werden, daß die Freiheit des Einzelnen, die – wie wir sahen – an die Autonomie des Subjekts gebunden ist, abhängt von der Verwirklichung der Freiheit aller vergesellschafteten Individuen.
Intelligibles und Sinnliches, Freiheit des Einzelnen und Freiheit aller wird nicht mehr in zwei Bereiche getrennt. Weiter sind universale Geltung der Norm und partikulare Grundlage für die Entstehung der Norm nicht zwei verschiedene Bereiche:

Jede universalistische Moral ist auf *entgegenkommende* Lebensformen angewiesen. Sie bedarf einer gewissen Übereinstimmung mit Sozialisations- und Erziehungspraktiken, welche in den Heranwachsenden stark internalisierte Gewissenskontrollen anlegen und verhältnismäßig abstrakte Ich-Identitäten fördern. Eine universalistische Moral bedarf auch einer gewissen Übereinstimmung mit solchen politischen und gesellschaftlichen Institutionen, in denen postkonventionelle Rechts- und Moralvorstellungen bereits verkörpert sind [...] Andererseits ist die schrittweise Verkörperung von moralischen Grundsätzen in konkreten Lebensformen nicht eine Sache, die man wie Hegel dem Gang des absolsuten Geistes anvertrauen dürfte. Sie verdankt sich in erster Linie den kollektiven Anstrengungen und Opfern sozialer und politischer Bewegungen ... Überall wo die bestehenden Verhältnisse für Forderungen einer universalistischen Moral der pure Hohn sind, verwandeln sich moralische Fragen in Fragen der politischen Ethik.[60]

58 Herbert Schnädelbach, a.a.O., S. 98.
59 Ebda, S. 113, Vgl. dazu Mead, a.a.O., S. 384.
60 Jürgen Habermas, Moral und Sittlichkeit, a.a.O., S. 1049-1051,

Wir sehen also, daß hier die Grundlagen für die Bestimmung der Wirklichkeit der Freiheit erörtert worden sind. Ich kann somit zu dem nun abgesicherten Ergebnis kommen, daß die *Wirklichkeit der Freiheit darin besteht, daß das autonome und zugleich sozialisierte Individuum sich mit seinen Bedürfnissen und Neigungen in ein bestehendes Normengefüge einbringen kann und auch Gehör findet.* Dies ist auf der Basis der genannten diskursiven Verfahrensregeln möglich.

e) Dialektik

Was ist nun mit der Dialektik? Aus dem Vorhergehenden ergibt sich, daß eine Dialektik, die versuchte, die metaphysische Crux zu beheben, im Zusammenhang eines diskursethischen Freiheitsbegriffes keine Funktion mehr hat. Dialektik war eine Methode, die die Verlegenheit der Metaphysik beseitigen sollte, indem sie die innere Verbindung von Einzelseiendem mit dem unbedingt Absoluten aufwies. Dazu besteht im Rahmen einer Sprachphilosophie – wie gesehen – kein Bedarf. Insofern sollte man den so belasteten und – wie ich sagte – gern gebrauchten Verlegenheitsbegriff fallen lassen. An seine Stelle können im Zusammenhang einer Diskurstheorie die Begriffe des Wechsels und des Widerspruchs treten. Damit ist gemeint: Es muß ein beständiger Wechsel stattfinden zwischen Diskurs und Handeln. Ist einmal ein Konsens getroffen, dann wird eine bestehende Norm an der Erfahrung des Handelnden geprüft werden. Ergeben sich hier im Bereich des praktischen Handelns Konsequenzen, die nicht gewollt waren, müssen sie in einem erneuten Diskurs Berücksichtigung finden, so daß es zu einem neuen Konsens kommt. Dies bedeutet also einen ständigen Wechsel zwischen Diskurs und Handeln.
Jene praktischen Konsequenzen, die im Diskurs nicht gewollt waren und auch nicht vorhergesehen werden konnten, stellen natürlich einen Widerspruch zu dem gefundenen Konsens dar.

Explikative Diskurse sind immer situationsabhängig, denn in ihnen mobilisieren wir immer nur Teile unseres sprachlichen Wissens, um andere Teile zu »reparieren«, d. h., um die dort gefährdete Verständigung wiederherzustellen und zu sichern. [...] Explikative Diskurse haben sehr viel mit dem »piecemeal engineering« auf einem Schiff auf hoher See zu tun, das mit

Bordmitteln auskommen muß; man kann eben nicht zugleich auf einem Schiff fahren und es auf Dock legen.[61]

Wenn wir also – wie in diesem Beispiel – bestimmte praktische Konsequenzen nicht gesehen haben, wird der Konsens ungültig, weil Voraussetzungen nicht stimmten. Die Differenz von Sein und Sollen ist zwar auf der Basis sozialbehavioristischer Argumentation geringer als in der Metaphysik, aber dennoch nicht verschwunden und wird auch nicht übersehen. Hier gilt es nun doch noch auf ein Moment der Platonischen Dialektik zurückzugreifen, nämlich auf das dialektische Moment der »sachangemessenen Dialogführung«.[62] Es geht hier um das konfrontierende Fragen. Wenn man nämlich meint, einen allgemeingeltenden Konsens gefunden zu haben, dann wird dieser mit einer Erfahrung konfrontiert, die dem Konsens tatsächlich oder nur vermeintlich – das wird sich bei genauer Prüfung herausstellen – widerspricht. Dazu sagte Platon – ich zitierte diese Stelle bereits: »Ohne dieses Durchgehen nach allen Richtungen und ohne dieses Hin und Her es unmöglich ist, auf das Wahre zu kommen und Einsicht zu erwerben.«[63] Plausible Argumente, die auf Erfahrung beruhen, können eine geltende Norm stützen oder können sie ungültig machen. Ein Konsens muß also stets mit der Erfahrungswirklichkeit konfrontiert werden. Dies ist aus der Dialektik des Elenchos (des Gegenbeweises oder des Widerspruchs) bei Platon und Aristoteles für eine sachangemessene Dialogführung zu lernen.

5. Resümee

Freiheit ist abhängig vom autonomen Subjekt. Vom autonomen Subjekt können wir nur reden, wenn es frei ist. Diese Wechselwirkung hat Kant begründet und Hegel ausgeführt. Der intelligible Begriff der Freiheit ist abhängig vom metaphysischen Begriff des Subjekts. Die Crux aller Metaphysik – die vornehmlich durch die Dialektik behoben werden sollte – war das Anteilnehmen der empirischen Subjekte an der Idee des Subjekts, und damit gleichermaßen verbunden war das Problem der Wirklichkeit der Freiheit

61 Herbert Schnädelbach, a.a.O., S. 166.
62 Ebd., S. 168.
63 Vgl. Anmerkung Nr. 34.

in der Herleitung aus dem intelligiblen Begriff der Freiheit. Auch Dialektik vermochte dieses Problem nicht zu lösen.
Erst der Begriff der intersubjektiv geteilten Lebenswelt mit den empirischen Subjekten in ihr legte die Basis für die Wirklichkeit der Freiheit. Freiheit ist dadurch diskursiv einlösbar, indem jedes empirische Subjekt sich mit seinen Interessen und Bedürfnissen in einem bestehenden Normgefüge zur Geltung bringt. Auf der Basis so verstandener Freiheit können Normen intersubjektive Anerkennung finden.

6. Gerechtigkeit

Geschichte eines Begriffs

1. Recht und Gerechtigkeit – zwei Stufen der Legalität

Gehen wir der Frage nach, *was* Gerechtigkeit ist, wäre die Antwort leichter, wenn wir feststellten, daß Recht und Gerechtigkeit zusammenfielen. Wir könnten dann mit der Aussage über das, was Recht ist, zugleich auch die Frage beantworten, was Gerechtigkeit ist. Ich gebrauche im Folgenden den Begriff Recht immer für die Gesamtheit staatlicher Gesetze und Gerechtigkeit als einen Grundbegriff der Ethik.

Otfried Höffe behauptet in seiner umfassenden Abhandlung über die Gerechtigkeit[1], daß eine Entfremdung zwischen Ethik und Recht bestehe. Mit seiner Theorie der politischen Gerechtigkeit will er diese Entfremdung zurücknehmen, denn er geht andererseits davon aus, »daß Recht und Staat an Prinzipien der Sittlichkeit, eben der politischen Gerechtigkeit, orientiert sind«.[2]

Da diese Thesen widersprüchlich klingen, müssen sie näher an der bundesrepublikanischen Realität überprüft werden. Sind nun Recht und Gerechtigkeit zwei Stufen der Legalität oder fallen sie zusammen?

In einer Entscheidung des Oldenburger Richters Gerhard Gärtner wird die Trennung von Gerechtigkeit und Recht deutlich. Bei der Verhandlung vor dem Oldenburger Landgericht um eine einstweilige Verfügung gegen die Umwelt-Organisation Greenpeace erklärte er die Aktionen von Greenpeace moralisch für

1 Otfried Höffe, *Politische Gerechtigkeit. Grundlegung einer kritischen Philosophie von Recht und Staat*, Frankfurt 1987.

2 Otfried Höffe, »Politische Gerechtigkeit«, in: Deutsches Institut für Fernstudien an der Universität Tübingen (Hg.), *Funkkolleg Praktische Philosophie/Ethik*, Studienbegleitbrief 10, Weinheim und Basel 1981, S. 35.

geboten. Sie seien aber widerrechtlich.[3] Solche Aussage von einem Richter ist schwer verständlich, schwört er doch in seinem Richtereid »nur der Wahrheit und der Gerechtigkeit zu dienen« (§ 38 DRiG). Wenn aber auf diese Weise die Gerechtigkeit die Basis der richterlichen Rechtsfindung sein soll, kann man kaum verstehen, daß dieser Begriff in dem wichtigen Rechtswörterbuch von Creifelds[4] gänzlich fehlt. Demgegenüber erwähnen aber die einschlägigen Kommentare zum Grundgesetz den Begriff, denn er liege verborgen im Rechtsstaatprinzip des Art. 20 GG.[5] Es wird allerdings nirgendwo erörtert, was Gerechtigkeit ist.

Die anstehende Frage, ob Recht und Gerechtigkeit eine Einheit bilden oder nicht, kann nicht so ohne weiteres entschieden werden. Ich will mich darum zunächst einmal Theorien zuwenden, die behaupten, Recht ohne die Reflexion über Gerechtigkeit bestimmen zu können. Könnte man eine solche Auffassung bestätigen, wäre ganz ohne die Reflexion über Gerechtigkeit auszukommen.

2. Recht ohne Gerechtigkeit?

a) Rechtspositivismus

Die Theorie des Rechtspositivismus kennt zwei Varianten: Die eine behandelt die Rechtsverhältnisse im Staat nach dem Muster einer Naturwissenschaft wie Leonard Nelson.[6] Die andere »befaßt sich wie die Juristen mit dem Recht als Inbegriff objektiv geltender Normen«.[7]

Letztgenannter Theorie will ich mich nun zuwenden. Sie wird von Vertretern sehr unterschiedlicher politischer Positionen verfoch-

3 *Neue Presse*, Hannover vom 28. Juli 1988.

4 Carl Creifelds, *Rechtswörterbuch*, München 1968.

5 Vgl. v. Mangoldt/Klein, *Das Bonner Grundgesetz*, München 1985, Kommentar zu Art. 20 Anmerkung IV, und Klaus Stern, *Das Staatsrecht der Bundesrepublik Deutschland*, Band I, München 1984, S. 781.

6 Vgl. Leonard Nelson, *Gesammelte Schriften in neun Bänden*, Hamburg 1970 ff., Band VI, S. 150.

7 Otfried Höffe, *Politische Gerechtigkeit. Grundlegung einer kritischen Philosophie von Recht und Staat*, Frankfurt 1987, S. 117.

ten. Im vorigen Jahrhundert vertrat sie sowohl der konservative Rechtsphilosoph Friedrich Julius Stahl (1802-1861), der behauptete, die Gerechtigkeit läge in der unwandelbaren Regel des Gesetzes selbst[8], als auch der Liberale Robert von Mohl (1799-1875). Letzteren kann man in gewisser Weise als Vorläufer des wohl konsequentesten Rechtpositivisten dieses Jahrhunderts bezeichnen: Hans Kelsen. Er behauptet – wie schon vor ihm Mohl[9] –, daß »jeder beliebige Inhalt Recht sein« könne.[10] Höffe setzt sich in seinem oben genannten Buch sehr ausführlich mit dem Rechtspositivisten Kelsen auseinander.

Nach Höffes Ansicht ist für Kelsen das Recht der Inbegriff objektiv geltender Normen: »Dann wird die positive Rechtswissenschaft zu einer Wissenschaft der tatsächlich geltenden Rechtsnormen bzw. zu einer wissenschaftlichen Rechtsdogmatik, die sich – mit dem Titel von Kelsens rechtspositivistischem Hauptwerk ›Reine Rechtslehre‹ – als eine von allen nichtpositivrechtlichen Elementen freie Wissenschaft versteht.«[11] Kelsen, der in der Tradition des Neukantianismus steht, hält die Gerechtigkeit für schlechthin unerkennbar. Im Sinne von Max Weber wird alles Werten als bloß subjektives Meinen abgetan. Jeder müsse für sich entscheiden, was Gerechtigkeit sei.[12] Die Konsequenz für Kelsen heißt darum, daß jeder beliebige Inhalt Recht sein könne.[13] Daraus zieht z. B. unsere Rechtsprechung mit Gustav Radbruch[14] die Konsequenz, daß jedes staatliche Gesetz als geltend anzusehen sei, auch wenn es inhaltlich ungerecht sei; es sei denn, es stehe in

8 Vgl. Ingeborg Maus, »Entwicklung und Funktionswandel der Theorie des bürgerlichen Rechtsstaats«, in: Mehdi Tohidipur (Hg.), *Der bürgerliche Rechtsstaat*, Band 1, Frankfurt 1978, S. 32.

9 Vgl. ebd., S. 21.

10 Hans Kelsen, *Reine Rechtslehre*, 2. Aufl., Wien 1960 (unveränderter Nachdruck 1967), S. 201.

11 Otfried Höffe, a.a.O., S. 117.

12 Vgl. ebd., S. 120.

13 Vgl. ebd., S. 153.

14 Zu Gustav Radbruchs Stellung zum Nationalsozialismus vgl. Ingeborg Maus, a.a.O., S. 39. Zur Stellung von Hans Kelsen gegenüber dem Nationalsozialismus vgl. die ausführliche Skizze von Ulrich Klug, Prinzipien der Reinen Rechtslehre, in: ders., *Skeptische Rechtsphilosophie und humanes Strafrecht*, Band 1, Berlin/Heidelberg/New York 1981, S. 237ff.

einem unerträglichen Maß zur Gerechtigkeit.[15] Für den Rechtspositivismus dagegen ist der Gerechtigkeitsbegriff völlig überflüssig.[16] Dann aber ergibt sich eine Lücke, denn Kelsen vermag den Verfassungsstaat nicht trennscharf von einer Verbrecherorganisation abzugrenzen, die ja auch Gesetzen unterliegt.

Für das fehlende Definitionselement (des Verfassungsstaates) finden sich in Kelsens ›Reine(r) Rechtslehre‹ zwei einander ergänzende Andeutungen, ein formaler und ein substantieller Hinweis. Formal unterscheidet Kelsen zwischen einer internen Ordnung, die das Verhältnis der Mitglieder untereinander regelt, und einer externen Ordnung, die die Beziehung nach außen festlegt. Und substantiell gesehen behauptet er, daß intern auch eine Räuberbande Raub und Mord verbiete (Rechtslehre, 48 f.). Beide Hinweise erhalten aber nicht den ihnen gebührenden systematischen Stellenwert, und das mit gutem Grund. Denn sie haben die Bedeutung einer rechtsdefinierenden und dabei originären Gerechtigkeit, sprengen also den positivistischen Rechtsbegriff. Das Verbot von Raub und Mord bedeutet, positiv, Schutz vor der Gewalt der Mitmenschen und kommt – im Prinzip – allen vom Verbot Betroffenen zugute. [...] Die kollektive (bzw. distributive) Sicherheit stellt sowohl ein rechtsbegründendes als auch ein rechtsdefinierendes und dabei zugleich rechtslimitierendes Gerechtigkeitselement dar [...] Die von Kelsen behauptete Beliebigkeit im Inhalt von Rechtsnormen gilt nur so weit, wie Grundfunktionen vom Typ kollektiver Sicherheit wie selbstverständlich vorausgesetzt und der Beliebigkeit entzogen sind.[17]

Rekonstruierend kann Höffe also feststellen, daß der von Kelsen vertretene konsequenteste Rechtspositivismus von der Idee der Gerechtigkeit ausgeht und daß sie dem Rechtspositivismus, trotz gegenteiligem Selbstverständnis, zugrunde liegt. Nur ist diese Idee nicht mit Inhalt gefüllt. Kelsen selbst versucht die Füllung durch die Einfügung einer Grundnorm[18],

nach der man der Verfassung bzw. dem Verfassungsgeber gehorchen solle [...] Die Hierarchie der Ermächtigungen, die bei Kelsen mit konkreten Vorschriften beginnt und mit der historisch ersten Verfassung endet, hat die logische Struktur einer linear deduktiven Reihe. Für eine solche Reihe gibt es aber nur drei Möglichkeiten, die allesamt keine Begründung leisten: den infiniten Regreß, den logischen Zirkel und den Abbruch des Verfahrens. Mit der historisch ersten Verfassung und der ihr beigegebenen

15 Vgl. Otfried Höffe, a.a.O., S. 125.
16 Vgl. ebd., S. 153.
17 Ebd., S. 158 f.
18 Vgl. Ulrich Klug, a.a.O., S. 250 ff.

Grundnorm vermeidet Kelsen zwar die beiden ersten Argumentationsfehler, den Regreß und den Zirkel, verfällt aber in den dritten Fehler [...] Weil sich bei Kelsen die historisch erste Verfassung nicht ihrerseits auf eine höhere Befugnis berufen kann – sie soll ja den Anfang aller Befugnisse bilden –, ist sie eine einfache und vor allem vor- und außerrechtliche Tatsache: eine Vorschrift, die sich die Bedeutung einer Verfassung anmaßt, mangels jeder Befugnis aber entweder unbeachtet bleibt oder aber befolgt wird, dann aber aus keinem anderen Grund Gehorsam findet als wegen der überlegenen Macht, die hinter der Verfassung steht.[19]

In dieser von Höffe interpretierten Ansicht trifft sich Kelsen wieder mit Leonard Nelson, dem Vertreter der anderen – oben genannten – rechtspositivistischen Variante.[20]
Höffe konnte zeigen, daß sich auch im Rechtspositivismus die dem Recht zugrundeliegende Idee der Gerechtigkeit rekonstruieren läßt. Er fand aber heraus, daß sie vom Rechtspositivismus nicht zufriedenstellend mit Inhalt gefüllt wird.
Dennoch muß man dem Rechtspositivismus in gewisser Weise recht geben, wenn er von einer einheitlichen Rechtssphäre spricht. Damit behauptet er letztlich, daß ethische Postulate oder Gerechtigkeitsforderungen in das geschriebene Recht eingegangen sind. Dies kann man nachweisen, wenn man der These Höffes folgt, daß das Naturrecht wie die politische Gerechtigkeit eine überpositive Rechtsidee sei, die das positive Recht nach ethischen Gesichtspunkten als legitim oder illegitim beurteilt.[21] Der Kritik des Rechts durch Vertreter des Naturrechts ist die Kodifizierung beispielsweise im preußischen Allgemeinen Landrecht (1794), im österreichischen Allgemeinen Bürgerlichen Gesetzbuch (1811) oder im französischen code civil (1804) gefolgt.[22] Insofern kann der Rechtspositivismus tatsächlich von einer einheitlichen Rechtssphäre sprechen, insofern er die Forderungen der Gerechtigkeit im gesetzten Recht erkennt. Ob beide – Recht und Gerechtigkeit – identisch sind, konnte noch nicht überzeugend geklärt werden. Es scheint auch nicht einfach, eine Antwort auf diese Frage zu bekommen.

19 Otfried Höffe, a.a.O., S. 157.
20 Vgl. Leonard Nelson, a.a.O.
21 Vgl. Otfried Höffe, a.a.O., S. 99.
22 Vgl. Karl Münzel, *Recht und Gerechtigkeit*, Köln/Berlin/Bonn/München 1965, S. 108.

b) Marxismus

Weniger differenziert als mit dem Rechtspositivismus geht Höffe mit der Marxschen Theorie um. Marx bescheinigt er insofern mangelnde Reflexion über den Begriff der Gerechtigkeit, als er das Recht nur als Herrschaftsinstrument in den Händen der ausbeutenden Kapitalisten sähe.[23] Hier ist nun genauer zu untersuchen, ob Marx nicht unterscheidet zwischen Recht und Gerechtigkeit oder ob wir hier einen Hinweis auf den Inhalt dessen, was Gerechtigkeit ist, finden.
Theoretiker, die sich sehr gründlich mit der Marxschen Theorie auseinandergesetzt haben, kommen zu dem Schluß, daß für Marx und Engels »Klassenherrschaft und politische Gewalt letztlich identische Sachverhalte« seien.[24]

> Wenn gesagt wird, das Recht entspringt nicht der Zirkulations-, sondern der Produktionssphäre, so können wir diesen Sachverhalt jetzt näher bestimmen. Der Kernpunkt der Rechtsableitung hängt von der Art und Weise ab, in der Mehrarbeit geleistet und angeeignet wird. Im Rahmen der kapitalistischen Gesellschaftsordnung ist es der Mechanismus der Mehrwertproduktion, der in letzter Instanz das Recht in seiner ambivalenten Struktur bestimmt. Wenn man so will, liegt hierin das Geheimnis aller Klassenjustiz.[25]

Nun hat Habermas dieses Ergebnis, daß die Rechtssphäre lediglich ein Reflex kapitalistischer Mehrwertproduktion sei, auf einen methodischen Fehler in der Marxschen Theorie zurückführen können. Marx bedient sich nach Habermas der naturwissenschaftlichen Methode. Er analysiere Gesellschaft *und* Natur mit dieser Methode. Die Synthese dieser beiden Bereiche gelänge ihm dadurch, daß er beide auf die kapitalistische Produktion beziehe. Die synthetisierende Kategorie sei der Begriff der »kapitalistischen Arbeit«.[26] Man muß die Kritik an Marx sicher differenzier-

23 Vgl. Otfried Höffe, a.a.O., S. 100 und S. 230.

24 Gert Schäfer, Einige Probleme des Verhältnisses von ›ökonomischer‹ und ›politischer‹ Herrschaft, in: Karl Marx/Friedrich Engels, *Staatstheorie. Materialien zur Rekonstruktion der marxistischen Staatstheorie*, hg. und eingeleitet von Eike Henning, Joachim Hirsch, Helmut Reichelt und Gert Schäfer, Frankfurt/Berlin/Wien 1974, S. CXXXV.

25 Oskar Negt, Marxistische Rechtstheorie, in: ders. u. a., *Klassenjustiz?*, Köln 1972, S. 55.

26 Vgl. Jürgen Habermas, *Erkenntnis und Interesse* (1968), Frankfurt 1973, Kap. 1, 2.

ter vornehmen[27], doch ist das der richtige Kern einer Kritik an Marx. Er sah das Bewußtsein des im Kapitalismus vergesellschafteten Menschen als einen Teil des hermetischen Gebildes »kapitalistischer Produktion« an. Das Bewußtsein der Menschen trage selbst zur Aufrechterhaltung dieser ausbeutenden Produktion bei. Dementsprechend bildeten die Menschen sich auch ihre Rechtsverhältnisse. Einerseits bilde sich das Bewußtsein der Menschen auf der Basis dieser Produktion. Dies faßt Marx in dem bekannten Resümee zusammen: »Es ist nicht das Bewußtsein der Menschen, das ihr Sein, sondern umgekehrt ihr gesellschaftliches Sein, das ihr Bewußtsein bestimmt.«[28] Andererseits sähen die Menschen das selbst nicht und damit bleibe ihnen natürlich auch der Ausbeutungsprozeß, als dessen Überbau Bewußtsein und Rechtsverhältnisse entstünden, verborgen: »Ihre eigne gesellschaftliche Bewegung besitzt für sie die Form einer Bewegung von Sachen, unter deren Kontrolle sie stehen, statt sie zu kontrollieren.«[29] Es sei aber keineswegs nur die Bewegung von Sachen, denen die Menschen gegenüberstünden. »Es ist nur das bestimmte gesellschaftliche Verhältnis der Menschen selbst, welches hier für sie die phantasmagorische Form eines Verhältnisses von Dingen annimmt.«[30] Wenn aber das gesellschaftliche System im Kapitalismus ein solch hermetisch abgeriegeltes System ist, dessen einzelne Elemente zur wechselseitigen Stützung und Stabilisierung beitragen, dann dürfte es keine Entwicklung zum Sozialismus geben.

Noch vor der Analyse im »Kapital«, dessen Ergebnis bezogen auf das menschliche Bewußtsein hier vorgetragen wurde und auf die sich die eben genannten Theoretiker auch beziehen, schreibt Marx ganz im Gegensatz zu seinen Erkenntnissen im »Kapital« im »Kommunistischen Manifest«, daß Freiheit und Gerechtigkeit im Kapitalismus noch nicht verwirklicht seien. Sie würden erst in einer zukünftigen Gesellschaft verwirklicht werden können: »An die Stelle der alten bürgerlichen Gesellschaft mit ihren Klassen und Klassengegensätzen tritt die Assoziation, worin die freie Ent-

27 Vgl. Detlef Horster, *Die Subjekt-Objekt-Beziehung im Deutschen Idealismus und in der Marxschen Philosophie*, Frankfurt 1979, Kap. 1, 2.

28 *Marx-Engels Werke* (MEW), hg. vom Institut für Marxismus-Leninismus beim ZK der SED, Berlin-(Ost) 1957ff., Band 13, S. 9.

29 *MEW*, Band 23, S. 89.

30 *MEW*, Band 23, S. 86.

wicklung eines jeden die Bedingung für die freie Entwicklung aller ist.«[31] Nun könnte man von der Vermutung ausgehen, daß Marx seine Ansichten von 1848 – geläutert durch die Erkenntnisse seiner politökonomischen Forschungen – revidiert habe. Das ist aber nicht der Fall, denn er hält auch nach seinen Forschungen der fünfziger und sechziger Jahre an der Möglichkeit einer gesellschaftlichen Entwicklung fest. Dies wird ausdrücklich im Vorwort zur Ausgabe des »Kommunistischen Manifests« von 1872 gesagt.[32] Dies drückt sich noch einmal betont aus in den Schriften zur Pariser Kommune. Dort wird der Gegensatz von politischem Bewußtsein (praktisches Vernunftsmoment) und einem von ökonomischen Verhältnissen vereinnahmten Bewußtsein (theoretisches Vernunftmoment) deutlich, denn die Pariser Kommune wird von Marx als das Resultat eines Kampfes der Arbeiterklasse gekennzeichnet. Die Kommune sei »die endlich entdeckte politische Form, unter der die ökonomische Befreiung der Arbeit sich vollziehen konnte«.[33] Daß ein solches Bewußtsein schon in der kapitalistischen Gesellschaft vorhanden sei, davon ist Marx überzeugt, denn er schreibt: Die Arbeiterklasse »hat nur die Elemente der neuen Gesellschaft in Freiheit zu setzen, die sich bereits im Schoß der zusammenbrechenden Bourgeoisgesellschaft entwickelt haben«.[34]

Nun ist den Kritikern von Marx Recht zu geben, daß die Kapitalanalyse der beherrschende Teil der Marxschen Theorie ist und daß diese Analyse mit äußerster Sorgfalt, wohingegen die Analyse des Bewußtseins und des Rechts mehr beiläufig und bei Gelegenheit durchgeführt wurde. Darauf bezieht sich auch die frühe Kritik von Ernst Bloch aus dem Jahre 1918. Im »Geist der Utopie« heißt es: »Man kann ... sagen, daß gerade die scharfe Betonung aller ökonomischen [...] Momente den Marxismus in die Nähe einer Kritik der reinen Vernunft rückt, zu der noch keine Kritik der praktischen Vernunft geschrieben worden ist.«[35] Was eine Kritik der praktischen Vernunft in diesem Sinne bedeuten könnte, hat Bloch in seinem Werk »Naturrecht und menschliche Würde« ge-

31 *MEW*, Band 4, S. 482.
32 Vgl. *MEW*, Band 18, S. 95 f.
33 *MEW*, Band 17, S. 342.
34 *MEW*, Band 17, S. 343.
35 Ernst Bloch, *Gesamtausgabe* in 16 Bänden und einem Ergänzungsband, Frankfurt 1959 ff., Band 3, S. 304 und Band 16, S. 407 f.

zeigt. Darin heißt es bezogen auf die Gerechtigkeit des klassischen älteren Naturrechts, daß die Formel »suum cuique« einen Hausvater oder Landesvater voraussetzt, der gnädig »jedem seine Portion Strafe oder Anteil an sozialen Gütern [...] von oben herab auf den Teller legt«.[36] Dagegen setzt Bloch die wirkliche Gerechtigkeit von unten, die »sich gegen die vergeltende und austeilende selber, gegen die wesenhafte Ungerechtigkeit, die überhaupt den Anspruch erhebt, Gerechtigkeit zu üben«, richtet.[37] Der Inhalt des Naturrechts, die Gerechtigkeit eben, wird nach Bloch im Sozialismus nicht im selben Sinne überflüssig wie das positive Recht. Die Gerechtigkeit enthält noch auf lange Sicht

> nützliche Instrumente, wenn auch als tüchtig ummontierte. Die Sphäre selber ist so wenig aufgegeben, daß sie auf lange und streckenweise mehr als je gegen alle oberen Übergriffe empfindlich und belehrt macht, gegen alle Verdinglichung von Machtmitteln, Kontrollosigkeit der Macht. Als letzte Quintessenz des klassischen Naturrechts, ohne das andere Beiwerk, bleibt allemal das Postulat menschlicher Würde; auch der Mensch, nicht nur seine Klasse hat, wie Brecht sagt, nicht gern den Stiefel im Gesicht [...] Daher als eigenes Erbe am revolutionär gewesenen Naturrecht: Aufhebung aller Verhältnisse, in denen der Mensch mit den Dingen zur Ware entfremdet ist und nicht nur zur Ware, sondern nur Nullität an Eigenwert.[38]

Und die zukünftige Gesellschaft ist – positiv formuliert – für Bloch »das, was man unter dem Namen Moral so lange vergebens gesucht hat«.[39]

Wir wissen jetzt, daß auch im Marxismus von zwei Stufen der Legalität gesprochen werden muß und daß Recht und Gerechtigkeit in dieser Theorie nicht als identisch angesehen werden. Recht stabilisiert eher die bestehenden ökonomischen Verhältnisse und gehört dem Bereich des theoretischen Vernunftmoments an, Gerechtigkeit weist auf eine zukünftige Gesellschaft hin und gehört dem praktischen Vernunftmoment an. Zur inhaltlichen Bestimmung der Gerechtigkeit haben wir den Hinweis erhalten, daß die Idee der Gerechtigkeit sich gegen die Unterdrückung richtet und Freiheit fordert. Dies konnten wir den Schriften von Marx und Bloch entnehmen.

Bevor wir diesen beiden Hinweisen nachgehen, will ich versuchen

36 Ebd., Band 6, S. 228.
37 Ebd., S. 229.
38 Ebd., S. 232.
39 Ebd., Band 5, S. 640.

durch einen Blick auf die geschichtliche Entwicklung der Rechtstheorie weitere Hinweise erlangen zu können, die uns dann zur Beantwortung der Frage befähigen, was Gerechtigkeit ist.

e) Andere Rechtstheorien im historischen Rekurs

Auch in den historischen Stationen der Rechtstheorie zeigt sich immer wieder, daß Gerechtigkeit mehr sein muß als das geschriebene positive Recht. Gibt uns aber der Durchgang durch die Stationen auch einen Hinweis auf das, was Gerechtigkeit ist? Das wird sich erweisen müssen.

Zunächst einmal muß gesehen werden, daß das Recht von Gott abgeleitet wird. Dies war sowohl bei den Ägyptern wie auch bei den Germanen der Fall. Auch die Griechen sahen den Ursprung der Gerechtigkcit bei den Göttern, und auch das Alte Testament lehrt, daß der Dekalog direkt aus der Hand Gottes an Moses gelangte. Daraus läßt sich die These ableiten, daß die Gerechtigkeit in Gott liegt, der sie wiederum bei der Gesetzgebung zugrunde legte. Diese Interpretation kann auch mittels der Worte Heraklits einen Beleg finden. In Fragment 114 sagt er uns: »Nähren sich doch alle menschlichen Gesetze von dem Einen, dem Göttlichen: denn das herrscht soweit es will und reicht hin im All und setzt sich durch.« Und das göttliche Gesetz ist die Gerechtigkeit wie Fragment 102 sagt: »Vor Gott ist alles schön, gut und gerecht; aber die Menschen wähnen, das eine sei unrecht, das andere recht.«[40] Man kann daraus entnehmen, daß die Gerechtigkeit nicht nur den Gesetzen zugrundeliegt, sondern auch dem Kosmos seine Ordnung garantiert. Wenn es das Zugrundeliegende ist, dann muß es den Gesetzen Grund und Bestand geben, d. h. in ihnen anwesend sein. So sagt auch Sokrates, daß die Gerechtigkeit »durch alles Seiende hindurchgehe« und beständig durchströme[41], und für Platon ist das Gesetz das Abbild der Idee der Gerechtigkeit.[42] In einer metaphysischen Lehre leuchtet uns dieser Zusam-

40 Zitiert nach der Übersetzung von Bruno Snell, in: *Heraklit*, Fragmente, herausgegeben von Bruno Snell, achte Auflage, München 1983, S. 35 und S. 33.
41 Vgl. Platon, *Kratylos*, 412d.
42 Vgl. Olof Gigon und Laila Zimmermann, *Von Abbild bis Zeuxis. Ein*

menhang von Gerechtigkeit und Gesetz ohne Schwierigkeit ein, in dem die Gerechtigkeit als das Wesentliche jedem Gesetz, gedacht als dem Einzelseienden, zugrunde liegt und ihm Bestand gibt.

Nicht mehr will uns dieser Zusammenhang einleuchten, wenn er von Carl Schmitt für das nationalsozialistische Recht behauptet wird und er sagt, daß erst im Nationalsozialismus der auf Gerechtigkeit basierende Rechtsstaat realisiert werde.[43] Schon aus rein formal-demokratischen Gründen muß aber in Abrede gestellt werden, daß man im Nationalsozialismus überhaupt von Recht reden konnte: Zum einen sind Gesetze nicht in einem verfassungsmäßigen Verfahren zustande gekommen und zum anderen waren die gerichtlichen Verfahren nicht durch Gesetzesbindung gekennzeichnet, sondern hier herrschte Willkür.[44] Insofern kann es keinen Zusammenhang von Recht und Gerechtigkeit geben. Ulrich Klug spricht – weil er noch einmal zwischen Recht und Gesetz unterscheidet – von ungerechten Gesetzen. Nur gerechte Gesetze werden von ihm als Recht bezeichnet.[45]

Bei uns in der Bundesrepublik wird durch die Bindung des Gesetzgebers an die Verfassung und durch die Einführung des verfassungsgerichtlichen Normenkontrollverfahrens die zweistufige Legalität nicht nur sichtbar, sondern auch zum ersten Mal institutionalisiert.[46] Wir müssen diese Zweistufigkeit erst einmal feststellen, ohne daß wir damit in der Frage weiterkommen, was denn Gerechtigkeit ist. Ganz im Gegenteil: Vieles deutet eher auf die Unsicherheit hin, bestimmen zu können, was Gerechtigkeit ist. Das Bürgerliche Gesetzbuch spricht in den §§ 138 und 817 von den »guten Sitten«, und die Rechtssprechung deutet aus, daß ein Rechtsgeschäft dann nicht gegen die »guten Sitten« verstößt, wenn es dem »Anstandsgefühl aller billig und gerecht Denkenden« entspricht.[47]

Begriffs- und Namenslexikon zu Platon, 2. Auflage, Zürich und München 1987, S. 141.

43 Carl Schmitt, Was bedeutet der Streit um den Rechtsstaat, in: *Zeitschrift für die gesamte Staatswissenschaft* (1935), Band 95, S. 189 ff., hier: S. 198 f.

44 Vgl. Ingeborg Maus, a.a.O., S. 45.

45 Vgl. Ulrich Klug, a.a.O., S. 22.

46 Vgl. Ingeborg Maus, a.a.O., S. 47.

47 *Reichsgerichtsentscheidungen in Zivilsachen*, Band 80, S. 221.

Wir kommen aber doch in einer Hinsicht in der Frage weiter, was Gerechtigkeit ist: Gerechtigkeit ist etwas, das dem Recht zugrundeliegt. Gesetze und Gesetzesauslegungen müssen die Gerechtigkeit zu ihrer Basis haben. Das ist die Auffassung durch Jahrtausende: Recht ohne Gerechtigkeit gibt es nicht. »Nur gerechte Gesetze (sind) zugleich Recht.«[48] Halten wir also bis hierher als Ergebnis fest: Gerechtigkeit hat etwas mit Freiheit und Gleichheit zu tun und es liegt dem staatlichen Recht zugrunde.

d) Rekonstruktion real vorliegender Gerechtigkeit

Vielleicht lassen sich mit Blick auf die Realität weitere Hinweise auf das, was Gerechtigkeit ist, bekommen. Höffe hat in der Einleitung seiner oben schon erwähnten Monographie zur Gerechtigkeit darauf hingewiesen, daß man rekonstruierend feststellen kann, daß Gerechtigkeit in unserem Zusammenleben etwas Grundlegendes sein muß, denn die Menschenrechte werden verteidigt, es wird die Forderung einer lebenswerten Welt für künftige Generationen aufgestellt. In einem späteren Kapitel zeigt er in einer semantischen Analyse, daß »gerecht« und »ungerecht« Prädikate unserer objektiven Wertschätzung sind. Wer etwas als gerecht behauptet, spreche seine Zustimmung, und wer etwas als ungerecht behauptet, spreche seine Ablehnung aus[49], dabei fiele auf, daß man sich über Ungerechtigkeit leichter verständigen könne, als über Gerechtigkeit.[50] Doch auch, was gerecht ist, wisse man: Gerecht ist die Gleichwertigkeit beim Tausch. Gerecht ist fernerhin ein unparteiliches Gerichtsverfahren ebenso wie das Willkürverbot oder der Grundatz, daß jeder nach denselben Gesichtspunkten behandelt werden muß.[51]

Mittels dieser Rekonstruktion erhalten wir den Hinweis, daß Gerechtigkeit etwas mit Gleichheit zu tun haben muß. Dadurch werden die Ergebnisse des historischen Rekurses bestätigt. Durch den Rückgriff auf die Marxistische Theorie erhielten wir den Hinweis, daß Gerechtigkeit etwas mit Freiheit zu tun haben muß. Im folgenden will ich versuchen, diese Ergebnisse in ein Verhältnis zueinander zu setzen.

48 Ulrich Klug, a.a.O., S. 22.
49 Vgl. Otfried Höffe, a.a.O., S. 50.
50 Ebd., S. 45.
51 Ebd., S. 44f.

3. Gerechtigkeit und der Zusammenschluß freier Menschen im Staat

a) Der Zusammenschluß freier und vernünftiger Individuen

Nach Kant ist der Mensch das einzige vernünftige Lebewesen, das sich aufgrund seiner Vernunft die Gesetze seines Handelns und Zusammenlebens selbst frei geben kann. Aufgrund dieser Tatsache achten die Menschen auch die selbstgegebenen Gesetze, denn andernfalls würden sie – nach Kant – die Achtung vor sich selbst verlieren. Das gilt für das sittliche Gesetz (bei Kant der kategorische Imperativ) genauso wie für die staatlichen Gesetze. Anders als Wesen, die Naturgesetzen (Instinkten) gehorchen, gehorchen Menschen ihren eigenen Gesetzen.

In der Natur herrscht das Recht des Stärkeren, das die Freiheit zunichte macht. Der Staat garantiert demgegenüber die freie Entfaltung eines jeden. Halten die Menschen sich nicht an diese selbst gegebenen Gesetze, dann entscheiden sie sich gegen die Freiheit, dann nämlich werden sie von Naturgesetzen bestimmt. Die staatlichen Gesetze garantieren nach Kant die Zusammenstimmung der Freiheit eines jeden mit der Freiheit des anderen. »Kants Staatsauffassung beruht auf dem einen Gedanken, daß der Mensch, ein im Zusammenleben mit seinesgleichen existierendes Einzelwesen, sich nur dadurch als das Vernunftwesen, das er ist, behaupten kann, daß er eine politische Gemeinschaft errichtet.«[52] Dazu sagt Kant in seiner Schrift »Über den Gemeinspruch: Das mag in der Theorie richtig sein, taugt aber nicht für die Praxis«:

> Der Begriff aber eines äußeren Rechts überhaupt geht gänzlich aus dem Begriffe der *Freiheit* im äußeren Verhältnis der Menschen zueinander hervor [...] *Recht* ist die Einschränkung der Freiheit eines jeden auf die Bedingung ihrer Zusammenstimmung mit der Freiheit von jedermann, in so fern diese nach einem allgemeinen Gesetze möglich ist; und das *öffentliche Recht* ist der Inbegriff der *äußeren Gesetze*, welche eine solche durchgängige Zusammenstimmung möglich machen.[53]

52 Karl-Heinz Volkmann-Schluck, *Politische Philosophie*, Frankfurt 1974, S. 99.

53 A 234.

Der Kantschen Auffassung liegt die Theorie vom Staatsvertrag zugrunde. Eine Variante dieser Theorie finden wir in Höffes schon erwähnter Gerechtigkeits-Monographie. In einem Gedankenexperiment nimmt er an, daß im primären Naturzustand keinerlei Zwang von Menschen gegenüber Menschen bestünde. In diesem Zustand bestehe sozial unbegrenzte Freiheit. Jeder Mensch könne sein Begehren auf jeden beliebigen Gegenstand richten und habe somit auch ein Recht auf diesen Gegenstand.[54] Nun könne es aber sein, daß drei Menschen ihr Begehren auf ein und denselben Gegenstand, der aber nur einmal da sei, richten. Die Handlungsfreiheit des einen werde so durch die Handlungsfreiheit des anderen eingeschränkt. Wie immer nun die Freiheit eingeschränkt werde, sie sei nicht mehr unbeschränkt. Es müsse im menschlichen Zusammenleben ständig mit Konflikten gerechnet werden. Konflikte bedürften der Regelung. Die Freiheitseinschränkung und somit auch der soziale Zwang entstehe von selbst aus dem Naturzustand. Der Konflikt sei jedem Zusammenleben von Menschen systematisch vorgelagert.[55]

Aus seinem Gedankenexperiment folgert Höffe, daß eine wechselseitige Freiheitseinschränkung vorteilhafter sei als unbeschränkte Freiheit. Dies sei in der Form eines Tausches zu verstehen, der auf einem Vertrag basiere (man verzichte beispielsweise wechselseitig darauf, den anderen zu töten, zu beleidigen, zu bestehlen). Um den Staat als Institution einführen zu können, der den sozialen Zwang ausübt, hält sich Höffe an das Vertragsmodell unserer Rechtsordnung:[56] Einen Vertrag abzuschließen, stehe jedem frei. Niemand braucht einen Vertrag zu schließen. Schließt er aber einen (hier ein Vertrag über die Beschränkung der Freiheitsrechte), dann entstehen für jeden Rechte und Pflichten (hier: Anspruch, daß andere meine Freiheiten akzeptieren, und die Pflicht, daß ich selbst die Freiheitsbeschränkungen beachte). Aus der Verletzung der Pflichten ergeben sich Sanktionen.

Die Ausgangssituation für alle Staatsvertragstheorien ist die, daß freie Menschen sich zusammenschließen. Damit liegt all diesen Theorien ein Fehler zugrunde: Die Menschen werden das, was sie sind, nämlich frei und vernünftig, erst in einem sozialisierten Zu-

54 Vgl. Otfried Höffe, a.a.O., S. 303.
55 Vgl. ebd., S. 333.
56 Vgl. ebd., S. 446.

sammenleben mit anderen Menschen.[57] Sie treffen nicht als vereinzelte vernünftige und freie Lebewesen irgendwann aufeinander.

Die Ausgangshypothese der Staatsvertragstheoretiker führt noch zu einem weiteren Fehler. Es wird stets von der Einschränkung der Freiheit gesprochen. Dies ist auch die notwendige Konsequenz, wenn man annimmt, daß Menschen, die in ihrem Alleinleben mehr Freiheit hatten, nun zusammenkommen und der Freiheit jedes einzelnen Grenzen gesetzt werden müssen. Geht man allerdings davon aus, daß der Mensch in einem sozialisierten Zusammenhang erst Mensch wird, dann kann man die Freiheit anders betrachten. Dann kann man sie nicht nur negativ bestimmen, in dem Sinne, daß sie in einem Gemeinwesen nur eingeschränkt wird, sondern man kann sie positiv bestimmen: Eine Staatsverfassung soll so beschaffen sein, daß die Mitglieder der Gemeinschaft sich in dem Normensystem zur Geltung bringen können und Gehör finden.[58]

Bei dieser Hypothese, die auf der Theorie des Sozialbehaviorismus Meadscher Prägung beruht, fallen auch die Unterscheidungen weg, die Kant und Höffe machen zwischen inneren und äußeren Gesetzen oder personaler und politischer Gerechtigkeit[59], denn das Verhältnis von Individuum und Gemeinschaft und der Prozeß der Sozialisation des Individuums in der Gemeinschaft werden mit Bezugnahme auf die Meadsche Theorie vorgängig geklärt. Diese Klärung, die ich an anderer Stelle vorgenommen habe[60], läßt viele Probleme wegfallen in der Diskussion des Staatsvertrages. Es steht dann gar nicht mehr zur Frage, wie der Staat zustande gekommen ist. Es steht nicht mehr nur die Einschränkung der Freiheit, sondern auch deren Geltendmachung im Mittelpunkt der Diskussion.[61] Außerdem fällt die Unterscheidung von personaler und politischer Gerechtigkeit weg, denn nicht nur

57 Vgl. Georg Herbert Mead, *Geist, Identität und Gesellschaft*, 2. Auflage, Frankfurt 1975, S. 384.
58 Vgl. den Freiheitsaufsatz in diesem Band.
59 Vgl. Otfried Höffe, a.a.O., S. 58.
60 Vgl. dazu meinen Aufsatz »Die Aporie individuelle vs. allgemeine Interessen oder Bedürfnisse und ihre Behandlung bei Aristoteles«, in: Alfred Schöpf (Hg.), *Bedürfnis, Wunsch, Begehren. Probleme einer philosophischen Sozialanthropologie*, Würzburg 1987, S. 83-97.
61 Vgl. dazu Kapitel 5.

die personale Gerechtigkeit setzt Folgen für die politische Gerechtigkeit – wie Höffe meint – sondern der Einwirkungsprozeß ist durchaus wechselseitig: In einem Sozialisationsprozeß kann sich eine personale Gerechtigkeitseinstellung nur auf der Basis einer bestehenden politischen Gerechtigkeit entwickeln. Weil Höffe diesen Zusammenhang nicht sieht, meint er, man könne moralische Probleme ohne Bezugnahme auf staatliches Recht diskutieren.[62] Selbst wenn man diese Probleme aufgrund der vorgängigen Klärung des Verhältnisses von Individuum und Gemeinschaft nicht mehr hat, bleibt doch das Problem der Beschaffenheit der staatlichen Rechtsverhältnisse.

b) Staatliche Rechtsverhältnisse als Bewahrung der Freiheit

Auch eine Gerechtigkeitsauffassung, die sich dieser Kritik nicht aussetzt, geht von der Verwirklichung der Freiheit in einem mittels Recht geregelten Zusammenleben aus. Hierbei wird allerdings nicht nur von der Einschränkung der Freiheit gesprochen, sondern auch von der Geltendmachung der Freiheit.

Wir wollen uns jetzt den staatlichen Rechtsverhältnissen zuwenden. Der Probierstein für das staatliche Recht ist die Freiheit. Die Gesetze müssen orientiert sein an der menschlichen Freiheit. Dies zu prüfen, ist »eine schwierige, oftmals vom Gesetzgeber und von denen, die mit der Ausführung der Gesetze beauftragt sind, Ungewöhnliches verlangende Aufgabe, die eine außergewöhnliche politische, sozialpolitische und juristische Urteilskraft verlangt«.[63] Sind die Gesetze nicht an der Herstellung und Bewahrung der Freiheit orientiert, dann sind sie nicht gerecht. Das bedeutet, daß es auch Gesetze geben kann, die ungerecht sind.[64] Woran kann man erkennen, ob ein Gesetz gerecht oder ungerecht ist? Kant

62 Das jedenfalls wirft Höffe Habermas vor; vgl. Otfried Höffe, a.a.O., S. 441.

63 Karl-Heinz Volkmann-Schluck, Freiheit, Menschenwürde, Menschenrecht. Zum Ethos der modernen Demokratie in der Sicht Kants, in: Johannes Schwardtländer (Hg.), *Menschenrechte und Demokratie*, Tübinger Universitätsschriften – Forschungsprojekt Menschenrechte, Band 2, Kehl-Straßburg 1981, S. 182.

64 Vgl. auch Ulrich Klug, a.a.O., S. 22.

gibt uns da einen Hinweis: »Ist nämlich dieses so beschaffen, daß ein ganzes Volk *unmöglich* dazu seine Einstimmung geben *könnte* [...], so ist es nicht gerecht; ist es aber *nur möglich*, daß ein Volk dazu zusammen stimme, so ist es Pflicht, das Gesetz für gerecht zu halten.«[65] Darauf hatte schon Cicero hingewiesen, als er sagte: »Wenn es nun mit der menschlichen Natur so bestellt ist, daß es zwischen dem Einzelmenschen und dem gesamten Menschengeschlecht gewissermaßen ein bürgerliches Recht gibt, so ist derjenige, der dieses beachtet, gerecht, wer es aber übertritt, der ist ungerecht.«[66]

Die Frage ist nun, wann können die Menschen ihre Zustimmung zu einem Gesetz geben. Sie können die Zustimmung zu einem Gesetz geben, wenn es gerecht ist. Damit bewegen wir uns in der Argumentation aber im Kreise. Wir wollen ja klären, was Gerechtigkeit ist. Sehen wir noch einmal hin, dann werden wir gewahr, daß auch Kant die von Bloch genannte Formel »jedem das Seine«[67] schon verwendet. Daran mißt er die staatlichen Gesetze. »Gerecht und dem Wesen des Rechts gemäß sind sie dann und nur dann, wenn sie einem jeden Mitglied der staatlichen Gemeinschaft das Seinige sichern, das freie Wirken in der Zusammenstimmung mit der Freiheit eines jeden.«[68]

Durch die Jahrtausende wurde als gerecht angesehen, jedem das Seine zu geben. Das ist zur Formel für die Gerechtigkeit geworden und sie lautet »suum cuique« oder »Jedem das Seine«. Wir finden diese Auffassung schon bei Platon[69] und Aristoteles.[70] Später sagt Cicero, daß gerecht derjenige sei, der die Neigung habe, jedem das Seine zu geben[71], und Ulpian gebraucht diese Formel in den Digesten.

Wir müssen aber sehen, daß diese Formel in den verschiedenen Epochen auch unterschiedlich ausgelegt wurde, woraus Hans Kelsen den Schluß zieht, daß es nur eine relative Gerechtigkeit

65 Über den Gemeinspruch: Das mag in der Theorie richtig sein, taugt aber nicht für die Praxis, A 250.

66 *De finibus* 3, 20, 67.

67 Über den Gemeinspruch, a.a.O., A 233.

68 Karl-Heinz Volkmann-Schluck, *Politische Philosophie*, a.a.O., S. 102.

69 Vgl. *Politeia*, 331e.

70 Vgl. *Nikomachische Ethik*, v. Buch, 2. Kapitel.

71 *De finibus* 5, 23, 65.

geben könne.[72] Aristoteles sagt zwar, daß gerecht derjenige sei, der »Freund der Gleichheit ist«.[73] Gleichzeitig behandelte er einen Teil der Menschen nicht als Menschen, wenn er behauptete, daß es von Natur aus Sklaven gäbe. Auch bei Kant, den wir noch als Verfechter des Gleichheitsgedankens kennenlernen werden, haben wir es mit einer Gleichheitsauffassung zu tun, die wir heute so nicht teilen würden: Er begründete die Vorrangstellung des Mannes vor der Frau.

Wir können also aus der historisch überlieferten Formel noch keine Antwort auf die Frage erwarten, was denn Gerechtigkeit heute sei. Es wäre auch zu einfach, Gerechtigkeit mit Gleichheit zu identifizieren, denn auch darüber, was Gleichheit sei, gibt es zu unterschiedlichen Zeiten unterschiedliche Auffassungen. In der Antike und auch noch zur Zeit Kants werden eben noch nicht alle Menschen als gleich angesehen.

Wir hatten weiter oben schon festgestellt, daß Gerechtigkeit etwas mit Gleichheit zu tun hat. Was Gleichheit ist und in welchem Verhältnis sie zur Gerechtigkeit steht, hatten wir noch nicht geklärt. Kann diese Formel »Jedem Das Seine« etwas mit Gleichheit zu tun haben? Führt uns vielleicht der Weg über die Gleichheit zur Klärung dessen, was Gerechtigkeit ist?

72 Vgl. Ulrich Klug, a.a.O., S. 248.

73 *Nikomachische* Ethik, v. Buch, 2. Kapitel.

4. Gerechtigkeit und Gleichheit

a) Kant

Was Gleichheit ist, sagt Kant uns sehr genau unter der Bedingung, unter der er seine Schrift »Über den Gemeinspruch« 1793 verfaßte. Zu dieser Zeit konnte Kant sich die Regierung durch frei gewählte Bürger noch nicht vorstellen.[74] Die Gleichheit herrschte nur zwischen den Untertanen.[75] Unter ihnen aber herrscht absolute Gleichheit. Es gibt auch keine Vorrechte des Standes und der Geburt.

Da nun Geburt keine *Tat* desjenigen ist, der geboren wird, mithin diesem dadurch keine Ungleichheit des rechtlichen Zustandes und keine Unterwerfung unter Zwangsgesetze, als bloß diejenige, die ihm als Untertan der alleinigen obersten gesetzgebenden Macht mit allen anderen gemein ist, zugezogen wird: so kann es kein angebornes Vorrecht eines Gliedes des gemeinen Wesens, als Mituntertans, vor dem anderen geben; und niemand kann das Vorrecht des *Standes,* den er im gemeinen Wesen inne hat, an seine Nachkommen vererben, mithin, gleichsam als zum Herrenstande durch Geburt qualifiziert, diese auch nicht zwangsmäßig abhalten, zu den höheren Stufen der Unterordnung [...] durch eigenes Verdienst zu gelangen. Alles andere mag er vererben, was Sache ist (nicht Persönlichkeit betrifft) und als Eigentum erworben und auch von ihm veräußert werden kann, und so in einer Reihe von Nachkommen eine beträchtliche Ungleichheit in Vermögensumständen unter den Gliedern eines gemeinen Wesens [...] hervorbringen; nur nicht verhindern, daß diese, wenn ihr Talent, ihr Fleiß und ihr Glück es ihnen möglich macht, sich nicht zu gleichen Umständen zu erheben befugt wären.[76]

Wir sehen also, daß hier von Kant absolute Gleichheit verlangt wird, ausgenommen von ihr ist der Herrscher. Ausgeklammert wird aus diesem Gleichheitspostulat auch das Eigentumsrecht. Letztere Einschränkung wird noch heute gemacht. Nicht immer dagegen herrschte geschichtlich die Gleichheit im Sinne der Aufklärung. Sie hat sich erst entwickelt.

74 Vgl. Ingeborg Maus, a.a.O., S. 18.
75 Vgl. Über den Gemeinspruch, a.a.O., A 238.
76 Ebd., A 240f.

b) Tocqueville

»Durchläuft man die Seiten unserer Geschichte, so findet man in den letzten siebenhundert Jahren keine bedeutenden Ereignisse, die nicht die Entwicklung der Gleichheit gefördert hätten«, schrieb Tocqueville 1835.[77] Er führt beispielhaft eine Reihe von Ereignissen auf: Der Klerus habe zunächst seine Reihen für jedermann geöffnet, für Arme wie Reiche, für Bürger wie Adlige. Über die Kirchen habe dann die Gleichheit auch in die Regierungen eindringen können. »Wer bisher als Leibeigener in ewiger Knechtschaft elend dahinlebte, nimmt nun als Priester mitten unter dem Adel Platz.«[78] Dann nehmen die Rechtsgelehrten »im Gerichtshof des Fürsten an der Seite der hermelin- und waffengeschmückten Barone« Platz, »Bürger kommen durch den Handel zu Reichtum [...], die Gelehrten dringen in die Leitung der Staatsgeschäfte ein«.[79] Tocqueville findet eine Reihe von weiteren Belegen für die kontinuierliche Entwicklung der Gleichheit, um dann zu dem Ergebnis zu kommen: »Die stufenweise Entwicklung der Gleichheit der gesellschaftlichen Bedingungen ist also ein von der Vorsehung gewolltes Ereignis, denn sie hat dessen wesentliche Merkmale: sie ist allgemein, sie ist beständig und sie entzieht sich immer neu der menschlichen Einwirkung; alle Begebenheiten und alle Menschen dienen der Entwicklung der Gleichheit.«[80]

c) Gleichheit in der Demokratie

Ich sagte weiter oben schon, daß das, was mit Gleichheit gemeint ist, historisch durchaus verschiedene Inhalte gehabt hat. Darum ist zu klären, was diese Formel und der Gleichheitssatz für uns heute bedeuten. »Als demokratische Fundamentalnorm wird der Satz von der Gleichheit vor dem Gesetz in polemischer Fronstellung gegen die feudale Herrschaftsordnung

77 Alexis de Tocqueville, *Die Demokratie in Amerika*, eingeleitet und hg. von J. P. Mayer, Vorwort von Carl J. Burckhardt, Frankfurt 1956, S. 19.
78 Ebd., S. 18.
79 Ebd.
80 Ebd., S. 20.

formuliert.«[81] Dies konnten wir in den Äußerungen Kants und Tocquevilles erkennen.

Ist die geburtsständische Ordnung dadurch charakterisiert, daß dem Inhaber ökonomisch-politischer Herrschaftspositionen, sei er Patrizier, Grundherr oder Fürst, eine juristisch kodifizierte Vorzugsstellung gegenüber der großen Mehrheit der in den übrigen Ständen zusammengefaßten Bevölkerung eingeräumt wird, so bricht der Gleichheitssatz mit dieser Ineinssetzung von sozialem Stand und rechtlicher Lage: die Rechte *der* Menschen verdrängen die rangmäßig abgestuften Berechtigungen der Stände. Damit bleiben die faktischen gesellschaftlichen Unterschiede, denen die Menschen unterworfen sind, als Anknüpfungspunkte für rechtliche Sanktionen und Gratifikationen prinzipiell außer Betracht.[82]

Was mit den faktischen Unterschieden gemeint ist, wurde schon bei Kant angesprochen: Es sind die Eigentumsverhältnisse. Dies ist die eigentümliche Widersprüchlichkeit des demokratischen Gleichheitssatzes. Die Gleichheit wird nur auf der abgehobenen Rechtsebene anerkannt, nicht aber auf der Ebene der Eigentumsverhältnisse. Die rechtliche Gleichheit ist also abgehoben vom gesellschaftlichen Verteilungskampf. Letztenendes sichert die »bürgerliche Gestalt rechtlicher Gleichheit«[83] auch noch die Ungleichheit auf der Ebene der Verteilung des Eigentums. Lassen wir diese Problematik einmal außer Betracht, dann stellt sich aber dennoch die Frage, ob denn die bisher erreichte Gleichheit rückgängig zu machen sei.

d) Ist die rechtliche Gleichheit rückgängig zu machen?

Diese Frage stellt schon Tocqueville, allerdings klingt sie bei ihm rhetorisch:

Kann man wirklich annehmen, eine so weit ausholende gesellschaftliche Bewegung sei durch die Anstrengungen einer Generation aufzuhalten? Meint man, die Demokratie werde, nachdem sie das Feudalsystem zerstört und die Könige überwunden hat, bei den Bürgern und den Reichen zö-

81 Joachim Perels, Der Gleichheitssatz zwischen Hierarchie und Demokratie, in: ders. (Hg.). *Grundrechte als Fundament der Demokratie*. Frankfurt 1979.

82 Ebd.

83 Ebd. und vgl. dazu Ingeborg Maus, a.a.O., S. 48.

gern? Wird sie jetzt einhalten, da sie so stark geworden ist, ihre Gegner so schwach?[84]

Tocqueville zweifelt daran, daß die Gleichheit aller Menschen rückgängig gemacht werden könne. Die unterschiedslose Anerkennung aller Menschen als Menschen ist eine Errungenschaft der Aufklärung. Insofern muß man Tocqueville in seinem Zweifel bestärken, denn die Aufklärung ist kein irgendwie geartetes beliebiges historisches Ereignis, das man zurücknehmen könnte. Aufklärung kennzeichnet ein Entwicklungsstadium des Menschen auf dem Wege seiner Bewußtwerdung. Die einmal bewußt gewordene Gleichheit ist nicht mehr zurückzunehmen.
Gleichheit ist ein Menschenrecht ebenso wie die Freiheit, wie der Artikel 1 der »Allgemeinen Erklärung der Menschenrechte« verkündet.

Menschenrechte sind Rechte, die jedem Menschen, sofern er ein Mensch ist, und deshalb allen Menschen in gleicher Weise zukommen. Sie entstammen daher dem, was jeden Menschen als Menschen auszeichnet, dem Menschsein selbst oder dem Wesen des Menschen. Daß sie jedoch das spezifisch neuzeitlich geprägte Menschentum zu ihrer Herkunft haben, obwohl sie in der europäisch-abendländischen Grundauffassung vom Menschen seit langem schon hinterlegt sein mögen, wird vor allem und zuerst durch ihr geschichtlich erstes Auftreten im amerikanischen Unabhängigkeitskampf und durch ihre Deklaration in der Französischen Revolution manifest.[85]

Dennoch wird von konservativer Seite der Versuch unternommen,

die Resultate der demokratischen Revolution, wenn nicht rückgängig oder unwirksam zu machen, so doch wenigstens zu hemmen oder zu beschränken, und das mit Berufung auf die angeblich gefährdete Freiheit oder durch ein taktisches Gegeneinander-Ausspielen von Freiheit und Gleichheit, in der sich verschleiernden Absicht auf Stärkung der in den Händen der herrschenden Klasse befindlichen staatlichen Gewalt.[86]

Wir wollen uns diesen in dem Entwurf von Volkmann-Schluck angedeuteten Prozeß einmal näher ansehen.

84 Alexis de Tocqueville, a.a.O., S. 20.
85 Karl-Heinz Volkmann-Schluck, Freiheit, Menschenwürde, Menschenrecht, a.a.O., S. 178.
86 Ebd., S. 186.

e) Beschneidung der Gleichheit

Die Versuche der Beschneidung der Gleichheit wurden schon in der Weimarer Republik unternommen. Der Rechtswissenschaftler Gerhard Leibholz sprach davon, daß der politische Gleichheitsbegriff die Tendenz habe, zu expandieren. Er sei aber wegen der »naturhaften Unterschiede« der Menschen notwendig beschränkt.[87] Mit ihm waren auch andere Staatsrechtslehrer dieser Auffassung. Das hat Perels in einer Untersuchung zeigen können.[88] Dies hatte Auswirkungen auf die Rechtslehre des Nationalsozialismus. Ullrich Scheuner schrieb 1939: »Denn eine absolute Gleichheit der Menschen gibt es nicht. So groß und augenfällig sind doch die natürlichen Unterschiede des Körpers und des Charakters, der Leistung, des Berufes und des Besitzes unter ihnen, daß es zu allen Zeiten anerkannt worden ist, Gleichheit kann nur eine verhältnismäßige Gleichheit bedeuten, wo Gleiches gleich, Ungleiches ungleich behandelt wird.«[89] Diese Auffassung lag auch den Rassengesetzen zugrunde.

»In bestimmter Negation des NS-Systems gesellschaftlicher und politischer Ungleichheit stellt das Grundgesetz mit Art. 3 GG die Geltungskraft des Gleichheitssatzes wieder her.«[90] Dennoch hat sich in der Bundesrepublik die Interpretation von Scheuner durchsetzen können, und auch für die Rechtsprechung gilt seit Anbeginn die Formel, daß Gleiches gleich und Ungleiches ungleich behandelt werden müsse. Das drückte das Bundesverfassungsgericht zum ersten Mal in einer Entscheidung vom 30. April 1952 aus. Ein Leitsatz dort heißt: »Der Gleichheitssatz verpflichtet den Gesetzgeber nicht, unter allen Umständen Ungleiches ungleich zu behandeln. Entscheidend ist vielmehr, ob für eine am Gerechtigkeitsgedanken orientierte Betrachtungsweise die tatsächlichen Ungleichheiten in dem jeweils in Betracht kommenden Zusammenhang so bedeutsam sind, daß der Gesetzgeber sie bei seiner Regelung beachten muß.« Das hier zugrundegelegte Ge-

87 Gerhard Leibholz, *Die Gleichheit vor dem Gesetz*, München/Berlin 1959, S. 27.
88 Vgl. Joachim Perels, a.a.O., S. 71 ff.
89 Ullrich Scheuner, Der Gleichheitsgedanke in der völkischen Verfassungsordnung, in: *Zeitschrift für die gesamte Staatswissenschaft* (1939), Band 99, S. 260.
90 Joachim Perels, a.a.O., S. 79.

rechtigkeitsprinzip, nach welchem beurteilt werden soll, ob etwas gleich oder ungleich behandelt werden solle, ist das uns schon bekannte klassische: »Jedem das Seine«.[91]

f) Suum cuique

Schon Aristoteles betonte ja: »Gerecht ist, wer ein Freund der Gleichheit ist.«[92] Nun muß die Gleichheit auf der Basis der Gerechtigkeitsformel ausgelegt werden. Was bedeutet es denn, daß jedem das Seine gegeben werden müsse?

Zwar gibt es diese Formel schon seit Jahrtausenden, aber sie muß – das ist das Ergebnis dieser Reflexionen – in dem jeweiligen historisch gesellschaftlichen Zusammenhang betrachtet werden. Mit Kant und Tocqueville konnten wir einen Prozeß feststellen. Dieser Prozeß ging über das einschneidende Datum »Aufklärung« hinaus, obwohl versucht wurde, ihn aufzuhalten. Auf dem Hintergrund dieses kontinuierlichen Prozesses und in Fortführung dieses Prozesses kann nur wiederholt werden, was ich bereits sagte, daß die Aufklärung nicht irgendein Datum ist, was hinweggedacht werden kann oder hinter das wir zurückfallen könnten. Einmal bewußt Gewordenes ist bleibend. Es kann nicht vergessen gemacht werden. Das bezieht sich auch auf den Prozeß der Entwicklung der Gleichheit. »Für die Entwicklung dieses Prozesses kann nur absolute rechtliche Gleichheit für alle Individuen gelten.«[93]

In diesem Sinne kann Gerechtigkeit bedeuten: Herstellung der Gleichheit. Darin treffen wir uns wieder mit einer der ältesten Formulierungen der Gerechtigkeit: »Gerecht ist, wer ein Freund der Gleichheit ist.« Dies bedeutet für die heutige Zeit allerdings nicht Zurücknahme der Gleichheit unter dem Gebot der Gerechtigkeit, sondern:

> In diesem Kontext bedeutet, Ungleiches ungleich zu behandeln, die ungleichen sozialen Machtlagen juristisch verschieden zu bewerten, um sie so weit einzuebnen, daß aus ihnen keine bevorzugenden oder benachteiligenden Rechtstitel erwachsen können. Eine derartige juristische Un-

91 Vgl. Konrad Hesse, *Grundzüge des Verfassungsrechts der Bundesrepublik Deutschland*, vierzehnte Auflage, Karlsruhe 1984, S. 168.
92 *Nikomachische Ethik*, v. Buch, 2. Kapitel.
93 Joachim Perels, a.a.O., S. 84.

gleichbehandlung führt ihrer formellen Erscheinung nach zur Etablierung von Sonderrechten, die allerdings darauf gerichtet sind, soziale Machtlagen nicht festzuschreiben, sondern soziale Ohnmachtslagen auszugleichen.[94]

Diese bewußt gegen die herrschende Interpretation des Gleichheitssatzes gerichtete Position von Joachim Perels führt dazu, den Prozeß der Entwicklung der Gleichheit weiterzutreiben. *Noch bestehende Ungleichheiten auszugleichen, darin besteht die Gerechtigkeit, wie sie seit der Aufklärung gemeint ist.* Ungleiches ungleich zu behandeln, ist nur dann legitim, wenn es den Nutzen derjenigen steigert, die aufgrund ihrer natürlichen und gesellschaftlichen Startchancen benachteiligt sind.[95] Zu diesem Ergebnis kommt auch John Rawls in seiner Gerechtigkeitsmonographie, wenn er sagt: »Soziale und wirtschaftliche Ungleichheiten müssen folgendermaßen beschaffen sein: sie müssen [...] den am wenigsten Begünstigten den größtmöglichen Vorteil bringen.«[96]

g) Wesensbestimmung der Gerechtigkeit

Für die Zeit nach der Aufklärung gilt es, den Prozeß der Entwicklung der Gleichheit, den Kant und Tocqueville beschrieben haben, zu befördern. Darum bedeutet die Gerechtigkeitsformel, die wir seit Jahrtausenden kennen, »Suum cuique«, heute, daß Ungleichheiten berücksichtigt und ausgeglichen werden müssen, um eine größtmögliche Gleichheit zu entwickeln. Diese Auffassung von Gerechtigkeit muß dem Recht zugrunde liegen. Das sagt bei uns ausdrücklich der Art. 3, Absatz 1 des Grundgesetzes. Auf diese Weise war Gerechtigkeit immer schon mit Gleichheit verbunden, denn schon Aristoteles sah es als wesentlich für ein gerechtes Handeln an, daß der Handelnde ein »Freund der Gleichheit« war. Und nur, wenn den Rechtsverhältnissen diese Gerechtigkeitsauffassung zugrundeliegt, dienen sie der Bewahrung der Freiheit.

94 Ebd., S. 85.

95 Vgl. Otfried Höffe, Politische Philosophie, in: Deutsches Institut für Fernstudien, a.a.O., S. 30.

96 John Rawls, *Eine Theorie der Gerechtigkeit*, Frankfurt 1975, S. 336.

Rechtsgefühl

Im vorhergehenden Kapitel war das Ergebnis, daß Recht und Gerechtigkeit nicht identisch sind. Dennoch konnte festgehalten werden, daß die Gerechtigkeit dem Recht zugrunde liegen muß. Auch stimme ich der im Kapitel 13b dargestellten Auffassung von Habermas zu, daß Recht und Moral voneinander verschieden sind; dennoch können Rechtsnormen nicht den in einer Gesellschaft vorherrschenden Moralvorstellungen widersprechen. Davon war – wie im ersten Kapitel berichtet – schon Hegel ausgegangen. Und wie Moralvorstellungen im einzelnen Mitglied einer Gemeinschaft in der Sozialisation entstehen, hatte ich im ersten Kapitel mittels der Ergebnisse gegenwärtiger Sozialisationsforschung dargestellt. Die gesellschaftliche Moral – hieß es da – ist die Sitte, der Brauch und die Gewohnheit, die die Menschen in einer Gesellschaft miteinander verbindet. Hat das in einer Gesellschaft geltende geschriebene Recht nun eine ebensolche identifizierende Kraft für die Menschen in einer Gemeinschaft? Es könnte – vermittelt über das Rechtsgefühl – emotional und rational identifizierende Kraft entfalten. Um zu klären, was das Rechtsgefühl ist und welche gesellschaftliche Funktion es hat, gehe ich in erster Annäherung von Alfred Adlers in dieser Hinsicht hilfreichem Begriff des Gemeinschaftsgefühls aus, auf den sich Juristen – wie im folgenden gezeigt wird – bei der Explikation des Begriffs »Rechtsgefühl« stützten.
Zuvor noch ein Wort zum umstrittenen Begriff Gemeinschaftsgefühl:

Adlers Gemeinschaftsbegriff gehört zu den problematischsten und am heftigsten umstrittenen Begriffen seiner Theorie. Es ist ein psychologischer, zugleich ein politisch-soziologischer und ethisch verstandener Begriff, der zudem so uneindeutig für verschiedene Verwendungen offen ist, daß Kritiker und Verteidiger sich jeweils auf unterschiedliche Facetten und Textstellen beziehen können, so daß jeder im Recht ist oder zu sein scheint.[1]

So charakterisiert Almuth Bruder-Bezzel die seit langem – seit der Verwendung dieses Begriffs in der Individualpsychologie – andauernde Diskusion. Die genannten Schwierigkeiten kann man ein-

1 Almuth Bruder-Bezzel, *Die Geschichte der Individualpsychologie*, Frankfurt/M. 1991, S. 195.

grenzen. Das will ich dadurch erreichen, daß ich in der folgenden Abhandlung den Begriff Gemeinschaftsgefühl ausschließlich als Rechtsbegriff betrachte, also mich auf den – oben so bezeichneten – politisch-ethischen Ebenen bewege, um zu klären, was Gemeinschaftsgefühl als Rechtsbegriff heute bedeuten kann.

Vor allem Adlers spätere Übersetzungen seines Begriffs sind in der genannten Hinsicht relevant: »›social interest‹, ›social feeling‹. Vor allem social interest ist in der englischen Fachliteratur als Standardbegriff eingeführt, soweit nicht gleich das Originalwort Gemeinschaftsgefühl als Fachterminus übernommen wurde. In seinen letzten Arbeiten verwandte Adler mitunter auch deutsch ›soziales Interesse‹. Ferner ›community feeling‹, ›community sense‹.«[2] In der Tradition der politischen Theorie gibt es eine auf den schottischen Moralphilosophen Shaftesbury zurückgehende Common-sense-Tradition. Shaftesbury legte seiner Ethik eine Theorie der Affekte zugrunde. Ihr zufolge war der »moral sense« das Gefühl für das ethisch Richtige, zugleich ein Affekt *und* eine Art der Reflexion. Nach Shaftesburys Auffassung gibt es sowohl auf das Selbst wie auf die Gemeinschaft bezogene Affekte. Tugendhaft ist der Mensch, der diese verschieden gerichteten Affekte in Harmonie zu bringen weiß. Diese Tugend heißt bei Shaftesburys Schüler, Francis Hutcheson, »moral sense« und bei Thomas Reid »common sense«. Harmonie von öffentlichen und privaten Interessen liegt also dieser anglo-amerikanischen Ethik-Tradition zugrunde. Ein Gemeinschaftsinteresse ist nach dieser Theorie schon deshalb vonnöten, weil ohne diesen Affekt das private »pursuit of happiness« in seinem Bestand bedroht wäre. Es ist eigentümlich widersprüchlich und schwankend zwischen Privatheit und Öffentlichkeit in diesen Theorien, was ja nicht wundern kann, denn die Zeit Shaftesburys ist die Umbruchzeit vom Mittelalter zur Neuzeit, der Zeit also mit den Geburtswehen des modernen Individualismus. (Vgl. dazu Kapitel 1) Aber auch die individuelle Freiheit ist – wie ich in den vorhergehenden Kapiteln ausführte – nur garantiert auf der Basis der starken Gemeinschafts-Werte der Aufklärung.

Wenn wir im Anschluß an die Common-sense-Tradition der Frage

2 Josef Seidenfuß, Gemeinschaftsgefühl, in: Reinhard Brunner/Rudolf Kausen/Michael Titze (Hg.), *Wörterbuch der Individualpsychologie*, München 1985, S. 159.

nachgehen, was denn danach »Gemeinschaftsgefühl« bedeuten kann, so muß man im Anschluß an die Theorie von Shaftesbury feststellen, daß es ein Affekt *und* eine Art Reflexion zugleich ist, vergleichbar der intellektuellen Anschauung in der Philosophie des Deutschen Idealismus, wo sie – in einer Formulierung Fichtes – das »unmittelbare Bewußtsein meines Handels« ist. Es handelt sich bei einer intellektuellen oder reflektierten Anschauung keineswegs um eine contradictio in adjecto, wie beispielsweise Rehbinder in Bezug auf das Rechtsgefühl meint.[3] Denn: Halten wir etwas für Rechtens in dem Sinne, daß wir der Auffassung sind, daß alle in der Gesellschaft mit der Regelung eines Sachverhaltes oder Streites einverstanden sein könnten, dann handelt es sich zunächst um eine evaluative Meinung oder Äußerung. Die in solchen Äußerungen genannten »Wertstandards haben weder die Allgemeinheit von intersubjektiv anerkannten Normen noch sind sie schlechthin privat«.[4] Doch kann man für solche Äußerungen sagen, daß sie das Prädikat rational nicht verdienen, wenn sie nicht plausibel gemacht oder nicht erklärt werden können. Dem Ergebnis stimmt in einer späteren Schrift auch Rehbinder zu:

> Wir haben es also ersichtlich beim Rechtsgefühl mit einem psychischen Prozeß auf zwei Ebenen zu tun. Zunächst ist das Rechtsgefühl ein Akt primärer Bewertung, der vom Lebensstil des einzelnen beeinflußt ist. Das Ergebnis dieser primären Bewertung unterliegt dann aber einer Bewertung durch das Gewissen, d. h. das ursprüngliche (mehr oder weniger mangelhafte) Gemeinschaftsgefühl muß noch einmal durch einen Normfilter. Dieses ist im Gegensatz zur emotionalen primären Bewertung ein vorwiegend rationaler Akt.[5]

So wie Rehbinder argumentieren Rechtsphilosophen heute, wenn es um den Zusammenhang von Rechtsgefühl und gesatztem Recht geht.[6] Jhering hatte in der juristischen Diskussion als erster in

3 Manfred Rehbinder, Fragen des Rechtswissenschaftlers an die Nachbarwissenschaften zum sog. Rechtsgefühl, in: *Zeitschrift für Individualpsychologie*, 6. Jg., Nr. 4/1981, S. 207-217 [hier S. 211].

4 Jürgen Habermas, *Theorie des kommunikativen Handelns*, Frankfurt/M. 1981, Band 1, S. 36.

5 Manfred Rehbinder, Rechtsgefühl als Gemeinschaftsgefühl, in: *Zeitschrift für Individualpsychologie*, 9. Jg., Nr. 1/1984, S. 21-29 [hier S. 26].

6 Martin Kriele, Rechtsgefühl und Legitimität der Rechtsordnung, in: Ernst-Joachim Lampe (Hg.), *Das sogenannte Rechtsgefühl*, Opladen 1985 [Jahrbuch für Rechtssoziologie und Rechtstheorie, Band x],

seiner Auseinandersetzung mit Rümelin am Ende des vergangenen Jahrhunderts darauf hingewiesen, daß es ein durch Sozialisation gebildetes Rechtsgefühl gibt.[7] Rehbinder weist im Anschluß an Jhering darauf hin, daß mangelndes Rechtsgefühl auf einen Sozialisationsmangel zurückzuführen ist.[8] Der in der primären und sekundären Sozialisation entwickelte Lebensstil »entscheidet, ob das Kind sein Gemeinschaftsgefühl entwickelt oder nicht und – da das Rechtsgefühl Gemeinschaftsgefühl ist – ob es sein Rechtsgefühl ausbildet oder nicht«.[9] Bei einem Sozialisationsmangel muß das Kind sich gegen eine scheinbar feindliche Umwelt mit verschiedenen neurotischen Mitteln schützen oder abschotten, um nicht versehrt zu werden. Es muß also seine »Angst auch durch ein Sicherungsverhalten kompensieren, das sich in Rückzug aus der Gemeinschaft oder in Aggression äußert«.[10] In einer Sozialisation hingegen, in der das Kind ein stabiles Ich entwickeln konnte, sind solche neurotischen Verhaltensweisen nicht nötig. Eine stabile Ich-Identität ausgebildet zu haben, bedeutet einerseits die gesellschaftlichen Moralvorstellungen zu kennen und zu teilen, andererseits aber auch die Fähigkeit zu haben, sich als unverwechselbares Individuum im dichten Netz rechtlicher Normen zur Geltung zu bringen. Man kann sich also mit seinen Bedürfnissen und Neigungen in einen Diskurs der Normfindung oder Normauslegung einbringen und Gehör verschaffen.[11] Adler macht den Grad an Gemeinschaftsgefühl zum Kriterium psychischer Gesundheit.[12] Da seine Psychologie Sozialpsychologie ist, weshalb sie in der hier behandelten Frage von Juristen geschätzt wird[13], muß man bei ausgebildetem Gemeinschaftsgefühl nicht nur von psychischer, sondern auch von gesellschaftlicher Gesundheit sprechen.

S. 23-34, und Reinhold Zippelius, Rechtsgefühl und Rechtsgewissen, in: Ernst-Joachim Lampe (Hg.), a.a.O., S. 12-20.

7 Vgl. Manfred Rehbinder 1981, a.a.O., S. 209.

8 Vgl. ebd., S. 215.

9 Manfred Rehbinder 1984, a.a.O., S. 25.

10 Ebd.

11 Vgl. zu diesem komplexen Sachverhalt Detlef Horster, Jürgen Habermas, Stuttgart 1991, S. 43-59.

12 Vgl. Almuth Bruder-Bezzel, a.a.O., S. 194 und Robert F. Antoch, Gemeinschaftsgefühl und ›Psychische Gesundheit‹, in: *Zeitschrift für Individualpsychologie*, 9. Jg., Nr. 1/1984, S. 2-8.

13 Manfred Rehbinder 1984, a.a.O., S. 22.

Wie man vom Rechtsgefühl in einem diskursiven Verfahren zu einem Konsens bei der Normauslegung kommen kann, zeigt Zippelius:

> Am Beispiel der Fallrechtssysteme des römischen und des englischen Rechts läßt sich zeigen, daß in der Tat an Hand konkreter, vom individuellen Rechtsgewissen geleiteter Entscheidungen in methodischer Weise konsensfähige Rechtseinsichten herausgebildet werden konnten. Hier wurden unter immer wieder erneuertem Rückgang auf das Billigkeitsempfinden eines Richters oder Magistrats, durch Vergleichen und durch Auseinandersetzung mit ähnlichen Entscheidungen anderer Richter oder Magistrate konsensfähige Rechtsgrundsätze gefunden.[14]

Ein solches Verfahren gleicht dem Dialogprinzip: Schon bei Sokrates finden wir die argumentative Weise der Wahrheitsfindung[15], und zwar folgendermaßen: Was in der Realität vorgefunden wurde, war zunächst nur für den einzelnen wahr; genauso wie beim Rechtsgefühl. Der einzelne konnte allerdings nicht sicher sein, ob seine Äußerung eine für wahr gehaltene Meinung oder eine allgemeingeltende wahre Aussage war. Die Überprüfung konnte im Dialog geschehen. Im Dialog machte der Proponent eine Aussage. Der Opponent konnte diese Aussage bezweifeln, indem er argumentativ Einwände formulierte. Dieser Prozeß wurde unter Umständen so lange weitergeführt, bis keine Einwände mehr vorgebracht wurden. Niemals allerdings konnten die Dialogpartner sicher sein, ob nicht später jemand anders weitere Einwände formulieren würde. Nach diesem antiken Vorbild ist für Rechtsphilosophen heute – im Gegensatz zu Jhering – das Rechtsgefühl Rechtsquelle[16], mit der allein man sich allerdings nicht zufrieden geben kann.[17] Es hat einen »vorläufigen Charakter«[18] und bedarf der rational-diskursiven Überprüfung.[19]

14 Reinhold Zippelius, a.a.O., S. 14 und vgl. dazu auch Martin Kriele, a.a.O., S. 24.

15 Vgl. dazu in Kapitel 9b die Beschreibung des Sokratischen Gesprächs und in Kapitel 10 die Erörterung des dialogischen Philosophierens als Grundlage des Philosophierens mit Kindern.

16 Vgl. Manfred Rehbinder 1981, a.a.O., S. 210 und Manfred Rehbinder 1984, a.a.O., S. 23.

17 Ernst Bloch, *Naturrecht und menschliche Würde*, Frankfurt/M. 1961 [Gesamtausgabe, Band 6], S. 19.

18 Vgl. Martin Kriele, a.a.O., S. 24.

19 Vgl. Reinhold Zippelius, a.a.O., S. 14 f. und Manfred Rehbinder 1984, a.a.O., S. 23.

Bis hierher wurde davon ausgegangen, daß es ein synthetisierendes Gemeinschafts- oder Rechtsgefühl real gibt, womit zugleich implizit die im 1. Kapitel dargestellte These der Kommunitarier vom Gemeinschaftsverlust bestritten wurde. Hier will ich abschließend nun noch die Frage aufwerfen, ob in einer Gesellschaft, in der das Rechts- oder Gemeinschaftsgefühl durch die Sozialisation dem einzelnen Menschen vermittelt wird, auch die Möglichkeit für eine schöpferische Weiterentwicklung des Gemeinschaftsgefühls enthalten ist. Hegel, auf den – wie im 1. Kapitel gezeigt – diese hier dargestellte Sicht der Vermittlung von Einzelmoral und Gemeinschaftsmoral zurückgeht, wurde oft vorgeworfen, Apologet des seinerzeit bestehenden Staates zu sein, obwohl dieser Vorwurf inzwischen als widerlegt gelten kann.[20] Doch stellen wir die Frage: Bleibt also die Gesellschaft immer so wie sie ist? Diese Frage kann ich nur im Vorgriff auf das nächste Kapitel beantworten: Eine Gesellschaft läßt sich nur insoweit verändern als sie schon die Potenzen der gewollten Zielbstimmung in sich trägt. Auf Basis der vorhergehenden Ausführungen kann angenommen werden, daß das Rechts- oder Gemeinschaftsgefühl keine Idee ist, die man als *nur* konstitutiv für das Funktionieren der gegenwärtigen Gesellschaft bezeichnen könnte, denn diese Idee hat sich als *zugleich* regulativ erwiesen.[21] Das bedeutet, daß sie – wie wenig entwickelt auch immer – faktisch vorliegt und unsere Gesellschaft einerseits konstitutiert, andererseits aber ebenso ein Bestreben zur Entwicklung der in ihr liegenden noch nicht realisierten Potenzen zu erkennen war und ist. So wird das Gemeinschaftsgefühl auch von Aflred Adler verstanden, wie Bruder-Bezzel in ihrer Untersuchung zeigen konnte: »Gemeinschaft bezieht sich somit sowohl auf die konkrete Gegenwart, die Adler im allgemeinen nicht näher spezifiziert, als auch auf eine zukünftig, ideal gedachte Gemeinschaft.«[22] Wie in der Gesellschaft ist das Gemeinschaftsgefühl ebenso im einzelnen Menschen eine Potenz,

20 Otto Pöggeler, Einleitung, in: G. W. F. Hegel, *Vorlesungen über Naturrecht und Staatswissenschaft* (1917/18). Nachschrift P. Wannenmann, hg. von C. Becker u. a., mit einer Einleitung von O. Pöggeler, Hamburg 1983, S. IX-LIII [hier S. XVIII f.].

21 Vgl. zu den Begriffen »konstitutiv« und »regulativ« die Kapitel 7 und 13b.

22 Almuth Bruder-Bezzel, a.a.O., S. 189.

die zwar vorhanden, aber zu entwickeln ist.[23] Ebenso versteht Riezler in seiner juristischen Standardmonographie das Rechtsgefühl. Es ist zum einen ein Gefühl für das, was Recht ist, und ein Gefühl dafür, was Recht sein soll.[24]

23 Alfred Adler, *Neurosen*, Frankfurt/M. 1981, S. 49.
24 Erwin Riezler, *Das Rechtsgefühl. Rechtspsychologische Betrachtungen*, 3. Aufl., München 1969, S. 7 f.

7. Das Ende aller Utopie?

Daß »die Geschichte *für uns* arbeitet«, gehörte lange Jahre zum nie gefährdeten Posten politischer Kalkulation im – wie auch immer unspezifischen – »linken« Bewußtsein. Die westeuropäischen Linken, die ihre Sozialismus-Vorstellung in kritischer Abgrenzung vom östlichen Sozialismus gewonnen haben, sähen darum auch jetzt – nach den gesellschaftlichen Veränderungen in Osteuropa – keinen Grund, diese lange gültige Wahrheit in Zweifel zu ziehen, wenn es nicht doch schon früher ein wachsendes Unbehagen gegeben hätte, das durch Tatsachen (vor allem durch ökologische Warnzeichen und Katastrophen) ausgelöst worden ist, die nicht mehr an eine bessere Zukunft glauben ließen.

Zur Frage, ob es unter den gegenwärtigen Bedingungen überhaupt noch zeitgemäß ist, eine Geschichtsphilosophie zu vertreten, will ich mit Hegel, dem letzten großen Geschichtsphilosophen der Neuzeit, einsetzen, der in der »Phänomenologie des Geistes« schrieb: »Was allgemein gültig ist, ist auch allgemein geltend; was sein *soll, ist* in der Tat auch, und was nur sein *soll,* ohne zu *sein,* hat keine Wahrheit.«[1] Das ist *die* Stelle, die nach der Meinung von Ernst Bloch die »große Klimaverschlechterung des Sollens« bei Hegel kennzeichnet.[2]

Gegen diese Hegel-Kritik Blochs wendet sich Odo Marquard mit den Worten: »So gerät also Hegels Philosophie [...] noch einmal in die Gefahr des schlechten Rufs einer Philosophie der Unterwerfung unters Gegebene; und es geraten ihre gegenwärtigen Anhänger in den Verdacht, diese Unterwerfung in neuer Situation einzig zu wiederholen.«[3]

1 Georg Wilhelm Friedrich Hegel, *Phänomenologie des Geistes*, in: ders., *Werke* in zwanzig Bänden, hg. von Eva Moldenhauer und Karl Markus Michel, Frankfurt/M. 1969 ff., Band 3, S. 192 f.

2 Ernst Bloch, *Subjekt – Objekt. Erläuterungen zu Hegel*, in: ders., *Gesamtausgabe* in 16 Bänden, Frankfurt/M. 1961 ff., Band 8, S. 443.

3 Odo Marquard, *Schwierigkeiten mit der Geschichtsphilosophie*, Frankfurt/M. 1982, S. 41.

Damit sind wir über Hegel unversehens mitten in die gegenwärtige Diskussion zwischen Vertretern der Moderne und der Postmoderne geraten. Die Konfrontation beider Positionen kann man u. a. über den Begriff der Utopie kenntlich machen, der in den Debatten dieser beiden Richtungen als Ausgrenzungstopos benutzt wird. Die Vertreter der Moderne halten an der Utopie-Tradition der Aufklärung fest. Für sie besitzt das utopische Denken »heute besondere Aktualität«[4], denn »wenn Hoffnung durch soziale Restriktionen, staatliche Bevormundung und ökonomische Krisen enttäuscht wird, nimmt die Bedeutung des Traumes vom besseren Leben zu«.[5]

Dagegen wenden die postmodernen Denker – hierzulande die Konservativen – ein, daß »in einer Welt der unendlichen Abhängigkeiten«[6] utopisches Denken keinen Platz mehr haben könne. »In allen Fällen seiner Kontingenzbetroffenheit wird der Mensch der Ohnmacht seiner Autonomie ansichtig.«[7] Darum gehöre »ein Leben ohne Utopie zum Preis der Modernität«[8], folgern die Vertreter des Neo-Konservativismus. Für sie ist die Erfahrung der Kontingenz gleichbedeutend mit dem »Ende der Utopie«[9], dem Ende der Illusion vom aktiven, schaffenden, utopischen Subjekt. Die Alternativen zur Utopie werden in postmodernen Paradiesen gesehen, die ihre Realisierung in Freizeitparks und Feriendörfern finden. Im Gegensatz zu utopischen Vorstellungen sind sie gegenwärtig und könnten laut Aussage ihrer Betreiber gar nicht besser sein. »Von Marx zu Mickey Mouse« lautete darum auch ins Zentrum treffend der Titel einer Fernsehsendung über die Postmoderne.[10]

4 Oskar Negt, Aufrechter Gang, in: Jürgen C. Strohmaier (Hg.), *Utopie und Hoffnung*, Mössingen-Talheim 1989, S. 130.
5 Jürgen C. Strohmaier, Einleitung in: ders. (Hg.), a.a.O., S. 12.
6 Joachim Fest, *Der zerstörte Traum. Vom Ende des utopischen Zeitalters*, Berlin 1991, S. 91.
7 Günter Rohrmoser, *Religion und Politik in der Krise der Moderne*, Graz/Wien/Köln 1989, S. 22.
8 Joachim Fest, a.a.O., S. 98.
9 Günter Rohrmoser, a.a.O., S. 17.
10 Sendung am 17. November 1991 im Fernsehen des Norddeutschen Rundfunks (Redaktion: Bettina Küter).

Natürlich weiß selbst der Utopie-Philosoph Ernst Bloch, daß eine Utopie stets durch eine »ökonomisch-gesellschaftliche Analyse« hindurchgegangen sein muß. Erst wenn die sich daraus ergebenden Kontingenzen berücksichtigt würden, könne man sie »fundierte« oder »konkrete« Utopie nennen.[11] Welcher Widerspruch zu seiner Aussage in demselben Kontext, wenn er meint, daß die Kontingenzen durch Utopie bewältigt werden könnten: »Um so schlimmer für die sperrenden Tatsachen.«[12]

Dialektik von Moderne und Postmoderne

Wie kann dieser Widerspruch gelöst werden? Geht es überhaupt um das Lösen eines Widerspruchs? Ich habe die Vermutung, daß die Dialektik von Moderne und Postmoderne – auf die ich ausführlicher als hier im 14. Kapitel eingehen werde –, um die es nun letztlich geht, in den jeweiligen Denkweisen selbst schon enthalten ist, denn auch der Gewährsmann postmodernen Denkens, Sigmund Freud, der dazu beigetragen hat, »das Selbst zu entgöttern«[13] und damit dem utopisch denkenden und schaffenden Menschen seine Autonomie abzusprechen, ist der Auffassung, daß die Psychoanalyse in der Lage sei, dem »Ich die Herrschaft über verlorene Bezirke des Seelenlebens wiederzugeben«.[14] Selbst bei Freud also stellen wir die vertraute Widersprüchlichkeit von Sein und Sollen, von Realität und Utopie fest.

Man kann aber statt Widersprüchlichkeit von zwei verschiedenen Momenten unseres Lebens sprechen, auf die die Sozialphilosophen beider genannter Richtungen, der Moderne und der Postmoderne, unausweichlich stoßen. Beide Momente, sowohl die Kontingenzen, wie auch das verändernde Subjekt, sind zwingende Wirklichkeit und bedürfen der Berücksichtigung.[15]

Die Vertreter beider Richtungen allerdings leugnen oft das, was

11 Ernst Bloch, *Gesamtausgabe,* a.a.O., Band 12, S. 388 ff.
12 Ebd., S. 389.
13 Richard Rorty, *Kontingenz, Ironie und Solidarität*, Frankfurt/M. 1989, S. 63.
14 Sigmund Freud, *Gesammelte Werke* in 18 Bänden, Frankfurt/M. 1960 ff., Band XVII, S. 98.
15 Vgl. dazu die fundierten Einsichten von Hanna Gekle, Utopie der Melancholie, in: Jürgen C. Strohmaier (Hg.), a.a.O., S. 23 ff.

die jeweils andere Seite betont und vielleicht überbetont. Es ist zu vermuten, daß die Theoretiker die »Doppeldeutigkeit des Lebens« nicht aushalten können und darum wird der »Widerspruch aufgelöst zugunsten des einen oder anderen Moments«.[16] Die postmodernen und neokonservativen Philosophen betonen die Realität der Kontingenzen. Die Moderne-Philosophen geben dem freien Subjekt, das nach seinen zukunftsweisenden Plänen handelt, die es ausschließlich seinen vernünftigen Überlegungen verdankt, mehr Gewicht. Über keines der beiden Momente darf aber hinweggesehen werden. Sie sind für jede ernsthafte Sozialphilosophie Faktoren, mit denen sie rechnen muß, will sie sich nicht der Lächerlichkeit preisgeben. – Aber hieraus *allein* den Fortbestand utopischen Geschichtsbewußtseins zu behaupten, wäre wohl noch zu einfach. Sehen wir darum weiter.

Möglichkeit und Wirklichkeit

Bloch stützte sich in solchen Fragen stets auf die Aristotelische Denkfigur des Zueinandergehörens von *dynamis* und *energeia*, die zum Inhalt hat, daß alles, was *ist* und geworden ist, aus etwas *wird*, was vorher der *Möglichkeit* nach das war, was es jetzt der *Wirklichkeit* nach ist. Jeder Stoff birgt der Möglichkeit nach das in sich, was er später der Wirklichkeit nach ist. In einem Marmorblock ist die Statue, die später aus ihm gemacht wird, der Möglichkeit nach enthalten, aber sie ist noch nicht wirklich. Erst der Bildhauer als Beweger bringt ihn vom Zustand der Möglichkeit in den Zustand der Wirklichkeit. Hinzu kommt beim Bildhauer die *Idee* von der Statue. Er setzt mit dem Marmorblock das um, was er selbst im Kopf hat. Bloch interpretiert:

> Michelangelo glaubte in einem Marmorblock die in ihm schlafenden Gestalten zu sehen; Aristoteles gibt zuweilen Anlaß, seine Möglichkeits-Materie nicht anders zu verstehen, eben als Ort der sich herausbildenden Gestaltformen im Zustand des erst Potentialen. Ja, dieses In-Möglichkeit-Sein der Materie enthält bei ihm sogar ein eigenes Vermögen ihrer, derart potentiell zu sein: es ist ihr Trieb geformt zu werden, ihre Trieb-Disposition zu immer höheren Formen.[17]

16 Hanna Gekle, a.a.O., S. 38.
17 Ernst Bloch, *Das Materialismusproblem*, in: ders., a.a.O., Band 7, S. 144.

Allerdings gibt Bloch gleich folgendes zu bedenken, daß die Materie nicht als Wachs aufzufassen sei[18], dem man alles Beliebige aufdrücken könne, sondern sie müsse schon für das geschaffen sein, was man mit ihr vorhat. Idee und Materie oder Idee und Zu-Veränderndes müssen zusammenpassen. Darum kann sich das Material unter Umständen sperren. Es kann sein, daß der Marmorblock nicht geeignet ist für die Umsetzung der Idee.

Konstitutive und regulative Idee

Was bedeutet das nun bezogen auf gesellschaftlich-politische Prozesse? Ich meine, daß wir hier genau die Schnittstelle für das oben angegebene Problem, das die gegenwärtigen Philosophen beschäftigt, gefunden haben. Es ist nicht möglich, alles in beliebiger Weise zu verändern. Mit diesem Satz treffe ich auf genau die Erfahrung, die uns mit Blick auf Osteuropa noch sehr gegenwärtig ist. Eine Gesellschaft läßt sich nur insoweit verändern, als sie die Potenzen der gewollten Zielbestimmung in sich trägt. Demnach ist die Verwirklichung der Ideen der Aufklärung nur möglich, wenn die Gesellschaft diese Potenz für die Richtung der gewollten Veränderung in sich trägt. Eine genaue Analyse der Wirklichkeit wird – wie gesagt – selbst vom Utopie-Philosphen Ernst Bloch angemahnt. Diese Analyse ergibt, daß die Ideen der Aufklärung beispielsweise nicht Ideen sind, die man als nur regulative Ideen bezeichnen kann, denn diese Ideen sind zugleich konstitutiv.[19] Das bedeutet, daß sie – wie rudimentär auch immer – faktisch vorliegen und unsere Gesellschaft konstituieren. Sie sind – wenn sie noch nicht realisiert sind – nicht verloren gegangen oder vergessen worden; und zwar aus folgendem Grunde nicht: »Der Aufklärung ist die Irreversibilität von Lernprozessen eigen, die darin begründet ist, daß Einsichten nicht nach Belieben vergessen, sondern nur verdrängt oder durch bessere Einsichten korrigiert werden können.«[20]

Um das plastisch zu machen, nehme ich gern das Beispiel des

18 Vgl. ebd., S. 475.

19 Vgl. dazu Jürgen Habermas, *Die nachholende Revolution*, Frankfurt/M. 1990, S. 132 f.

20 Jürgen Habermas, *Der philosophische Diskurs der Moderne*, Frankfurt/M. 1985, S. 104.

Gerichtsprozesses. Wir alle wissen, daß sich in einem solchen Prozeß die Gerechtigkeit nie in gewünschtem Umfang Bahn bricht. Ein Prozeßausgang hängt von allen möglichen Unwägbarkeiten ab. Er kommt nur deshalb zustande, weil ihm die Idee der Gerechtigkeit zugrunde liegt. Sie ist konstitutiv für das Zustandekommen dieses Prozesses. Das ist so zu deuten: Obwohl die Idee der Gerechtigkeit einen idealen und nur annäherungsweise realisierten Gehalt hat, müssen wir davon ausgehen, daß es Gerechtigkeit faktisch gibt, damit überhaupt ein Prozeß zustande kommen kann. Also ist die Idee der Gerechtigkeit in unserer Gesellschaft nicht nur eine regulative Idee, die besagt, daß sich mehr und immer mehr Gerechtigkeit durchsetzen wird, sondern sie ist konstitutiv und regulativ zugleich. Die Idee ist konstitutiv für die sozialen Tatsachen, und regulativ ist diese Idee insofern, als ihr ganzer Gehalt vielleicht zukünftig doch zu realisieren ist.

Das Verhältnis von Politik und Geschichte, oder: Wie werden gesellschaftlich-historische Veränderungen vollzogen?

Wie gehen nun gesellschaftliche Veränderungen vor sich? Natürlich ist es unsinnig – und zudem schlecht marxistisch –, an den abstrakten Fortschritt in der Geschichte zu glauben; an eine Geschichtskonzeption also, die nach Susanne Miller in der Arbeiterbewegung lange Zeit galt und die geprägt war von »Hegels Deutung der Geschichte als Forschritt im Sinne der Freiheit«[21], einer Geschichtsdeutung – *vor* der von Bloch gekennzeichneten »Klimaverschlechterung des Sollens« bei Hegel –, die »schon die Zeitgenossen erregt hatte: eine Geschichte mit festgestellter Vergangenheit, vorentschiedener Zukunft und verurteilter Gegenwart«.[22] Von einer solchen Geschichtsdeutung – auf die ich im nächsten Kapitel ausführlicher eingehen werde – haben die Denker der Moderne wie z.B. Jürgen Habermas ebenso Abschied

21 Susanne Miller, Fundamentalistische Tendenzen in der frühen Arbeiterbewegung, in: Thomas Meyer (Hg.), *Fundamentalismus in der modernen Welt*, Frankfurt/M., S. 199.

22 Jürgen Habermas, *Nachmetaphysisches Denken*, Frankfurt/M. 1988, S. 169.

genommen wie Kritiker der Moderne, wie z. B. Odo Marquard. Mit diesem Abschied will Odo Marquard die »demokratischen, liberalen, bewahrenswerten Verhältnisse« retten und sie vor einer »als Reflexion zelebrierten Dummheit [bewahren], diese Verhältnisse zugunsten eines revolutionären Prinzips aufs Spiel zu setzen«.[23] Die gegenwärtigen Inhalte der FDGO hält Marquard für die minima moralia, mit denen er sich begnügt.
Auch Habermas als Vertreter modernen Denkens nimmt Abschied von einer Geschichtsphilosophie mit allerdings anderer Begründung und Konsequenz. Selbstkritisch gibt er zu: »Im Anschluß an Marx habe ich selbst die Idee einer Menschengattung, die sich als Subjekt der Weltgeschichte konstitutiert, nicht vermieden.«[24] Seit dieser Selbstkritik begreift Habermas historisch-gesellschaftliche Veränderungen als Lernprozesse, die von den kulturellen Traditionen einer Gesellschaft ausgehen. Was heißt das konkret?
Beziehen wir das auf unsere Industriegesellschaften: Es wird ein Vorrat an theoretischem Wissen geschaffen, der unvergleichlich viel größer ist als der Vorrat an praktisch-ethischem Wissen. Im Bereich des theoretischen Wissens der Naturwissenschaften gibt es durch technische Umsetzung Möglichkeiten, deren Grenzen und deren Sinn wir mit unserem traditionellen praktisch-ethischen Wissen nicht mehr erfassen können. Beispielswiese gibt es in der Gentechnik oder der Humanmedizin Möglichkeiten, deren Grenzen und deren Sinn wir mit unserem traditionellen ethisch-moralischen Wissen nicht bestimmen können. Der kulturelle Vorrat letztgenannten Wissens ist erschöpft, weil sein Wachstum mit dem des technisch-wissenschaftlichen Wissens nicht Schritt gehalten hat.
Wir lernen in Situationen, in denen uns die Diskrepanz zwischen den beiden genannten Wissensvorräten bewußt wird und uns klar wird, daß unser bisheriges ethisch-moralisches Wissen nicht ausreicht. Wir müssen dann solches Wissen neu hinzugewinnen. In welchem Rahmen geschieht das? Im Zeitalter der Aufklärung müßten wir entsprechende neue Deutungsmuster *selbst* entwik-

23 Odo Marquard, *Abschied vom Prinzipiellen*, Stuttgart 1981, S. 10.
24 Jürgen Habermas, Theorie der Gesellschaft oder Sozialtechnologie? Eine Auseinandersetzung mit Niklas Luhmann, in: ders./Niklas Luhmann, *Theorie der Gesellschaft oder Sozialtechnologie – Was leistet die Systemforschung?*, Frankfurt/M. 1971, S. 179.

keln und zwar so, daß wir an den Traditionsbestand anknüpfen, d.h. an unsere, in unserer Gesellschaft gewachsenen Normen. Träger dieses gesamten Lern- und Veränderungsprozesses ist unser Interaktionssystem, in dem die Einzelnen lernen und ihr neues Wissen austauschen. Die Einzelnen lernen zunächst die bestehenden Normen durch Anpassung. Sie orientieren sich an den anderen. Dennoch werden sie nicht identisch mit den anderen der Gemeinschaft, denn jedes Individuum hat seine persönliche, unverwechselbare Lebensgeschichte. So bleibt stets eine Differenz von Gemeinschaft und Individuum, obwohl jedes Individuum die Gemeinschaft selbst *ist*, denn jedes Individuum aktualisiert in seinem Handeln die gemeinschaftlichen Normen. Die Gemeinschaft ist empirische Realität *in* jedem einzelnen Mitglied einer Kulturgemeinschaft. Dennoch besteht – wie gesagt – eine Differenz, die man als Kreativitätsspielraum bezeichnen könnte. Dieser Spielraum macht die Weiterentwicklung der Kulturgemeinschaft möglich.[25] Deshalb sind die Inhalte der FDGO für Habermas nicht wie noch für Odo Marquard die minima moralia, mit denen er sich zufrieden geben könnte. Wir sollten uns beispielsweise mit dem konstitutiven Begriff der Gerechtigkeit nicht zufrieden geben. Zwar gestaltet sich mit ihm unsere soziale Gemeinschaft als eine demokratische und aufgeklärte, dennoch sind seine Gehalte, gemessen an ihm als eine in die Zukunft weisende Idee noch längst nicht realisiert. An diesen Gehalten müssen wir aber als Zielvorstellung festhalten und sie zu realisieren suchen. Sie sind insofern real, als sie als rudimentäre schon unser Zusammenleben konstituieren. Insofern trägt unsere Gesellschaft – möchte ich in Abgrenzung zu den früheren Gesellschaften Osteuropas behaupten – die Potenzen der gewollten Zielbestimmung in sich. Nur diese realen Möglichkeiten berücksichtigend, ist ein utopisches Geschichtsbewußtsein heute noch möglich.

25 George Herbert Mead, *Geist, Identität und Gesellschaft*, Frankfurt/M. 1968, S. 217f.

8. Das Ende des Sozialismus?

Was diejenigen, die während der Zeit der Studentenbewegung ihre Identität ausgebildet haben, an den revolutionären Ereignissen des Jahres 1989 in Osteuropa und in der DDR am meisten bewegte, war die Frage, ob der Sozialismus noch ein politisches Ziel sein kann. Diese Frage soll in meinen nachfolgenden Betrachtungen als Leitfrage dienen.

Es gibt Optimisten wie z. B. Heiner Müller, der auf eine entsprechende Interviewerfrage antwortete: »Die Amerikaner räumen Südamerika ab, dann räumen sie Afrika ab, die Sowjetunion zerfällt in ihre Bestandteile, und der Sozialismus in Europa verschwindet für eine Generation oder zwei.«[1] Durch alle Resignation hindurch klingt Optimismus bei Heiner Müller durch. Auch bei Egon Bahr klingt das nicht anders. In einem Vortrag ließ er keinen Zweifel daran aufkommen, daß die »große Zeit des Sozialismus erst noch bevorstünde«.[2] Dies ist für Wolf Biermann ebenfalls nicht zweifelhaft. Er weiß es auf seine Art zu sagen: »Gib her den Spaten. Laßt uns das Riesenkadaverlein endlich begraben. Selbst Christus mußte erst mal drei Tage unter die Erde, bevor ihm das Kunststück gelang: nebbich die Auferstehung.«[3]

Nun muß man – bevor man weitersieht – all diesem Optimismus erst einmal begegnen: Hoffentlich erleben wir nicht die Form von Sozialismus, die wir bereits kennen! Uns zu fragen, wie es zu einer solchen Form von Sozialismus kam, ist uns nach den Enthüllungen des Terrors der Stasi und des rumänischen Geheimdienstes, um nur die korruptesten Auswüchse von Systemen zu nennen, die sich zu Unrecht mit dem Namen Sozialismus zierten, aufgegeben.

War nun dieser Sozialismus eine Staatsform, in der Machtbesessene regierten, oder hatte er etwas mit der ursprünglichen Idee zu tun, auf die sich die Parteileitung berief und in deren Namen und für deren Verwirklichung gefoltert, gemordet, verfolgt und terrorisiert wurde?

1 *Neue Presse*, Hannover vom 5. April 1990.

2 Vortrag in der Heimvolkshochschule Springe bei Hannover am 3. April 1990.

3 *Die Zeit* vom 2. März 1990.

Daß die Deformation der osteuropäischen Gesellschaften in allererster Linie dem dogmatisch-bürokratischen Umgang mit den Idealen des Sozialismus und der starren Exegese der Schriften von Marx und Engels anzulasten ist, ist so evident, daß dies hier der weiteren Erörterung nicht bedarf.[4] Ich meine allerdings, daß diese Form des Sozialismus u. a. auch mit der ursprünglichen Idee vom Sozialismus zu tun hatte. Ich will diese Vermutung begründen. Zwei kritikwürdige Theoriestücke sehe ich bei Marx, die als Kristallisationspunkte für die stalinistische Praxis gelten können. Diese beiden Punkte sind sein Fundamentalismus und seine Orientierung an der Romantik. Beides führte dazu, daß diese Idee sich von der Praxis entfernte; ja, sich der anders verlaufenden Praxis starr gegenüberstellte und sich die Realität gewaltsam nach ihrem Bilde zu formen versuchte.

Fundamentalismus

Im Kommunistischen Manifest aus dem Jahre 1848 wird der Sozialismus als das Ziel aller Klassenkämpfe proklamiert, und die Sicherheit, dieses Ziel zu erreichen, resultiert aus der Gewißheit von Marx und Engels, daß die Bahn zum Ziel vorgezeichnet ist von »einer unter unseren Augen vor sich gehenden geschichtlichen Bewegung«.[5] Diese Auffassung war geprägt von »Hegels Deutung der Geschichte als Fortschritt im Sinne der Freiheit«.[6] Diese Deutung Hegels hatte allerdings »schon die Zeitgenossen erregt [...]: eine Geschichte mit festgestellter Vergangenheit, vorentschiedener Zukunft und verurteilter Gegenwart ist keine *Geschichte* mehr«.[7] Doch davon ließen sich Marx und Engels nicht beeindrucken. Marx

4 Vgl. dazu aber die lesenswerte Studie von Gert Schäfer, *Marxismus und Bürokratie. Umriß einer theoretischen und politischen Auseinandersetzung*, Hannover 1981.
5 *Marx-Engels Werke*, Berlin 1957 ff., Band 4, S. 475.
6 Susanne Miller, Fundamentalistische Tendenzen in der frühen Arbeiterbewegung, in: Thomas Meyer (Hg.), *Fundamentalismus in der modernen Welt*, Frankfurt 1989, 199.
7 Jürgen Habermas, *Nachmetaphysisches Denken*, Frankfurt/M. 1988, S. 169.

glaubte, die wissenschaftliche Prognose abgeben zu können, daß diese Revolution unausweichlich kommen wird [...] Bereits 1843 leitete er die historische Mission des Proletariats, zum Träger der allgemeinen menschlichen Befreiung zu werden, deduktiv aus einer theoretischen Konstruktion ab. Danach hat nur die Arbeiterklasse »die Fähigkeit der allgemeinen Emanzipation«, weil sie durch »die materielle Notwendigkeit, durch ihre Ketten selber dazu gezwungen wird«.[8]

Etwa zur gleichen Zeit schreiben Marx und Engels in der »Heiligen Familie« wieder gemeinsam: »Es handelt sich nicht darum, was dieser oder jener Proletarier als Ziel sich einstweilen vorstellt. Es handelt sich darum, was es ist und was es diesem Sein gemäß geschichtlich zu tun gezwungen sein wird. Sein Ziel und seine geschichtliche Aktion ist in seiner eigenen Lebenssituation wie in der ganzen Organisation der heutigen bürgerlichen Gesellschaft sinnfällig, unwiderruflich vorgezeichnet.«[9]

Die Geschichte wird also von Marx und Engels in den Rang einer metaphysischen Idee gehoben, die sich sehr schwer mit der Praxis und ihren empirischen Abweichungen von dieser Idee und vom Geschichtsverlauf vermitteln läßt. Dieser Mangel an Vermittlungsfähigkeit der sozialistischen Idee mit der Realität in Osteuropa war der Grund für die Blindheit, mit der die »Errungenschaften« des Sozialismus in den vergangenen vierzig Jahren gefeiert wurden.

Hier ist noch zu bemerken, daß diese eigentümliche Starrheit und die mangelnde Flexibilität bereits zu einem Merkmal der Frühzeit der Arbeiterbewegung geworden ist und nicht erst bei der Leitung der Staaten in Osteuropa zutage trat. Susanne Miller hat recht, wenn sie dieses Merkmal so kennzeichnet:

Fundamentalistische Züge nahm die deutsche Sozialdemokratie vor allem durch die Rezeption des Marxismus an. Sie äußerten sich insbesondere in der Unzugänglichkeit seiner Protagonisten für Kritik an dieser Theorie und in der Ablehnung von Relativierungen ihrer Bedeutung, die aus der Arbeiterbewegung selbst stammten, und in ihrem Desinteresse an wissenschaftlichen Erkenntnissen, die außerhalb ihrer Reihen gewonnen wurden und eine Alternative zum Marxismus oder Korrekturen an ihm anboten.[10]

8 Horst Heimann, Marxismus als Fundamentalismus, in: Thomas Meyer (Hg.), a.a.O., S. 216.

9 *Marx-Engels Werke*, Berlin 1957ff., Band 2, S. 385.

10 Susanne Miller, a.a.O., S. 198.

Romantische Ideale

Nach der Erläuterung dessen, was ich mit dem Fundamentalismus bei den Begründern des wissenschaftlichen Sozialismus meinte, will ich nun zu deren Orientierung an romantischen Idealen kommen. Ich habe einmal den Zusammenhang der Ideen von Marx mit denen von Hegel, Schelling und Hölderlin erforscht. Ich sah damals eine Orientierung von Marx am romantischen Einheitsdenken[11], ohne zugleich einen Blick dafür zu haben, daß dies auch eine Abwendung Marxens von der frühindustriellen Wirklichkeit bedeutete, die verhängnisvolle Folgen haben sollte. Diese Folgen seiner romantischen Orientierung waren für Marx allerdings noch nicht absehbar. Nach Tisch sieht man stets sowieso alles anders! In den »Pariser Manuskripten« schreibt Marx, daß die Abschaffung des Privateigentums das »aufgelöste Rätsel der Geschichte« bedeute.

Die Aufhebung des Privateigentums bedeutet dem romantischen Sozialismus die vollständige Emanzipation aller menschlichen Sinne und Eigenschaften – die wahre Resurrektion der Natur und den durchgeführten Naturalismus des Menschen, die Auflösung des Widerstreits zwischen Vergegenständlichung und Selbstbetätigung, zwischen Freiheit und Notwendigkeit, zwischen Individuum und Gattung [...] Die Idee einer freien Assoziation von Produzenten war von Anbeginn mit sehnsüchtigen Bildern aus den familialen, nachbarschaftlichen und korporativen Vergemeinschaftungen einer bäuerlich-handwerklichen Welt besetzt worden [...] Unter den Arbeitsbedingungen und in den neuen Verkehrsformen des Frühindustrialismus sollten die sozialintegrativen Kräfte der versinkenden Welt transformiert und gerettet werden.[12]

Pragmatischer Sozialismus

Die kritische Linke, die sich nicht an dogmatischen Idealen festbinden ließ, hatte keinen Anlaß, sich 1989 nach den revolutionären Ereignissen in Osteuropa anders zu orientieren. Für die kritische Linke war diese revolutionäre Realität eine Bestätigung

11 Vgl. Detlef Horster, *Die Subjekt-Objekt-Beziehung im Deutschen Idealismus und in der Marxschen Philosophie*, Frankfurt/M. 1979.
12 Jürgen Habermas, *Die nachholende Revolution*, Frankfurt/M. 1990, 194f.

ihrer bisherigen Überzeugungen. Sie hatte dem Sozialismus in Osteuropa schon immer seine Unmenschlichkeit und seine dogmatische Rezeption oder gar Verfälschung der Marxschen Ideen, die den Staats- und Parteiführern für die Verfolgung ihrer Machtinteressen entgegen kamen, attestiert. – Ein Marxist, auf den ich mich hier bei der Beurteilung der revolutionären Ereignisse in Osteuropa beziehe[13], der die Einsichten des amerikanischen Pragmatismus[14] schon immer mit den Theorien unserer geistigen Väter zu kombinieren wußte, ist Jürgen Habermas. Er zieht Konsequenzen aus der Verbindung der »Einsichten von Kant, Hegel und Marx mit den Einsichten von Thomas Paine, von Peirce, Mead und Dewey«.[15] Anders als in einem pragmatisch geläuterten Sozialismus – meint Habermas – könne im romantischen Sozialismus eine Idee dazu führen, daß sie domgatisch erstarre und blind gegen alle Wirklichkeit durchgesetzt würde und »zur Legitimationsideologie einer schlechthin unmenschlichen Praxis – eines ›großangelegten Tierexperiments an lebendigen Menschen‹ (Biermann) verkommen konnte«.[16] Gegen eine Theorietradition dieser Ausprägung führt Habermas einen Sozialismus ins Feld, der vom amerikanischen Pragmatismus gelernt hat, dem die Theorie »bestenfalls notwendige Bedingung für emanzipierte Lebensformen angeben kann, über deren konkrete Ausgestaltung sich die Beteiligten selbst erst zu verständigen hätten«.[17]

Die achtundsechziger Linke hat unter der Perspektive eines pragmatisch geläuterten Sozialismus keinen Grund, das Ziel Sozialismus aufzugeben und nach dem buchstäblichen Zusammenbruch der staats-sozialistischen Systeme in Osteuropa in Sack und Asche zu gehen.[18] Für die Achtundsechziger ist der Untergang der osteuropäischen Systeme kein Anlaß zur Trauer. Ganz im Gegenteil: Mit diesen Systemen hat zu keiner Zeit auch nur die Spur einer Identifikation bestanden. Marx und Engels hätten – würden

13 Vgl. Jürgen Habermas, *Kleine Politische Schriften* I-IV, Frankfurt/M. 1981, S. 516 unten: »Heute lege ich Wert darauf, als Marxist zu gelten.«

14 Zum amerikanischen Pragmatismus vgl. meine Ausführungen im 10. Kapitel, 2. Abschnitt »Grundlagen des Philosophierens mit Kindern«.

15 Jürgen Habermas, *Die nachholende Revolution*, a.a.O., S. 33.

16 Ebd., S. 191.

17 Ebd.

18 Vgl. ebd., S. 188.

sie es erlebt haben – ein solches Terror- und Elendssystem aufs schärfste bekämpft. Die achtundsechziger Linke hat stets kritische Aufmerksamkeit für die Verhältnisse in der Bundesrepublik *und* Osteuropa gleichzeitig gehabt. Für diese kritische Linke war 1989 die Revolution in Osteuropa ein Sieg der Aufklärung, der freudig begrüßt wurde. Die Dresdener Kreuzkirche und der Leipziger Ring bleiben für sie Symbole des aufgeklärten Widerstands. Nach den Worten von Habermas müsse diese Linke deshalb den Wunsch der Revolutionäre in Osteuropa erfreut zur Kenntnis nehmen, »verfassungspolitisch an das Erbe der bürgerlichen Revolution und gesellschaftspolitisch an die Verkehrs- und Lebensformen des entwickelten Kapitalismus, insbesondere an die Europäische Gemeinschaft, Anschluß zu finden. Im Falle der DDR gewinnt ›Anschluß‹ einen buchstäblichen Sinn; denn für sie bietet die Bundesrepublik beides zugleich: eine demokratisch verfaßte Wohlstandsgesellschaft westlichen Typs.«[19] Somit kündigt sich für Habermas an den revolutionären Ereignissen in Osteuropa im Gegensatz zu postmodernen Interpreten »ein Ausgreifen der Moderne an [...] – der Geist des Okzidents holt den Osten ein, nicht nur mit der technischen Zivilisation, sondern auch mit seiner demokratischen Tradition«.[20] Die Lehre, die aus diesen revolutionären Veränderungen zu ziehen sei, ist die, daß die über Märkte regulierte Wirschaft intakt bleiben müsse, und daß eine rechtsstaatlich verfaßte administrative Macht nicht ignoriert werden dürfe. Beide müßten allerdings von einer demokratischen Öffentlichkeit kontrolliert werden können. Habermas spricht von einer Gewaltenteilung neuen Typs, der Gewaltenteilung zwischen Geld, Macht und Solidarität.[21] Ob eine Gesellschaft in der Zukunft Bestand hat, wird laut Habermas davon abhängen, ob das Medium der »öffentlichen Kommunikation«[22] – auch »Solidarität«[23] genannt – sich gegen die Medien Geld und Macht wird behaupten können. Dies ist eine Frage, »die theoretisch nicht zureichend beantwortet werden kann und daher in eine praktisch-politische Frage gewendet werden muß«.[24]

19 Ebd., S. 180f.
20 Ebd., S. 185.
21 Vgl. ebd., S. 199.
22 Ebd., S. 165.
23 Ebd., S. 93.
24 Ebd., S. 196.

In den Wissenschaften hat sich in den vergangenen zwei Jahrzehnten der Diskurs oder die von Karl-Otto Apel im Anschluß an Charles Sanders Peirce so genannten »community of investigators« als Medium wissenschaftlicher Erkenntnis durchgesetzt. So schreibt Thomas Meyer zutreffend:

Offene Diskurse über Geltungsansprüche der Naturerkenntnis, der Normen menschlichen Verhaltens und sozialer Ordnung sind das allein legitime Medium wissenschaftlicher Erkenntnis [...] Dieser kulturelle Sachverhalt schließt aus, daß eine einzige Wahrheit gegen Widerstrebende zur Legitimation politischen Handelns dienen darf [...] Es gibt keine bessere Sicherheit für Erkenntnisansprüche mehr, seien sie nun auf die Natur, die Gesellschaft oder das praktische Handeln gerichtet, als den prinzipiell unabschließbaren kritischen Diskurs.[25]

Für gesellschaftliche Prozesse läßt sich diese Konzeption sicher übernehmen – wie Thomas Meyer andeutet –, obwohl der Diskurs in diesem Zusammenhang viel schwieriger zu realisieren sein wird als in der »community of investigators«. Allerdings sind solche Diskurse – wie Karl-Otto Apel[26] und Jürgen Habermas[27] zeigen – auf verschiedenen informellen und institutionellen Ebenen in unseren westeuropäischen Gesellschaften bereits in Gang. Solche Diskurse stehen in engem Kontakt zur Realität. Ihnen liegt der Erfahrungsbegriff des amerikanischen Pragmatisten John Dewey zugrunde. Dewey spricht von drei Erfahrungsbegriffen, dem ontologischen, der die Erfahrung unter das Wissen subsumiere; dem mentalistisch-empirischen, für den die Erfahrung zum Wissen führe, und dem pragmatischen, für den das Wissen Bestandteil des Lebens sei; »Wissen ist nicht etwas Abgesondertes und Selbstgenügsames, sondern gehört in den Prozeß hinein, durch den sich das Leben erhält und entwickelt [...] (Es) ist ein Hinweis im Verhalten, ein richtungweisender Faktor in der Anpassung des Lebens an seine Umgebung. (Der) Qualität nach drängt (es) zur Handlung, nicht zur Erkenntnis.«[28]

25 Thomas Meyer, *Fundamentalismus. Aufstand gegen die Moderne*, Reinbek 1989, S. 35 und 31.
26 Vgl. Kapitel 2 des vorliegenden Buches.
27 Vgl. Kapitel 13b des vorliegenden Buches.
28 John Dewey, *Die Erneuerung der Philosophie*, Hamburg 1989, S. 133.

Ein so gearteter Kontakt zwischen Theorie und Praxis bestand in einem Sozialismus, wie wir ihn in den vergangenen Jahrzehnten in Osteuropa erlebt haben, nicht. Man muß den Verantwortlichen auch glauben, daß sie überzeugt waren, daß sich die Wirklichkeit in der DDR den Idealen ihres Sozialismus entsprechend entwikkelten. Zum einen konnten sie – wie im Falle Erich Honecker – die Realität nicht zur Kenntnis nehmen, weil sie von ihr abgeschirmt wurden, und zum anderen verstanden sie unter Sozialismus etwas anderes als die kritische Linke herzulande. Ein pragmatischer Sozialismus hingegen orientiert sich an der sozialen Realität: Neue Erfahrungen werden zu Argumenten im Diskurs. Die Realität ist der Belastungstest für Ideale. Im Gegensatz zum untergegangenen Sozialismus in Osteuropa werden in einem pragmatischen Sozialismus demokratische Diskurse geführt, die an der Realität orientiert sind.
Kommen wir auf diesem Hintergrund zu den politischen Konsequenzen zurück:

Die Herausforderungen des 21. Jahrhunderts werden nach Typus und Größenordnung von den westlichen Gesellschaften Antworten verlangen, die ohne eine interessenverallgemeinernde radikal-demokratische Meinungs- und Willensbildung wohl kaum gefunden und implementiert werden können. In dieser Arena findet die sozialistische Linke ihren Platz und ihre politische Rolle. Sie kann das Ferment bilden für politische Kommunikationen, die den institutionellen Rahmen des demokratischen Rechtsstaates davor bewahren, auszutrocknen.[29]

Jede Staatsform, die gegen den diskursiven gesellschaftlichen Konsens arbeitet, wird sich in Zukunft – und das zeigen nicht nur der gescheiterte bürokratische Sozialismus, sondern auch alle bisher bekannten Putschsysteme – nicht halten können. Und es gehört nicht viel prophetische Gabe dazu, vorherzusagen, daß auch das Terror-System Chinas keine Zukunft hat.

29 Jürgen Habermas, a.a.O., S. 202 f.

9. Das Ende religiösen Denkens?

Subversive Religiosität im aufgeklärten Denken

1. Die kulturelle Prägung des individuellen Lebensstils

Gehen wir vom holistischen Menschenbild aus, so ist es für uns evident, daß der Lebensstil jedes Menschen nicht nur durch seine individuell-einzigartige Sozialisation geprägt wurde, sondern auch durch die für die Gesellschaft, in der er aufgewachsen ist, spezifischen kulturellen Einflüsse. Abgesehen von der unterschiedlichen Art, wie diese kulturellen Einflüsse auf das Individuum wirken und wie sie von ihm verarbeitet werden, ist die Basis dieser Einflüsse – also die Kultur selbst – für jeden gleich.

Also ist die Sozialisation eine Mischung aus individuellen und kulturell-generellen Prägungen. Der Mensch oder das sogenannte freie Subjekt ist einer Vielfalt von Kontingenzen oder – wie man synonym auch sagen kann – von »zufallsblinden Prägungen« ausgesetzt. Mit Kontingenzen sind – wie der amerikanische Philosoph Richard Rorty[1] bemerkt – die zufälligen Prägungen durch Sozialisation, kulturelle Zwänge und aktuelle Lebenszusammenhänge gemeint. Diese »zufallsblinden Prägungen«, von denen Richard Rorty spricht, geschehen durch Anpassungsleistungen des jungen Menschen. Jedes Kind wird in der Primärsozialisation – wie Adler uns gezeigt hat – gezwungen, ständig die Frage zu stellen: »Mache ich das auch richtig?« Über die Richtigkeit seines Handelns entscheidet die Umwelt des Kindes.[2] Die »zufallsblinden Prägungen«[3] geschehen also durch die individuellen Anpassungsleistungen an die Gemeinschaft, die in jedem Sozialisationsprozeß vollzogen werden. Zwar hat jedes Individuum seinen persönlichen Lebensstil, wie Adler weiß; oder seine individuellen, handlungsleitenden Gebote, die nur es selbst versteht, wie Rorty

1 Richard Rorty, *Kontingenz, Ironie und Solidarität*, Frankfurt/M. 1989.
2 Detlef Horster, *Alfred Adler zur Einführung*, Hannover 1984, S. 32.
3 Richard Rorty, a.a.O., S. 74.

sagt. Diese bilden sich aber im Wechselspiel mit anderen heraus und nehmen ihrerseits Einfluß auf die Ich-Bildung anderer Subjekte. In diesem Spannungsfeld entwickelt sich die unverwechselbare Biographie eines jeden einzelnen Individuums. Die vielfältigen kontingenten Einflüsse auf das Individuum haben für jeden Menschen lebenslange Wirkung, wie Adler weiß:

> Um das fünfte Lebensjahr herum ist die Einstellung eines Kindes zu seiner Umwelt für gewöhnlich bereits so festgelegt und eingeschliffen, daß sie für den Rest seines Lebens mehr oder weniger die gleiche Richtung beibehält. Seine Wahrnehmungen der Außenwelt bleiben sich gleich; das Kind ist in der Falle seiner Ansichten gefangen und wiederholt unaufhörlich seinen ursprünglichen psychischen Mechanismus und die sich daraus ergebenden Handlungen.[4]

2. Inhalte einer Kultur

Wenn die Kultur, in der die Individuen aufwachsen, so stark prägend auf die Entwicklung des Individuums einwirkt, ist es nun interessant, zu wissen, was denn die Inhalte einer Kultur sind. Wenn – wie Durkheim gezeigt hat[5] – die Religion der Nukleus einer jeden Kultur ist, wird auch die Lebensweise einer Gesellschaft, die dieser Kultur angehört, durch die Religion geprägt. Aber auch hier können wir von einer wechselseitigen Beeinflussung ausgehen. Die Religion ist zwar der Kern der Kultur. Die kulturellen Lebensweisen der Menschen wirken aber ihrerseits auf die Religion und deren Gestaltungen. Dies wurde mir anläßlich eine Reise nach Asien augenfällig, bei der ich die Gelegenheit hatte, zwei unterschiedliche Kulturen und zwei verschiedene Formen des Buddhismus im Kontrast zu erleben. Die japanische Kultur öffnet sich der westlichen Moderne: Die Art, die buddhistisch-shintoistische Religion auszuüben, paßt zum hektischen Treiben westlicher Produktionsweise. Beten geht schnell: Mitten unter Fremden beteten die Japanerinnen und Japaner. Beten kann man eigentlich nicht sagen, es war ein nur kurzes Ritual: Zweimal in die Hände klatschen, ein Gemurmel und Einwerfen einer Geldmünze. Beim ersten Klatschen ruft man den Gott an, beim

4 Alfred Adler, *Kindererziehung*, Frankfurt/M. 1976, S. 78.
5 Emile Durkheim, *Die elementaren Formen des religiösen Lebens*, Frankfurt/M. 1981.

zweiten spricht man seinen Wunsch aus, und dann muß man natürlich eine »Gebühr« entrichten. Das Ganze dauert etwa eine halbe Minute. Angestellte, die in der Mittagspause am Meji-Schrein in Tokyo vorbeikamen, vollzogen vor diesem Schrein das schon gesehene Ritual und eilten anschließend in ihre Büros. Ganz anders in Bangkok: Auffallend ist die Muße, mit der die Menschen hier zu Werke gehen. Offene Läden, in denen – von der Straße aus zu beobachten – sehr sorgfältig und mit Geduld gearbeitet wird. Zeitbegrenzung kennt man nicht. Es gibt keine Ladenschlußzeiten; die Geschäfte haben rund um die Uhr geöffnet. Samstags und sonntags natürlich auch. In solcher Lebensweise wird eine andere Art der Religionsausübung erlernt: Es wird im Tempel zusammen mit den Mönchen meditiert. Als ich nach einer Stunde bei einer solchen Szene wieder vorbeikam, saßen die Gläubigen immer noch dort in meditativer Versenkung, angeleitet von den Sprechgesängen der Mönche. Ich habe das Ende nicht abgewartet. Dazu fehlte mir die Geduld. Ich hörte später, daß diese gemeinsame Meditation fünf Stunden dauern kann. – Ich erfuhr in Asien also, wie in zwei verschiedenen Kulturen der Buddhismus ganz unterschiedlich praktiziert wurde.

3. Christliche Kultur

Der Nukleus unserer abendländischen Kultur ist das Christentum. Ernst Bloch: »Sicher ist, daß eine ungeheure Zahl von dem, was unsere abendländische Kultur ausmacht und die gesamte Mittelmeer-Kultur, ohne die Bibel – Altes und Neues Testament – historisch nicht denkbar wäre.«[6] – Was der bleibende Inhalt unserer Kultur ist, die sich aus dem Christentum speist, läßt sich auf dem Gebiet der Naturwissenschaft verdeutlichen, auf dem man diesen Zusammenhang am wenigsten vermutet. In den Naturwissenschaften ist das Christentum kryptisch gegenwärtig. Auch der eben zitierte Ernst Bloch hat keinen Zweifel daran, »daß die moderne mathematische Naturwissenschaft gar nicht möglich wäre ohne die Bibel«.[7] Unsere Naturwissenschaft ist strukturell christ-

6 Ernst Bloch, *Es spricht Ernst Bloch*, Schallplatte des Suhrkamp-Verlages mit Textheft, Frankfurt/M. 1970, S. 10.

7 Ebd.

lich. Schon Johannes Kepler, dessen Gedankengang von Carl Friedrich von Weizsäcker kurz skizziert wird, sieht diesen Zusammenhang so:

Gott hat die Welt geschaffen gemäß seinen Schöpfungsgedanken. Diese Schöpfungsgedanken sind die reinen Urgestalten, die Platon Ideen nannte, und die für uns relevante Art dieser Urgestalten sind die mathematischen Gestalten, sind Zahl und Figur. Diese sind die göttlichen Schöpfungsgedanken, denn sie sind reine Formen. Diesen Formen gemäß hat Gott die Welt geschaffen. Der Mensch ist von Gott geschaffen, nach dem Bilde Gottes. Gewiß nicht nach dem körperlichen Bilde Gottes, denn Gott selbst ist unkörperlich, sondern nach dem geistigen Bilde Gottes, und das heißt, daß der Mensch imstande ist, die Schöpfungsgedanken Gottes nachzudenken. Dieses Nachdenken der göttlichen Schöpfungsgedanken ist die Physik. Die Physik ist Gottesdienst und als Gottesdienst wahr.[8]

Nun muß man sich die Frage stellen, wie von Weizsäcker diesen Zusammenhang, den Kepler und andere neuzeitliche Naturforscher herstellten, erklären kann. Dazu holt er weit aus, wenn er sagt: »Die Naturwissenschaft kann überhaupt nur verstanden werden von der Basis der Ideenlehre aus.«[9] Er sieht darüber hinaus eine Parallelität zwischen Naturforschung und christlicher Religion insofern als in beiden die grundlegende Struktur der platonischen Ideenlehre vorhanden ist. Die Struktur der Ideenlehre kann man knapp so skizzieren: Für die frühgriechischen Denker ist die Welt die Vielheit dessen, was stets in Bewegung und Entwicklung ist. Ihre Einheit bekommt diese Vielheit durch die immer gleich bleibende und sich nie verändernden Idee des Kosmos. Der Kosmos gibt der Vielheit ihre harmonische Ordnung. Die harmonische Ordnung bleibt, obwohl alles Einzelne entsteht, besteht und vergeht. Die griechischen Denker und nach ihnen auch die späteren Metaphysiker suchten nach dem identitätsstiftenden Wesen von allem, was ist. Sie suchten überdies nach dem Wesen des Einzelseienden. Sie suchten nach diesem Wesen, das dem vergänglichen Einzelnen trotz seiner Veränderung seine Identität gibt. – Es verhält sich wie mit einem Baum: wir sehen den Baum blühen und teilen es mit. Diese Mitteilung ist solange wahr, wie der Baum tatsächlich blüht. Das Blühen geht über in ein Nichtblühen. Was nun den Baum zum Baum macht – unabhängig

8 Carl Friedrich von Weizsäcker, *Ein Blick auf Platon*, Stuttgart 1981, S. 118f.

9 Ebd., S. 122.

davon, ob er blüht oder nicht blüht, ob er Blätter trägt oder kahl ist –, das ist das Wesen des Baumes. Nach diesem Wesen wird gesucht. Gesucht also wird nach dem, was das Einzelseiende zu dem macht, was es ist, was ihm Grund und Bestand gibt. Wenn das Wesen vom Einzelseienden abgezogen wird, ist es nicht mehr das gemeinte, bestimmte Einzelseiende. – Platon nennt das Wesen idea. Die Ideen oder Wesen bilden in Platons Philosophie ein Reich, das dem Reich der bloßen Erscheinungen, die wir nur wahrnehmen (der *blühende* Baum), als Reich der Ideen gegenübergestellt wird, das ihm das Reich der wahren Wirklichkeit ist.[10]

Nun wird im christlichen Glauben Gott als die Wahrheit an sich angenommen. Theologen und mittelalterliche Philosophen suchten diese Wahrheit zu belegen durch Gottesbeweise. Gott ist das Bleibende, die Welt und die Menschheit sind ständigen Veränderungen unterworfen. Unsere Wissenschaftler suchen in der gleichen Weise nach der Wahrheit, d.h. nach allgemein geltenden Aussagen. In der Naturwissenschaft ist die Wahrheit das abstrakte Naturgesetz. »Z. B. gilt das Fallgesetz streng, so wie er [Galilei] es darstellt, nur im Vakuum, das er empirisch gar nicht kannte, sondern postuliert.«[11] Auch hier gilt, daß das Einzelne sich ändern kann, oder ein einzelnes Experiment nicht gelingen kann und das Gesetz dennoch in der umfassenden einheitlichen Naturordnung als allgemein geltende Wahrheit bleibt, für die zufällige Abweichungen lediglich Ausnahmen von der Regel sind. Was im Christentum die Gottesidee ist, ist in der Naturwissenschaft die Idee von der einheitlichen Naturordnung, »denn wenn man nicht mehr über die großen Zusammenhänge sprechen und nachdenken dürfte, ginge auch der Kompaß verloren, nach dem wir uns richten können«.[12] Die angenommene Welteinheit und Naturordnung gibt der Naturwissenschaft Grund und Bestand und den Naturforschern ist sie sichere Basis und Wegweiser in Analogie zum Christentum: Von Gott her ist alles, in ihm hat die Welt und jeder einzelne Mensch Grund und Bestand.

Von Weizsäckers zentrale Einsicht ist resümierend nun folgende:

10 Vgl. Karl-Heinz Volkmann-Schluck, *Die Philosophie der Vorsokratiker. Der Anfang der abendländischen Metaphysik*, herausgegeben von Paul Kremer, Würzburg 1992, S. 46.

11 Carl Friedrich von Weizsäcker, a.a.O., S. 117.

12 Werner Heisenberg, *Der Teil und das Ganze*, München 1973, S. 255.

Was Kepler sage, sei »eigentlich nicht christlich, sondern platonisch [...] oder christlich, insofern es platonisch ist, denn das historische Christentum ist in seiner Theologie in weitem Umfang platonisch«.[13] Ein Ergebnis, das Walter Bröcker[14] als Interpretation des Kerngedankens von Nietzsche und Walter Schulz[15] durch seine Reflexionen zu dem Thema im Grundsatz schon vor einigen Jahren bestätigen konnte.
Formuliert man diesen Gedanken statt in naturwissenschaftlich-kognitiven in ethisch-moralischen Kategorien, so muß man sagen: Die Idee des Guten ist bei Platon so zu denken: Wie die Sterne dem Schiffer den Weg weisen, ohne daß er sie erreichen will, so weisen die Ideale uns Menschen die Richtung auf den Wegen unseres Lebens. So muß man auch das ethische Ideal *Gemeinschaftsgefühl* sehen. Nach Adlers Worten ist es ein »Vollkommenheitsideal«.[16] Auch auf dem Gebiet der Ethik werden Abstraktionen gebildet, an denen man sich orientieren soll, die in der Realität so nicht vorhanden sind, aber angestrebt werden.

4. Gott in den Vorurteilen

Ebenso muß man es für unsere Vorurteile sehen. Auch sie sind vom christlich-platonischen Abstraktionsprinzip bestimmt. Vorurteile sind strukturell christlich.
Man spricht von *den* Juden oder von *den* Moslems. Während der Zeit des Golf-Krieges, Anfang des Jahres 1991, wurde das besonders von der Medienberichterstattung gestützt. Moslems seien Menschen, »die einem Führer zujubeln, von dem sie sich das Heil erwarten und von dem sie sich aufs Schlachtfeld schicken lassen [...] Islamische Fanatiker schicken sich an, die Welt unter das Joch des Islam zu bringen [...] Seit dem 7. Jahrhundert ist der Islam

13 Carl Friedrich von Weizsäcker, a.a.O., S. 119.
14 Vgl. Walter Bröcker, *Nietzsche und der europäische Nihilismus*, in: *Zeitschrift für philosophische Forschung*, 3. Jg., 1948, S. 161-177. Soweit ich sehe, hat Friedrich Nietzsche diese Verbindung zwischen Platonismus und Christentum zum ersten Mal gesehen.
15 Vgl. Walter Schulz, *Der Gott der neuzeitlichen Metaphysik*, Pfullingen 1957.
16 Alfred Adler, *Psychotherapie und Erziehung. Ausgewählte Aufsätze*, Band III: 1933-1937. Frankfurt/M. 1983, S. 31.

nur darauf aus, sich die Welt zu unterwerfen, und die Endrunde in diesem Kampf ist nun eingeläutet.« Durch solche Vorurteilsbildungen öffneten die Medien dem Rassismus Tür und Tor, merkte der Orientalist Heinz Halm kritisch an.[17] Ganz anders natürlich, wenn wir einem einzelnen Menschen islamischen Glaubens gegenüberstehen. Dann erleben wir ihn als »normalen« Menschen, einen wie Dich und mich.

Zu welch gefährlichen Auswirkungen Vorurteile führen können, wissen wir aus der jüngeren deutschen Geschichte. Hier hat ein abstraktes Vorurteil zu millionenfachen Morden geführt, »weil die negative Wertung durch die Leugnung der Individualität leichter zu bewerkstelligen ist«.[18] Wie anders tritt man dem einzelnen Menschen gegenüber, wenn man ihn kennt und mit ihm kommuniziert und interagiert. Ist er dann noch *der* Jude oder *der* Moslem? Rorty beantwortet diese Frage, indem er sich dem Problem zuwendet, daß jüdische Menschen im Zweiten Weltkrieg größere Chancen zum Überleben hatten, wenn sie nicht in Belgien, sondern in Italien oder Dänemark waren. Rorty bietet uns dazu folgende Erklärung an:

> Betrachten wir zuerst jene Dänen und Italiener. Sagten sie von ihren jüdischen Nachbarn, sie verdienten es, gerettet zu werden, weil sie Mitmenschen seien? Vielleicht sagten sie das manchmal, aber mit Sicherheit hätten sie auf eine diesbezügliche Frage engere Begriffe benutzt, um zu erklären, warum sie Risiken eingingen, um einen bestimmten Juden zu retten – zum Beispiel, daß dieser bestimmte Jude ein Mitbürger von Mailand oder ein Mitbewohner von Jütland, ein Mitglied derselben Gewerkschaft, ein Kollege, ein Clubmitglied im selben Boccia-Club oder einfach ein Schicksalsgenosse als Vater oder Mutter kleiner Kinder sei.[19]

Rorty ist der Auffassung, daß es in Belgien viel weniger der genannten »Identifikations-Rubriken«[20] gab. Und er kommt zu folgendem Ergebnis: »Mit diesen Beispielen will ich zeigen, daß unser Solidaritätsgefühl am stärksten ist, wenn die, mit denen wir uns solidarisch erklären, ›zu uns‹ gehören und ›wir‹ etwas enger

17 Heinz Halm, *Die Panikmacher. Wie im Westen der Islam zum neuen Feindbild aufgebaut wird*, in: *Süddeutsche Zeitung* vom 16./17. Februar 1991 (SZ am Wochenende).
18 Heinrich Simon/Marie Simon, *Geschichte der jüdischen Philosophie*, München 1984, S. 11.
19 Richard Rorty, a.a.O., S. 307.
20 Ebd., S. 308.

Begrenztes als die Menschenrasse ist. Das kommt daher, daß die Begründung ›weil sie ein Mensch ist‹ eine schwache, nicht überzeugende Erklärung für eine großzügige Handlung liefert.«[21]
Daß meist universale Begründungen herangezogen werden, läßt sich aus unserer kulturellen Entwicklung erklären: »Aus christlicher Sicht ist diese Neigung, sich enger mit Menschen verbunden zu fühlen, mit denen wir uns in der Phantasie leichter identifizieren können, beklagenswert, sie ist eine Versuchung, der man nicht nachgeben darf [...] Diese Einstellung hat der säkulare ethische Universalismus vom Christentum übernommen.«[22]
Wir sehen, daß das platonisch-christliche Abstraktionsprinzip in der Welt der Vorurteile herrscht. *Gott ist also auch in den Vorurteilen.* Dieses Abstraktionsprinzip beherrscht uns auf allen Ebenen und entfaltet sich überall. Aber auch in der Welt der Moral können Abstraktionen Unheil anrichten. Das wurde mir klar durch folgenden Satz in einem an mich gerichteten Brief, der mir zu denken gab: »Nicht selten und oft nicht durchschaut, kränken und mißachten Gemeinschaften und andere Träger gesellschaftlicher Macht, im Namen der allgemeinen ›Menschenwürde‹, die Würde des Einzelnen.«

5. Gott in der Unterwelt

Wenn wir uns die kurz skizzierten Befunde ansehen, dann sollte damit zum Vorschein kommen, daß dieses christlich-platonische Prinzip unsere gesamte Denk- und Lebensweise beherrscht. Religion ist in unserer Lebenswelt strukturell überall gegenwärtig. Eingangs hatte ich gesagt, daß sich die kulturellen Einflüsse auf die Ausprägung des Lebensstils eines jeden Individuums, das in einer bestimmten kulturellen Gemeinschaft aufwächst, auswirkt. Dabei hatte ich in Erinnerung gerufen, daß Adler gezeigt hat, wie diese Einflüsse durch frühkindliche Anpassungsleistungen auf die Gestaltung unseres Seelenlebens einwirkt. *Gott ist also auch in der Unterwelt.* Ich erlaube mir hier – in Anlehnung an das Motto in Sigmund Freuds »Traumdeutung« – die Metapher »Unterwelt« für das Unbewußte zu setzen. Geht es nun darum, an der Ab-

21 Ebd.
22 Ebd., S. 308 f.

schaffung der Ursachen für unsere Prägungen zu arbeiten? Darum kann es gar nicht gehen, denn wir können unseren »ethnozentrischen« Standpunkt[23] niemals verlassen. Wir sind so sehr an unsere Kultur gebunden und können nur in ihren Strukturen denken. Wir haben also nicht die Möglichkeit, einen »objektiven« Standpunkt einzunehmen, der es uns ermöglichen würde zu entscheiden, welche Kultur die »bessere« ist. Es kann nur darum gehen, unsere Kontingenzen, den versteckt christlichen Einfluß auf unsere Entwicklung selbstreflektierend zu sehen. Wir müssen anerkennen, daß uns unsere Kontingenzen zu dem machen, was wir sind. Sage in unserer Kultur nun niemand, man sei nicht religiös!
Die Aufforderung zur Selbstreflexion ist allerdings wiederum eine eurozentrische Aufgabenstellung, denn seit Sokrates gilt bei uns, daß man wissen muß, wer man ist.[24]

23 Richard Rorty, *Solidarität oder Objektivität?*, Stuttgart 1988, S. 15.
24 Gernot Böhme, *Der Typ Sokrates*, Frankfurt/M. 1988, S. 119.

Neue Religiosität, aufgeklärte Moral und Politische Bildung

I. Diagnose

1. Die Problemlage

In den allgemein bekannten, schwerwiegenden Problemen des ökologischen Ungleichgewichts, der latenten Gefahren, die von atomaren Waffen und Kraftwerken ausgehen, und der hohen Quote der dauernden Arbeitslosigkeit kommt ein bedrohliches Phänomen konturierter zutage, was für aufmerksame Beobachter wie Hans-Georg Gadamer bereits während und unmittelbar nach dem Ersten Weltkrieg zu erkennen war: »Es war das Ende [...] des uneingeschränkten Fortschrittsglaubens und der unbestrittenen Führung der Wissenschaft im Kulturleben, die in den Materialschlachten des Ersten Weltkriegs untergingen.«[1] Und eineinhalb Jahrhunderte früher schon brachte der Aufklärungs-Philosoph Immanuel Kant dieses Dilemma der Moderne begrifflich auf folgende Kernaussage: »Die Beobachtungen und Berechnungen der Sternkundigen haben uns viel Bewunderungswürdiges gelehrt, aber das Wichtigste ist wohl, daß sie uns den Abgrund der *Unwissenheit* aufgedeckt haben, den die menschliche Vernunft, ohne diese *Kenntnisse*, sich niemals so groß hätte vorstellen können, und worüber das Nachdenken eine große Veränderung der Endabsichten unseres Vernunftgebrauchs hervorbringen muß.«[2]

Solcher Fortschritt, der sich in den eingangs genannten Problemen und Gefahren ausdrückt, war allerdings auch zu Gründerzeiten nicht gewollt, denn der Abgrund des Nichtwissens wurde entweder nicht gesehen oder er wurde ignoriert. Der schockierende Schrecken über die negativen Auswirkungen des wissenschaftlichen Fortschritts, die sich im Ersten Weltkrieg zeigten, wirkte lange nach. Symbol für das nüchtern gewordene Bewußtsein vieler in der damaligen Zeit war das Buch Oswald Spenglers »Der Untergang des Abendlandes«. Unsichere, aber wache Geister nahmen damals schon Abschied vom Prometheus-Ideal. An-

1 *Frankfurter Allgemeine Zeitung* vom 17. Mai 1989, S. 3 N.
2 *Kritik der reinen Vernunft*, B 603.

dere unternahmen Anstrengungen, menschliches Handeln durch den Entwurf einer rationalen Ethik dem Zufall zu entreißen, wie etwa Leonard Nelson, der seine Überlegungen in dem Buch mit dem Titel »Kritik der praktischen Vernunft« dem Mathematiker David Hilbert mit der Zuversicht widmete, »dem Herrschaftsbereich der strengen Wissenschaft eine neue Provinz zu erschließen«.[3] Seither werden ständig neue Versuche unternommen, einen wirkungsvollen Wertekanon zu entwickeln, der wegweisende Lösungen für die durch die rasante Entwicklung von Wissenschaft und Technik im Industriezeitalter ständig neu produzierten Probleme anbieten sollte.

Aber nicht nur diese Probleme sind es, die Ratlosigkeit hinterlassen. Zu den drei von Freud in seiner 18. »Vorlesung zur Einführung in die Psychoanalyse« genannten Kränkungen der Menschheit durch die Wissenschaften kommen noch drei umwälzende Ereignisse hinzu, die tiefsitzende Verunsicherungen produziert haben: Noch während der Gründerzeit dachten hoffnungsvolle Menschen den Weltlauf *technisch-wissenschaftlich* beherrschen zu können. Diese Illusion hat der Erste Weltkrieg zerstört. Später meinte man, *gesellschaftliche* Stabilität durch die demokratische Verfassung zu bekommen. Diese Illusion hat der Nationalsozialismus zerstört. Es ist erst wenige Jahre her, da man die nicht unbegründete Auffassung haben konnte, *zwischenstaatliche Beziehungen* seien nach Beendigung der Ost-West-Konfrontation beherrschbar. Diese Illusion wurde durch den Golfkrieg zerstört. Je nach Lebensstil werden nun gesteigerte Anstrengungen unternommen, politische und ethische Lösungen zu erarbeiten oder zu religiösen Modellen zurückzukehren. Darauf werde ich später eingehen.

Es ist zwar richtig, daß in den modernen Industriegesellschaften ein Vorrat an theoretischem Wissen geschaffen wird, der unvergleichlich viel größer ist als der Vorrat an praktisch-ethischem Wissen. Im Bereich des theoretischen Wissens der Naturwissenschaften gibt es durch technische Umsetzung Möglichkeiten, deren Grenzen und deren *Sinn* wir mit unserem traditionellen

3 Leonard Nelson, *Gesammelte Schriften*, Band IV, Hamburg 1972. Vgl. zu diesem Versuch Nelsons, das menschliche Handeln durch eine rationale Ethik dem Zufall zu entreißen: Grete Henry-Hermann, *Die Überwindung des Zufalls. Kritische Betrachtungen zu Leonard Nelsons Begründung der Ethik als Wissenschaft*, Hamburg 1985.

praktisch-ethischen Wissen nicht mehr erfassen können. Der kulturelle Vorrat letztgenannten Wissens ist erschöpft. Einer der Gründe dafür ist die konservative Einstellung der christlich-abendländischen Kirchen, die seit zwei Jahrtausenden die Wertgebung in unserer Kultur beeinflussen. Ihre konservative Haltung verwehrte es ihr, ihre Moral auf die neuzeitliche Entwicklung einzustellen. Das »›offizielle‹ Modell«, so Thomas Luckmann, blieb »recht stabil, während sich das Alltagsleben über mehrere Generationen hinweg durch den sozialen Wandel ›objektiv‹ verändert«.[4]

2. Ethik-Entwürfe

Alle mir bekannten Entwürfe einer neuen Ethik der Gegenwart,[5] die auf das Problem der rasanten Enwicklung der Natur- und Technikwissenschaften reagieren, greifen in *zweierlei* Hinsicht zu kurz. *Zum einen* gehen sie von einer möglichen wertfreien Erkenntnis der Natur aus, wobei der verantwortungsvolle Wissenschaftler lediglich die Sorge haben müßte, wie denn sein Wissen wirtschaftlich und politisch verwertet werden wird. *Zum anderen* greifen diese Enwürfe soziologisch zu kurz. Ethik ist nicht etwas, was in Ethikkommissionen behandelt und dann vom sprichwörtlichen »grünen Tisch« der Gesellschaft oktroyiert werden könnte. Es wird von ihren Autoren nicht gefragt, ob und wie solche Entwürfe erfolgreich umgesetzt werden können. Es fehlt auch in der Regel eine Differenzierung in Hinsicht auf die Gruppen, für die diese Ethik gelten soll. Auf das letztgenannte Defizit hat Axel Honneth zuletzt hingewiesen.[6] Um diesen Defiziten zu begegnen, will ich vorweg die Frage nach Genesis und Geltung gesellschaftlich anerkannter Werte beantworten.

4 Thomas Luckmann, *Die unsichtbare Religion*, Frankfurt/M. 1991, S. 124.

5 Auch die eben neu erschienene Sammlung von Aufsätzen, die sich diesem Problem widmet, ist eine Dokumentation der Hilflosigkeit angesichts der angesprochenen Probleme, die durch die Wissenschaft und ihre Anwendung entstehen: Hans Lenk (Hg.), *Wissenschaft und Ethik*, Stuttgart 1991.

6 Vgl. Axel Honneth, *Individualisierung und Gemeinschaft. ›Kommunitarismus‹: eine Denkströmung, die in den USA und Kanada entstand*, in: *Frankfurter Rundschau* vom 5. November 1991, S. 26.

3. Wertfreie Erkenntnis

Zunächst zur Frage, ob wertfreie Erkenntnis möglich ist. Ich bin der Überzeugung, daß schon die wissenschaftliche Erkenntnis *selbst* moralisch ist und nicht wertfrei oder objektiv. Das habe ich im dritten Kapitel bereits gezeigt, als ich den altgriechischen Begriff der »techne« mit dem neuzeitlichen Technik-Begriff konfrontierte und dabei die kausale Erkenntnis- und Denkweise kritisierte. Die Natur in der dort geschilderten neuzeitlichen Perspektive anzusehen, ist bei uns »Sitte« oder »Gewohnheit«. Diese Erkenntnisweise ist nicht »natürlich« oder »gottgegeben«, sondern verdankt sich historisch-kultureller Entwicklung. Andere kulturelle Entwicklungen produzieren andere Erkenntnisweisen. Einem mitteleuropäischen Beobachter zeigt sich diese nicht-kausale Denk- und Erkenntnisweise als das »Verwechseln von Ursache und Wirkung«.[7] Bereits Kant zeigt in seiner Antinomienlehre die Grenzen der kausalen Erkenntnis- und Denkweise auf. Es zeigt sich also, daß wir gar nicht anders können, als einen »ethnozentrischen« Standpunkt einzunehmen.[8] Es gibt keinen archimedischen Punkt außerhalb unserer kulturellen Entwicklung und kein »kosmisches Exil«, von dem aus wir beurteilen könnten, was objektive Erkenntnis ist, die zur absoluten Wahrheit führen könnte.[9] Wenn wir ehrlich gegen uns selbst sein wollen, müssen wir uns eingestehen, daß es keine objektive Erkenntnis geben kann, sondern daß schon die Erkenntnis selbst durch kulturell spezifische Werte bestimmt ist. Damit komme ich zur nächsten Überlegung, die zugleich mein zweiter Kritikpunkt an den eben erwähnten Ethikentwürfen ist, die auf das Problem der rasanten Entwicklung der Natur- und Technikwissenschaften reagieren.

7 Vgl. dazu Georg W. Alsheimer, *Vietnamesische Lehrjahre. Sechs Jahre als deutscher Arzt in Vietnam*, Frankfurt/M. 1968, S. 253 und die sich an dieser Stelle auf Alsheimer beziehende Untersuchung von Rudolf Wolfgang Müller, *Geld und Geist. Zur Entstehungsgeschichte von Identitätsbewußtsein und Rationalität seit der Antike*, Frankfurt/M. 1977, S. 226.

8 Vgl. dazu Richard Rorty, *Solidarität oder Objektivität?*, Stuttgart 1988, S. 15.

9 Vgl. Willard van Orman Quine, *Wort und Gegenstand*, Stuttgart 1980, S. 474. Vgl. dazu auch Gerald L. Eberlein, *Wertbewußte Wissenschaft: Eine pragmatische Alternative zu wertfreier und parteiischer Wissenschaft*, in: Hans Lenk (Hg.), a.a.O., S. 102.

4. Vermittlung von Werten oder lebensweltlichem Wissen in der Sozialisation

Im ersten Kapitel hatte ich dargestellt, daß Ethik oder Moral Gewohnheit und Sitte bedeutet, und ich schilderte die Vermittlung von gesellschaftlichen Wertvorstellungen in der Sozialisation jedes einzelnen Menschen. Nun stellt sich die Frage, was in den verschiedenen Sozialisationsinstanzen gelernt wird. Es wird gelernt, was wichtig ist für die Welterkenntnis und auch für das Zurechtkommen in der Gesellschaft. Man nennt es das vortheoretische Wissen. Es ist in hohem Maße religiösen Ursprungs.[10] Würde man diese religiösen Einflüsse auf unsere Sozialisation präzise erfassen können, hätte man ein genaueres Bild der Lebenswelt, die bislang nur in Ausschnitten erkennbar ist.[11] Eine solche Analyse und Darstellung steht bislang noch aus. Max Weber hat allerdings schon zeigen können, in welch entscheidender Weise die religiösen Tugenden für die Entstehung der kapitalistischen Gesellschaft konstitutiv waren. Er schreibt 1905:

> Was noch wichtiger war: die religiöse Wertung der rastlosen, stetigen, systematischen, weltlichen Berufsarbeit als schlechthin höchsten asketischen Mittels und zugleich sichersten und sichtbarsten Bewährung des wiedergeborenen Menschen und seiner Glaubensechtheit mußte ja der denkbar mächtigste Hebel der Expansion jener Lebensauffassung sein, die wir hier als ›Geist‹ des Kapitalismus bezeichnet haben. Und halten wir nun noch jene Einschnürung der Konsumtion mit dieser Entfesselung des Erwerbsstrebens zusammen, so ist das äußere Ergebnis naheliegend: Kapitalbildung durch asketischen Sparzwang. Die Hemmungen, welche dem konsumtiven Verbrauch des Erworbenen entgegenstanden, mußten ja seiner produktiven Verwendung: als Anlagekapital, zugute kommen.[12]

10 Vgl. dazu Thomas Luckmann, a.a.O. Hubert Knoblauch spricht in seinem Vorwort zu Luckmanns Buch von Säkularisierung, Verlagerung der Religion oder von vagabundierender Religiosität (vgl. die Seiten 18 und 24) oder davon, daß »das Religiöse selbst der Kern des Sozialen« sei (vgl. Seite 13). Daß die Religion den Nukleus einer jeden Kultur bildet, hat auch Durkheim minutiös nachweisen können. Vgl. Emile Durkheim, *Die elementaren Formen des religiösen Lebens*, Frankfurt/M. 1981.

11 Vgl. Jürgen Habermas, *Theorie des kommunikativen Handelns*, Frankfurt/M. 1981, Band 2, S. 201.

12 Max Weber, *Die protestantische Ethik* 1, hg. von Johannes Winckelmann, 4. Auflage, Hamburg 1975, S. 180. Hier wiedergegeben ohne die Hervorhebungen von Max Weber.

Daß dieser »Geist des Kapitalismus«, wie Max Weber die protestantische Ethik nennt, kein kurzfristig entstandenes Produkt der Reformation ist und dann in seiner durchgreifenden Wirkung auch gar nicht zu verstehen wäre, zeigt Weber auch: Diese protestantische Ethik fand sich schon in den mittelalterlichen Klöstern.[13]

Man nennt dieses vortheoretische Wissen auch Hintergrund- und Kontextwissen oder eben lebensweltliches Wissen, das alle Menschen, die in einer Kultur zusammenleben, gleichermaßen haben.[14]

»Im Prozeß der Sozialisation wird«, so Thomas Luckmann, »eine historische Weltansicht verinnerlicht. Das objektive Sinnsystem wird in eine subjektive Wirklichkeit umgewandelt. Das heißt, daß die Deutungsschemata und Verhaltensmodelle, die in der Weltansicht objektiviert sind, den subjektiven Bewußtseinsstrom überlagern. Das heißt aber auch, daß die der Weltansicht zugrundeliegende Bedeutungshierarchie zum subjektiven Relevanzsystem wird. Der einzelne gliedert seine Erfahrungen in Übereinstimmung mit diesem System nach abgestuften Graden der Bedeutsamkeit. Und nach dem Muster desselben Systems festigt sich eine Hierarchie der Dringlichkeiten, die dem einzelnen bestimmte Handlungen als wichtiger erscheinen lassen als andere. Aus der objektiven Weltsicht wird ein subjektives Orientierungssystem in der objektiven Wirklichkeit.«[15]

Wie diese Wechselwirkung ihre Ergebnisse produziert, hat Hans-Joachim Maaz im deutsch-deutschen Vergleich zeigen können.[16]

Es bleibt dennoch stets eine Differenz von – um die Kategorien von Mead erneut aufzunehmen (vgl. dazu Kapitel 5) – me (Gemeinschaft) und I (Individuum), obwohl jedes Individuum die Gemeinschaft selbst *ist*. Es besteht also eine Differenz, die man als Kreativitäts- oder Kontingenzspielraum bezeichnen könnte. Dieser Spielraum macht die Weiterentwicklung der Kulturgemeinschaft möglich.[17] Die einzelnen Individuen nun sind es, die lernen. Da die einzelnen Individuen aber die Kommunikationsgemein-

13 Vgl. ebd., S. 370 f.

14 Jürgen Habermas, a.a.O., Band 1, S. 449.

15 Thomas Luckmann, a.a.O., S. 109.

16 Vgl. Hans-Joachim Maaz, *Zwischen Depression und Narzißmus. Die sozialpsychologischen Schwierigkeiten der deutschen Vereinigung*, in: *Die Neue Gesellschaft/Frankfurter Hefte*, 38. Jg., Nr. 12/1991, S. 1095 ff.

17 Vgl. dazu George Herbert Mead, *Geist, Identität und Gesellschaft*, Frankfurt/M. 1968, S. 217 f.

schaft selbst sind, wird auch die Gemeinschaft durch das Lernen der einzelnen verändert.

5. Mangel an Werten (Bedarf)

Wenn diese Beschreibung stimmt, dann *haben* wir zum einen eine Ethik oder Moral. Also »müssen [wir] die moralische Welt nicht erst entdecken, da wir immer schon in ihr gelebt haben«.[18] Zum anderen brauchen wir uns um ihre Anpassung an die technische Entwicklung keine Sorgen zu machen, die ja in der beschriebenenen Weise vonstatten geht. Diese Feststellung birgt allerdings die Gefahr in sich, zu kurzschlüssig zu sein, denn es treten – bezogen auf die eingangs erwähnten Bereiche – immer wieder und immer neue Probleme auf, die auf die beschriebene Diskrepanz von theoretischem und praktischem Wissen zurückzuführen sind. Die von Max Weber diagnostizierte Rationalisierungstendenz abendländischer Kultur wird nun in katastrophalem Ausmaß sichtbar. Habermas nennt dafür drei signifikante Bereiche. Die Ressource »Sinn« wird knapp: Im Bereich der Gentechnologie gibt es Möglichkeiten, deren Grenzen und deren Sinn wir mit unserem traditionellen Wissen nicht mehr bestimmen können. Die Ressource »gesellschaftliche Solidarität« wird knapp: Die Langzeit- und Jugendarbeitslosigkeit stellt uns vor Aufgaben, die mit konventionellen Mitteln der Versorgung und sozialen Sicherung über den Arbeitsmarkt nicht mehr gelöst werden können. Die Ressource »Ich-Stärke« wird knapp: Psychopathologien werden zur Regelmäßigkeit. Solche Störungen des Sozialisationsvorgangs können nicht mehr mit herkömmlichen Mitteln aufgefangen werden.[19]

18 Michael Walzer, *Kritik und Gemeinsinn*, Berlin 1990, S. 29.
19 Vgl. Jürgen Habermas, a.a.O., Band 2, S. 213.

Nun wird neuerdings auf diese Defizite im moralisch ethischen Bereich auf eine ganz unerwartete Weise reagiert. Wir stellen fest, daß »die längst vergessen geglaubte Religion wieder zur Stelle« ist.[20] Nicht nur die Resonanz auf die New-Age-Bewegung, die im wesentlichen eine Reaktion auf die Verknappung der Ressource »Ich-Stärke« darstellt, ist groß. Aus der Vielzahl der New-Age-Gruppen kann man inzwischen zum Auffüllen der Defizite im moralisch-ethischen Bereich »nach freiem Belieben aus dem Angebot ›letzter‹ Bedeutungen wählen«.[21]
Ursache für die Verknappung der Ressource Ich-Stärke ist folgende Entwicklung, die wir in der Neuzeit, seit der Renaissance beobachten können: »Der sich im Selbstbewußtsein präsent gewordene Mensch muß die übermenschliche Aufgabe, die Ordnung der Dinge herzustellen, in dem Augenblick übernehmen, als er sich seiner zugleich autonomen und endlichen Existenz bewußt wird. Deshalb sieht Foucault die moderne Wissensform von Anbeginn durch die Aporie gekennzeichnet, daß sich das erkennende Subjekt [...] erhebt, um im Bewußtsein seiner endlichen Kräfte eine Aufgabe zu lösen, die doch unendliche Kraft erfordert.«[22] In ihrer Einschätzung vom »überanstrengten Ich«[23] sind sich die Interpreten der New-Age-Bewegung weitgehend einig. Vielleicht sollte man die Beurteilung aber doch differenzierter vornehmen:

Die Entwicklung im Anschluß an die sechziger Jahre sieht zunächst aus wie die Aufgabe der Kritik zugunsten der Religiosität, wie der Rückzug vom Gesellschaftlichen zur Innenschau, die Abwendung vom Kollektiv hin zum Ich. Dies wäre jedoch wiederum zu einfach. Hinter dem Schlagwort ›New Age‹ verbirgt sich auch der Versuch, [...] jene Lücken der Selbsterfahrung einer eindimensional politischen Bewegung auszufüllen, die kein genaues Bild des Menschen in seiner biologischen, bedürfnishaf-

20 Hauke Brunkhorst, *Religion in der Unheilsgeschichte. Sinnstiftung oder praktische Vernunft?*, in: *Frankfurter Rundschau* vom 28. Dezember 1991, S. ZB 3.
21 Thomas Luckmann, a.a.O., S. 141.
22 Jürgen Habermas, *Der philosophische Diskurs der Moderne*, Frankfurt/M. 1985, S. 306.
23 Rüdiger Safranski, *Schopenhauer und die wilden Jahre der Philosophie*, München/Wien 1987, S. 199.

ten Dimension hatte, als sie sich anschickte, ihn gesellschaftlich zu revolutionieren.[24]

Mit der an der Aufklärung orientierten Studentenbewegung wurde das Subjekt überfordert, indem die Anhänger der politischen Gruppen mittels Gruppendruck angehalten wurden, antibürgerliche Normen zu erfüllen und eigene Bedürfnisse abzutöten, die von den anstandsbewahrenden Maßstabgebern innerhalb der Linken als bürgerlich »entlarvt« werden konnten.

a) Das Bedürfnis nach Geborgenheit

Das Ignorieren menschlich-individueller Bedürfnisse hatte sich schon die erste Aufklärung dadurch zuschulden kommen lassen, daß sie eines nicht vermochte: »Das Bedürfnis nach Trost [...] zu stillen oder zum Versiegen zu bringen.«[25] Daraus resultiere – laut Habermas – der flehende Ruf nach neuen religiösen Bewegungen, die diesen Mangel der Aufklärung zu reparieren versprechen und dem laut werdenden Bedürfnis nach Regression und Geborgenheit entgegen kommen. Dieses Bedürfnis nach Regression kommt in Krisen- und Notsituationen verstärkt zum Ausdruck, und zwar immer dann, wenn die Frage nach dem Sinn gestellt wird: Was hat das für einen Sinn, daß ich jetzt Krebs habe? Was hat das für einen Sinn, daß mein Kind überfahren wurde? Von kirchlich-interessierter Seite vernehmen wir dazu: »In dieser Todesnot, in der kein menschlicher Arm mehr etwas Trostreiches auszurichten vermag [...], kann der Mensch in seinem Schrei, seiner Klage, seinem Weinen nur im Gebet eine diesem Erlebnis der Bodenlosigkeit entsprechende Form finden.«[26] – Die »Hannoversche Allgemeine« titelte zu Beginn des Golfkrieges am 21. Januar 1991: »Plötzlich sind die Kirchen voll. Je nach Nachrichtenlage vom Golf strömen junge Leute in Friedensgebete.«

24 Martin Konitzer, *New Age. Über das Alte im neuen Zeitalter*, Hamburg 1989, S. 9.

25 Jürgen Habermas, *Die Neue Unübersichtlichkeit*, Frankfurt/M. 1985, S. 52.

26 Eduard Zwierlein, *Gebet und Existenz. Zur philosophischen Würdigung der Lebensbedeutung des Gebets*, in: Peter Koslowski/Reinhard Löw (Hg.), *Jahrbuch des Forschungsinstituts für Philosophie Hannover 1990/91*, Hildesheim 1990, S. 105.

Es knüpfen sich daran weitere Fragen: Ob nämlich das Bedürfnis nach Regression, das in solchen Grenzsituationen sichtbar wird, nicht ein menschliches Bedürfnis ist, das man als anthropologische Konstante bezeichnen könnte. Psychologisch läßt sich diese Vermutung jedenfalls erhärten. Religion wird hier als ein unscharfes Übergangsobjekt interpretiert, das auch später im Leben – in Situationen der Hilflosigkeit – Zuflucht bieten kann wie der weite Rock der Mutter, unter dem man Schutz sucht.[27] Jedenfalls reagierten die Kirchen schon immer und die fundamentalistischen New-Age-Gruppen seit neuestem auf dieses Bedürfnis. Schon die Gründung der christlichen Kirche war eine Reaktion auf dieses Bedürfnis, als Gott zu Jakob die Worte sprach: »Ich bin mit dir, ich behüte dich, wohin du auch gehst, und bringe dich zurück in dieses Land.«[28] Oder im Kirchenlied: »So nimm denn meine Hände und führe mich bis an mein selig Ende und ewiglich. Ich mag allein nicht gehen, nicht einen Schritt [...] Laß ruhn zu deinen Füßen dein armes Kind: es will die Augen schließen und glauben blind.« Auch heute öffnen sich die Kirchen wieder, um dieses Bedürfnis zu erfüllen: »Indem sie die Gruppen von ›wahren Gläubigen‹ [...] als Solidargemeinschaften organisierten, haben sie Menschen, denen die gesellschaftlichen Umwälzungen im Gefolge der Moderne, die Landflucht und die Zerstörung traditioneller auf Solidarität basierender Gemeinschaftsformen jeden Halt und jede Orientierung genommen hatten, Enklaven der Geborgenheit eröffnet.«[29]

Wir müssen also Bedürfnisse (Geborgenheit) und Bedarf (neue Werte) unterscheiden. Der Bedarf an neuen Werten ist gegeben durch die Verknappung der Ressourcen »Sinn« und »gesellschaftliche Solidarität« und das Bedürfnis nach Regression durch die Verknappung der Ressource »Ich-Stärke«. Auf Bedarf und Bedürfnis reagieren die Religionen inzwischen in viel größerem Maßstab, als wir es in der Schöpfung immer neuer New-Age-Gruppen gewahr werden.

27 Vgl. Donald W. Winnicott, *Vom Spiel zur Kreativität*, 5. Auflage, Stuttgart 1989, S. 15.

28 1. Buch Moses, 28, 15.

29 Gilles Kepel, *Die Rache Gottes. Radikale Moslems, Christen und Juden auf dem Vormarsch*, München 1991, S. 60f.

b) Orientierungsbedarf und religiöse Werte

Wie die Religionen auf das Bedürfnis nach Regression reagieren, haben wir inzwischen gesehen, wenden wir uns dem Bedarf zu. In einer neueren Untersuchung zur Bedeutung der Religionen in der modernen Welt heißt es:

> In der Epoche zwischen 1975 und 1990 haben sich die religiösen Erneuerungsbewegungen tiefgreifend verändert. Sie haben es verstanden, in nur fünfzehn Jahren die Ratlosigkeit ihrer Anhänger gegenüber der Krise der Moderne in die entschlossene Bereitschaft umzuwandeln, auf der Grundlage der heiligen Texte eine neue Gesellschaft aufzubauen. Hintergrund für die Entstehung dieser Bewegungen war die Erschütterung von Gewißheiten, bewirkt durch den seit den fünfziger Jahren erzielten Fortschritt in Wissenschaft und Technik. Wiegten wir uns zunächst in der Hoffnung, die Schranken von Armut, Krankheit und Entfremdung durch Arbeit immer weiter zurückdrängen zu können, so haben uns Probleme wie die Bevölkerungsexplosion, die AIDS-Pandemie, die Umweltverschmutzung und die Energiekrisen ein böses Erwachen beschert. Plagen allesamt, die sich ohne weiteres in eine Weltuntergangsvision einfügen ließen. Zugleich begann der Todeskampf des großen atheistischen Messianismus des 20. Jahrhunderts, des Kommunismus, der die meisten Gesellschaftsutopien beeinflußt hatte und dessen Ende im Herbst 1989 mit dem Fall der Berliner Mauer – Symbol des Kommunismus schlechthin – endgültig besiegelt wurde.[30]

Drei Ereignisse machen die neue messianische Kampfbereitschaft der Religionen deutlich: 1977 verliert die Arbeiterpartei in Israel die Wahlen. Die zionistischen Bewegungen bekommen Unterstützung und gründen zahlreiche Siedlungen in den besetzten Gebieten. Als »auserwähltes Volk« zeigen sie Kampfbereitschaft. – 1978 wird der polnische Kardinal Karol Wojtila zum Papst gewählt. Als ein an den Traditionen festhaltender Papst ist er zugleich Symbol für die Widerstandskraft des Katholizismus in Polen und von daher prädestiniert, die Kampagne der »Neuevangelisierung«, die er für die Moderne als dringend nötig erachtet, anzuführen.[31] Er macht die »zweite Evangelisierung Europas« zu einem der Hauptziele seines Pontifikats.[32] – 1979 kehrt der Ajatollah Chomeini in den Iran zurück und leitet die fundamentalistische Revolution ein.

30 Gilles Kepel, a.a.O., S. 272.
31 Vgl. Johannes Paul II., *Vor neuen Herausforderungen der Menschheit. Sozialenzyklika »Centesimus annus«*, Freiburg/Basel/Wien 1991, S. 21.
32 Vgl. Gilles Kepel, a.a.O., S. 80.

Alle erarbeiten sie Pläne für die Umwandlung der Gesellschaftsordnung entsprechend den Geboten und Werten der Bibel, des Koran oder der vier Evangelien [...] Sie alle lehnen den Grundsatz der Trennung von Kirche und Staat ab, den man der Philosophie der Aufklärung zu verdanken habe. Sie sehen in der hochmütigen Emanzipation der Vernunft vom Glauben die Hauptursache aller Übel des 20. Jahrhunderts und den Beginn eines Prozesses, der geradewegs in den nationalsozialistischen und stalinistischen Totalitarismus geführt habe. Es sind die eigenen Kinder dieser modernen, säkularisierten Gesellschaft, die deren Grundlage radikal in Frage stellen. Sie sehen keinen Widerspruch zwischen ihrer wissenschaftlich-technischen Ausbildung und ihrer Unterwerfung unter einen Glauben, der sich den Gesetzen der Vernunft entzieht. Ganz im Gegenteil: Ein Mann wie Hermann Branover gibt mit seinem Leben ein Beispiel dafür, daß ein ›gottesfürchtiger‹ Jude durchaus ein ›großer Wissenschaftler‹ sein kann. Und das Bild, in dem die islamischen Aktivisten ihre Identität am besten getroffen sehen, zeigt eine Studentin, deren Schleier nur einen schmalen Spalt für die Augen freiläßt und die sich, über ein Mikroskop gebeugt, einem biologischen Forschungsproblem widmet.[33]

Diese religiösen Bewegungen sehen also die »unbestreitbare Überlegenheit« der westlichen Kultur »im wissenschaftlich-technischen Bereich, sie ist aber inhaltlich leer, ohne ethische Qualitäten und deshalb halt-los«.[34] Auf diesem Hintergrund bieten sich die genannten Religionsgemeinschaften als Alternativen an. Vor allem dem Islam werden Zukunftschancen eingeräumt: »Zum jetzigen Zeitpunkt haben die Reislamisierungsbewegungen das größte Entwicklungspotential.«[35] So schwankt denn die Einschätzung zwischen Bedrohung für uns, für die westliche Moderne[36] und Zuversicht auf eine Verständigung im Gespräch.[37]

33 Ebd., S. 271. Diese Bewegungen wenden sich explizit gegen den Laizismus (Trennung von Kirche und Staat). Sie wollen bewußt politisch wirken und eine neue Gesellschaftsordnung konstituieren. Sie wollen sich nicht damit begnügen, lediglich für das »jenseitige Heil« zuständig zu sein. Vgl. dazu auch Johannes Paul II., a.a.O., S. 21.

34 Peter Antes, *Der Islam als politischer Faktor*, Hannover 1980, S. 15.

35 Gilles Kepel, a.a.O., S. 273. Vgl. auch Peter Antes, a.a.O., S. 17.

36 So Bassam Tibi, der den islamischen Weltmachtanspruch für seine Argumentation ins Feld führt, vgl. seinen Aufsatz »Europäische Moderne und islamischer Fundamentalismus«, in: *Die Neue Gesellschaft/Frankfurter Hefte*, 38. Jg., Nr. 12/1991, S. 1073 ff.

37 So Josef Joffe, *Wir sind alle gefangen im Käfig des Friedens. Nach fünf Kriegen und 40 Jahren der gegenseitigen Verneinung beginnen sich die*

Weiteren Auftrieb für ihre Missionierungsabsichten bekommen die Religionen durch den Zusammenbruch der Diktaturen in Mittel- und Osteuropa. Alle drei genannten Religionen sehen hier ein moralisch-ethisches Vakuum oder ein Werte-Loch entstehen und können auf eine bis dahin vom Staat unterdrückte Anhängerschaft für die Umsetzung ihrer Missionierungsidee vertrauen.[38] Ein in dieser Hinsicht symbolträchtiges Szenario ereignete sich in Prag: »Am 21. April 1990 erschallte aus sämtlichen Lautsprechern, die ursprünglich zur Verbreitung der kommunistischen Propaganda an zahlreichen Straßenkreuzungen Prags installiert worden waren, die feierliche Messe, die Johannes Paul II. auf der Anhöhe zelebrierte, auf der noch kurze Zeit zuvor eine riesige, die Stadt überragende Leninstatue gestanden hatte.«[39]

7. Die Werte der Aufklärung und des Christentums

Die religiösen Bewegungen verstehen sich nicht nur als Alternative zu der wertedefizitären westlichen Moderne, sondern zu den Aufklärungsgedanken insgesamt. Ihre Anhängerinnen und Anhänger lehnen die Aufklärung als dekadentes Produkt westlicher Entwicklung ab, z. B. den Gedanken der »Gleichheit aller Bürger vor Staat und Gesetz. Dieser universalistische Gleichheitsgrundsatz wird abgelehnt als ein Produkt des verabscheuten Geistes der Aufklärung, da er die Befreiung der Vernunft aus ihrer Abhängigkeit vom Glauben und das Ende der dem auserwählten Volke eigentümlichen religiösen Gesetzestreue fordert.«[40]
Hat nun die westliche Moderne, die der Aufklärung verpflichtet ist, den religiösen Bewegungen nichts entgegenzusetzen? Bevor

Fronten zwischen Israelis und Palästinensern zu lockern – im Gletschertempo, in: *Süddeutsche Zeitung* vom 28./29. Dezember 1991, S. 8.

38 Für den Islam vgl. Werner Ende/Udo Steinbach (Hg.), *Der Islam in der Gegenwart*, München 1984, S. 248 ff. Für das Judentum vgl. Gilles Kepel, a.a.O., S. 211 f. Für das Christentum vgl. Otto Kallscheuer, *Die Christenheit oder Europa. Aktuelle Variationen auf ein älteres Thema*, in: *Die Neue Gesellschaft/Frankfurter Hefte*, 37. Jg., Nr. 12/1990, S. 1093, Traudl Lessing, *Die katholische Renaissance Osteuropas*, in: ebd., S. 1102 ff. und Johannes Paul II., a.a.O., S. 118.

39 Gilles Kepel, a.a.O., S. 122.

40 Ebd., S. 267.

diese Frage beantwortet wird, muß darauf hingewiesen werden, daß auch die aufgeklärte Moderne in einer Gesellschaft entstanden ist, in der die christlichen Werte zum Grundbestand der Lebenswelt, zum Sinnsystem gehörten.[41] Moderne amerikanische Moralphilosophen sind überzeugt, »daß sich die politischen Ideen der Moderne über einen Strom der Überlieferung konstatieren, der sich bis zu den Ursprüngen christlicher Religion zurückverfolgen läßt«.[42] Und der Religionsforscher Gilles Kepel: »Der Prozeß, der über Reformation und die Aufklärung zum modernen demokratischen System führen sollte, hat sich innerhalb des christlichen Kulturraumes vollzogen, auch wenn dabei der herrschende Einfluß der Institution Kirche auf die bürgerliche Gesellschaft gebrochen werden mußte.«[43] Habermas hat gezeigt, wie die Rechtsinstitutionen der aufgeklärten modernen Welt sich aus der Religion entwickeln konnten. Die Regeln des Zusammenlebens, die als von den Göttern gegeben angesehen wurden und die die Aura des Heiligen umgeben, wurden über viele Evolutionsstufen zu Rechtsregeln einer aufgeklärten Welt entwickelt. Die bannende Kraft des Heiligen wird zur bindenden Kraft kritisierbarer Geltungsansprüche.[44]

So läßt sich verstehen, daß die unhintergehbaren Voraussetzungen der Kommunikation christlichen Ursprungs sind. Die Kommunikation hat evidente Voraussetzungen, die als Bedingung für das Gelingen der Kommunikation angesehen werden: Die Symmetrie

41 Vgl. dazu und zu der – wie der Autor es nennt – »bereichernden Dialektik des Christentums« (Solidarität *und* Verfolgung): Luigi Vittorio Ferraris, *Sind die christlichen Werte Europas für die Menschheit annehmbar? Oder: Die Religion als Bollwerk der Freiheit des Gewissens*, in: *Frankfurter Rundschau* vom 30. August 1991, S. 14. Der Autor stellt weiterhin eine bis heute unbeantwortete Frage: Ob der Absolutheitsanspruch des Christentums eine Revolte gegen die Aufklärung sei.

42 Joachim von Soosten, *Sünde und Gnade statt Tugend und Moral. Individualisierung und Gemeinschaft IV: Die Erbschaft religiöser Traditionen*, in: *Frankfurter Rundschau* vom 14. Januar 1992, S. 10. Von Soosten bezieht sich in erster Linie auf die zwei folgenden Werke: Michael Walzer, *Exodus und Revolution*, Berlin 1988, und Alasdair MacIntyre, *Der Verlust der Tugend. Zur moralischen Krise der Gegenwart*, Frankfurt/M. 1987.

43 Ebd., S. 279.

44 Vgl. Jürgen Habermas, *Theorie des kommunikativen Handelns*, a.a.O., Band 2, insbesondere S. 119 und 135 f.

der Diskurspartner (Gleichheit und Gerechtigkeit[45]) und das Ernstnehmen des Gegenübers (menschliche Akzeptanz). »In den idealisierenden Unterstellungen kommunikativen Handelns, vor allem in der reziproken Anerkennung von Personen, die ihr Handeln an Geltungsansprüchen orientieren können, sind die Ideen von Gerechtigkeit und Solidarität *angelegt*.«[46] Das sind quasi-religiöse Elemente, die sich aus christlichen Werten herleiten lassen, z. B. dem christlichen Gleichheitssatz[47] und dem Solidaritätsprinzip als einem »der grundlegenden Prinzipien der christlichen Auffassung«.[48] Daraus schließe ich, daß in einer christlichen Kultur wie der unseren die Werte der Aufklärung durchaus eine Chance auf Bestand haben. Auf diesem, durch Sozialisation in der Lebenswelt fest verankerten Fundament kann man bauen. Das ist die positive Seite der Religion für die Realisierung der Aufklärungs-Ideale.

II. Lebensweltorientierte Bildung

Um nun die auf dem vorher Ausgeführten basierende Alternative einer lebensweltorientierten Bildung zu entwerfen, bedarf es zuerst der kritischen Bestandsaufnahme gegenwärtiger Bildungskonzeptionen.

Bildungskonzeptionen, die der Ethik der Aufklärung verpflichtet sind, haben in der heutigen Zeit nur dann eine Chance, wenn sie – wie die Religionen – auf die Bedürfnisse und den Bedarf der Menschen in der heutigen Zeit eingehen können. Rufen wir uns in Erinnerung, daß die Religionen reagieren auf den »Orientierungs-

45 Vgl. zu der Synonymität von Gleichheit und Gerechtigkeit: Kapitel 6a. der vorliegenden Publikation. Auch als christliches Prinzip ist Gerechtigkeit, »jedem das Seine zu geben«. Vgl. Johannes Paul II., a.a.O., S. 29.

46 Jürgen Habermas, *Erläuterungen zur Diskursethik*, Frankfurt/M. 1991, S. 155. Vgl. zu diesem, heute allgemein anerkannten Dialogprinzip auch: Karl-Otto Apel, *Transformation der Philosophie*, Frankfurt/M. 1973, Band 2, S. 400.

47 Gleichheit und Gerechtigkeit stehen im Mittelpunkt der Enzykliken von »Rerum novarum« bis »Centesimus annus«. Vgl. Johannes Paul II., a.a.O., S. 20 und 29.

48 Johannes Paul II., a.a.O., S. 30.

und Sinnverlust«[49] und auf das Bedürfnis »nach Halt, Geborgenheit, [...] oder Tröstung«.[50] Dies gelingt nur dann in zufriedenstellender Weise, wenn Bildungsveranstaltungen nicht an Lebenswelt und Realität vorbeigehen. Gefragt ist also eine *lebensweltorientierte Bildung*. Nur diese kann zu den Religionen aussichtsreich in Konkurrenz treten.

1. Defizite bisheriger Bildungsveranstaltungen

Bildung, insbesondere politische Bildung, so wie sie gegenwärtig in Erscheinung tritt, hat zwei entscheidende Defizite. Zum einen reagiert sie auf politische Ereignisse stets zu spät. Sie muß zu spät reagieren aufgrund der Schwerfälligkeit der Apparate in Erwachsenenbildungsinstitutionen. Nehmen wir das Beispiel des Golfkrieges. Um sich Hintergrundinformationen verschaffen zu können, kaufte man zur Zeit des Golfkrieges Literatur über den Islam. Schon im Mai 1991, also drei Monate nach dem Krieg, wurden aus den aktuellen Publikationen Ladenhüter. Erwachsenenbildungseinrichtungen planten Kurse zu diesem Thema. Dies konnten sie im Januar und Februar 1991 für das folgende Herbstsemester machen. Schon bei Erscheinen der Programme für das Herbstsemester war das Interesse an diesem Thema bereits gering. Die meisten Kurse mit der betreffenden Thematik mußten abgesagt werden. – Kurse, die Hintergrundwissen zu aktuellen Ereignissen vermitteln wollen, kommen notwendigerweise zu spät. Dies ist nicht aus dem Grunde bedauerlich, weil die Kurse nicht stattfinden und so die Einrichtungen ihre Legitimation verlieren, sondern vor allem deshalb, weil die Menschen die Informationen *zur Zeit des stattfindenden Ereignisses* haben wollen, um das Geschehen einschätzen und sich darüber mit anderen austauschen zu können.

Das zweite Defizit sehe ich in folgendem: Die Kolleginnen und Kollegen im Bildungsbereich haben zu einem großen Teil ihre Sozialisation im näheren oder ferneren Umfeld der achtundsech-

49 Holmer Steinfath, *Der Verlust der Identität? Individualisierung und Gemeinschaft* III: *Die Kritik an der Moderne*, in: *Frankfurter Rundschau* vom 17. Dezember 1991, S. 14.

50 Thomas Meyer, *Fundamentalismus. Aufstand gegen die Moderne*, Reinbek bei Hamburg 1989, S. 156.

ziger Studentenbewegung erfahren. Die durch Nähe oder Ferne gegebenen Erfahrungsunterschiede vernachlässige ich hier einmal.[51] Ein weiterer großer Teil ist wiederum von den Gedanken derer, die ihre direkte sekundäre oder tertiäre Sozialisation dort erfahren haben, beeinflußt. Das Bildungskonzept der »Schulung« konnte von diesen – um Horst Sieberts treffende Formulierung polemisch aufzunehmen – Bildnerinnen und Bildnern von Prometheus' Gnaden[52] nie ganz vergessen werden, obwohl viele andere und neue didaktische Mittel in der Folgezeit entwickelt wurden und zur Verfügung standen. Dennoch wird für die Entwicklung eigener Gedanken den Teilnehmerinnen und Teilnehmern in der Regel nicht genügend Raum gelassen.

2. Bedarfsorientierte Bildung

Hier möchte ich mit Vorschlägen für eine lebensweltlich orientierte Bildungskonzeption einsetzen. Das, was die Werte der Aufklärung von allen religiösen Wertvorstellungen unterscheidet, ist, daß sie durch selbständiges Denken zustande kommen. Die Aufklärung kann demjenigen, der nach moralischen Orientierungen sucht, »am Ende nichts anderes bieten als nur die Rückverweisung auf sich selbst«.[53] In der Zeit nach der Aufklärung, in der wir den Glaubensgewißheiten abgeschworen haben, müssen wir unsere Sinnorientierungen in uns selbst finden, aus uns selbst entwickeln. Wir können nur noch unseren »neuen Gott« Vernunft in Anspruch nehmen. Zur Beantwortung von Sinnfragen läßt die Moderne offiziell keinerlei religiöse Stützpfeiler mehr zu. Fragen solcher Art werden – wie Meyer sagt – stets an uns selbst zurückverwiesen. Das Antworten müßten wir aber erst lernen, und wenn wir es gelernt haben, stetig weiterentwickeln. Wir müßten in diesen Entwicklungsprozeß ebensoviel investieren wie in die Entwicklungen auf naturwissenschaftlich-technischem Gebiet.

51 Thomas Ziehe, *Zeitvergleiche. Jugend in kulturellen Modernisierungen*, Weinheim/München 1991, S. 55.

52 Vgl. dazu seinen Beitrag »Von Prometheus zu Sisyphos. Bildungsarbeit in kritischen Zeiten.« Horst Siebert/Detlef Horster, *Prometheus, Sisyphos und neue Werte*, Hannover 1992 (Reihe »VHS – Texte & Beiträge«).

53 Ebd.

a) Beispiel:
»Anleitung zum Philosophieren mit Kindern«

Das hat zur Konsequenz, daß wir in den Kursen der Erwachsenenbildung genügend Raum für die eigene Aktivität der Teilnehmerinnen und Teilnehmer lassen müssen. Ich nenne einen meiner Kurse beispielsweise nicht »Philosophieren mit Kindern«, sondern »Anleitung zum Philosophieren mit Kindern«. Auf dieses Konzept gehe ich im folgenden Kapitel 10 ausführlich ein. In solchen Kursen gebe ich einige Anregungen und lasse dann die Teilnehmerinnen und Teilnehmer selbst Gedanken und Ideen entwickeln. Sie sollen sich austauschen können. Dafür muß genügend Zeit in einem solchen Kurs gelassen werden. Ziel dieses Kurses muß es sein, daß die Teilnehmerinnen und Teilnehmer instand gesetzt werden, in den unterschiedlichsten Lebenssituationen, in denen die Möglichkeiten zum Philosophieren mit Kindern gegeben sind, dies auch zu praktizieren.

b) Beispiel:
»Sokratisches Gespräch«

Fragen nach den richtigen Normen und Werten kann man nicht alleine beantworten. Zur Beantwortung solcher Fragen gehört die Kommunikation. Im Grunde können wir überhaupt nicht alleine denken. Wir formulieren unsere Gedanken immer schon in sprachlich-argumentativer Weise. Wir tun im Denken schon so, als wollten wir uns anderen mitteilen. Die wichtigste Entdeckung, die Wilhelm von Humboldt vor mehr als 200 Jahren in seiner Sprachphilosophie machte, ist die, daß »das Sprechen eine notwendige Bedingung des Denkens« ist.[54]

Es geht bei der sokratisch orientierten Kommunikation aber nicht darum, die eigene Meinung durchzusetzen. Das hat Christiane Schildknecht in Abgrenzung des sokratischen Dialogs vom sophistischen herausgehoben.

Die Ernsthaftigkeit des Sokratischen Dialogs, die in seiner Begründungs- und Verständigungsorientiertheit zum Ausdruck kommt, spiegelt die ihm

54 Wilhelm von Humboldt, *Gesammelte Schriften* in 17 Bänden, Berlin 1903–1936, Band 6, S. 155.

zugrundeliegende ethische Haltung wider und unterscheidet ihn dadurch von der Dialogpraxis der Sophisten. [...] Im Sokratisch-elenktischen Dialog [...] stehen nicht die Meinungen philosophischer Subjekte, sondern diese philosophischen Subjekte selbst auf dem Spiel. Es geht hier gerade nicht um die eigene Meinung, [...] sondern um die Bildung philosophischen Wissens unter einer Vernunftperspektive. Die Bildung dieses Wissens bedeutet gleichzeitig die Bildung des philosophischen Subjekts: Nicht die Durchsetzung von etwas bereits gegenständlich Verfügbarem, sondern die Bildung von etwas Ungegenständlichem (einer philosophischen Orientierung oder Haltung) in Auseinandersetzung mit anderen ist das Ziel der Platonischen Dialoge.[55]

Es kommt Sokrates also auf die Bildung einer *moralischen Haltung im theoretischen Dialog* an. Die Menschen sollen fähig werden, mit anderen zu kommunizieren und ihre eigene Meinung zu korrigieren. Die dazu *notwendige moralische Einstellung* ist die *Anerkennung der Gleichwertigkeit anderer Gesprächspartnerinnen und Gesprächspartner und das Ernstnehmen der anderen Gesprächspartnerinnen und Gesprächspartner.* Diese – oben schon genannten – christlichen Prinzipien sind für den eingangs bereits erwähnten Göttinger Philosophen Leonard Nelson, der 1922 das Sokratische Gespräch in einer für die heutige Zeit modifizierten Form wiederbelebte, und diejenigen, die in der Tradition der Nelsonschen Sokratischen Methode stehen, das Wichtigste an den Platonisch-Sokratischen Dialogen.
Diese Fähigkeit, eine so geartete Kommunikation auch im Alltag zu praktizieren, soll in Erwachsenenbildungsveranstaltungen, in denen das Sokratische Gespräch geführt wird, eingeübt werden.[56] Das Ziel ist also ein sehr pragmatisches: die enge Anbindung der Theorie an die Praxis und umgekehrt. Das Wichtigste, was ich mit der Teilnahme an Sokratischen Gesprächen verbinde, ist die praktische Übung in verbesserter Kommunikation. Daß Menschen aneinander vorbeireden, nicht auf das Gehörte eingehen, ist im Alltag die Regel. Sogar bei einer Podiumsdiskussion, bei der Menschen zusammensaßen, die sich in ihrer Zielbestimmung grundsätzlich einig waren, nämlich Möglichkeiten zu diskutieren, wie Kulturschaffende zur Stabilisierung des Friedens beitragen können, redeten alle aneinander vorbei: Vorschläge

55 Christiane Schildknecht, *Philosophische Masken*, Stuttgart 1990, S. 36f.
56 Vgl. dazu Detlef Horster, *Das Sokratische Gespräch in Theorie und Praxis*, Opladen 1993.

der anderen wurden nicht aufgenommen. Entweder sprach man nur von eigenen Projekten oder man ging auf die Vorrednerin oder den Vorredner ein, indem man sagte, daß man das gut fände, was soeben gesagt wurde, man habe was ganz ähnliches auch gemacht. Und dann sprach man wieder von sich selber. Nicht aber wurde argumentativ auf das Vorherige eingegangen. Will man so wichtige Anliegen aufnehmen wie in der erlebten Diskussion, müssen die Regeln der Gesprächsführung erlernt werden. Dazu ist das Sokratische Gespräch in dieser von Leonard Nelson überlieferten und von mir inzwischen modifizierten Form ein wichtiges Mittel.

Das Sokratische Gespräch ist aber nicht nur eine Methode der Philosophie-Didaktik, sondern auch eine Forschungsmethode. Wenn das so ist, können wir das Sokratische Gespräch noch einmal aus einer anderen Perspektive betrachten: Es ist die community of investigators in Kleinformat. Im Sokratischen Gespräch wird vorhandenes – auch ethisch-moralisches – Wissen auf seine Tragfähigkeit hin geprüft, oder Vorurteile und Glaubenssätze werden überprüft und gegebenenfalls verworfen.[57] Die Aufgabe der Sokratischen Leiterin und des Sokratischen Leiters ist es, Mißtrauen gegenüber fest verwurzelten Vorstellungen, die alle Menschen mit sich tragen, zu erwecken. Das ist die Seite am Sokratischen Gespräch, die von allen, die jemals an ihm teilgenommen haben, geschätzt wird: Daß nämlich Begriffe auf den Prüfstand gebracht wurden, so daß die unhinterfragten Vorstellungen von beispielsweise Gleichheit, Freiheit, Hoffnung, Technik oder Gewalt einem Belastungstest unterzogen wurden, dem sie – so ist meine Erfahrung – meist nicht standhielten. Sie wurden – um eine Wendung Hegels aufzugreifen – oft von einer armen, inhaltsleeren in eine reiche, mannigfaltige Bestimmung überführt. Die Wert- und Moralvorstellungen, die jeder Mensch – vermittelt über den eigenen Sozialisationsprozeß – hat, ohne sich darüber Rechenschaft abzulegen, werden im Sokratischen Gespräch einer kritischen Reflexion unterzogen. Sie werden dann allerdings in den praktischen Erfahrungen, also im Alltag wieder neuen Belastungstests ausgesetzt. Es kann sein, daß die eben neu gefundenen Wertvorstellungen wieder nicht standhalten. Dann müssen sie,

57 Vgl. Daniel Bell, *Die nachindustrielle Gesellschaft*, 2. Aufl., Frankfurt/New York 1976, S. 278.

konfrontiert mit den neuen Erfahrungen, erneut im Dialog geprüft werden.
Die Fähigkeit zur Kommunikation ist in der heutigen Zeit praxisrelevant. Nur in der Kommunikationsgemeinschaft kann der einzelne Verantwortung übernehmen. Und dennoch – oder gerade deshalb – lastet auf jedem einzelnen von uns ein solcher *Verantwortungsdruck*, wie es ihn in der Geschichte nie vorher gegeben hat. Wie diese Verantwortung übernommen werden kann, dazu habe ich bereits im zweiten Kapitel folgende Vorschläge gemacht, die ich hier in Erinnerung rufe: Sie kann von einzelnen beispielsweise dadurch übernommen werden, daß sie andere als Ökologiesünder kritisieren, indem man fragt, ob man denn nicht wisse, welche Folgen das Treibgas in der eben benutzten Sprühdose habe, oder ob es denn sein müsse, daß er für diese kurze Strecke sein Auto in Gang setze, oder indem er einen Leserbrief schreibt, mit dem er sich gegen den weiteren Ausbau der Autobahn oder des Flughafens ausspricht. Oder – um den dritten eingangs erwähnten Problembereich zu nennen – wenn man mit anderen zusammen eine Initiative gründet, um Stellen für Langzeitarbeitslose zu schaffen. Alles das ist oder bedarf der Kommunikation, und sie kann nur sinnvoll sein, wenn sie nach den genannten Regeln verläuft. In den Regeln eines sokratischen Dialogs ist auch die Aufforderung zur Bereitschaft enthalten, zuzuhören und sich von anderen korrigieren zu lassen. So erhält und korrigiert man sein Wissen im Alltag im Gespräch mit anderen. »Bildung ›ereignet‹ sich im Gespräch mit anderen, im interessierten, emphatischen Zuhören, im Nachfragen und Nachdenken, in der Überprüfung und Revision der eigenen Position und Deutungsmuster«, sagt Horst Siebert.[58] Dazu muß man allerdings bereit und in der Lage sein. Die formalen Voraussetzungen können und sollten in einem Volkshochschul-Kurs vermittelt werden. Das Sachwissen, das sich im lebensweltlichen Prozeß ständig verändert, sollte sekundär werden. Für dieses sich stetig verändernde Sachwissen vermittelt das Sokratische Gespräch kritische Aufnahmebereitschaft.
Kurse und Seminare in der Erwachsenenbildung können auch ein Experimentierfeld sein. Hier kann Argumentation eingeübt werden. Hier soll man seine Meinung sagen können. Hier kann man sein Wissen einbringen. Hier kann man seine Meinung korrigie-

58 Vgl. Horst Siebert, a.a.O., S. 34.

ren lassen. Volkshochschul-Kurse könnten Foren für Meinungsbildung sein.

3. Bedürfnisorientierte Bildung

Das ist die eine Seite, die Seite des Bedarfs. Kann der Volkshochschul-Kurs auch das Bedürfnis nach Halt und Geborgenheit befriedigen? In eingeschränktem Maße schon. Für die meisten Teilnehmerinnen und Teilnehmer solcher Kurse ist der soziale Kontakt ebenso wichtig wie das in den Kursen sachlich Vermittelte. Meist knüpfen sich hier Freundschaften und private Kontakte, die über die Treffen anläßlich der Kurse hinausgehen. Ein Kursleiter berichtete, daß er auf Nachfrage, warum die einzelnen Teilnehmerinnen und Teilnehmer in dem Englisch-Kurs seien, die Antwort erhielt: »Mein Mann ist vor kurzem gestorben. Ich mußte zu Hause raus, um Kontakte mit anderen Menschen zu knüpfen.« Also auch diese Funktion kann der Volkshochschul-Kurs übernehmen, vermehrt übernehmen.

10. Philosophieren mit Kindern als pädagogische Pflicht

Bevor ich zur Praxis des Philosophierens mit Kindern (5.) komme, will ich einige moralische Probleme ansprechen, die die Ziele (1.) dieser Art des Philosophierens beleuchten. Danach stelle ich die philosophischen Grundlagen dieses Unternehmens – das dialogische und pragmatische Philosophieren – (2.) und seine amerikanischen Begründer – Lipman und Matthews – (3.) vor. Die Darstellung meiner eigenen Anstöße zum Philosophieren mit Kindern (4.) werden schon einen ersten Einblick in die Praxis geben.

1. Ziele des Philosophierens mit Kindern

Carl Friedrich von Weizsäcker sagte in einem Fernseh-Interview zu seinem 75. Geburtstag rückblickend: »Eines Tages rief mich Otto Hahn an und fragte, was ich von folgender Sache hielte. Er habe Experimente mit Radium gemacht und bei chemischer Analyse der Experimentier-Substanzen könne er stets Barium nachweisen, das er aber gar nicht verwendet habe. Wenn ich mir kein Radium-Isotop vorstellen könne, das chemisch wie Barium reagiere, dann müsse der Radium-Kern zerplatzt sein. Es dauerte aber noch zwei Monate, bis Frederic Joliot in Paris gefunden hatte, daß bei dem Prozeß, der durch Neutronen ausgelöst wird, auch wieder Neutronen aus dem Kern herauskommen, die weitere Reaktionen derselben Art in Gang setzten. Und als das bekannt war, konnte sich jeder Kernphysiker innerhalb von zehn Minuten überlegen, daß eine Kettenreaktion möglich sein würde. Im Februar 1939 haben 200 Leute auf der Welt das gewußt.«
Ich gebe diese Stelle aus dem Interview wieder, weil inzwischen allgemein bekannt ist, daß, ausgelöst durch solche zunächst harmlosen Experimente von einigen Wissenschaftlern, die Menschheit außerordentlichen Risiken ausgesetzt ist. Und das Beispiel kann zweierlei sagen. Zum einen kann jeder Wissenschaftler und jede Wissenschaftlerin unvorhergesehen vor dem folgenschweren Er-

gebnis eines Experimentes stehen. Zum anderen hätten diese Risiken nicht dadurch vermieden werden können, daß die wenigen Wissenschaftler, die diese Entdeckungen gemacht haben, verantwortungsvoller mit ihnen umgegangen wären. Denn interessant an Weizsäckers Ausführungen ist ja eben, daß eine Vielzahl von Wissenschaftlern zu gleicher Zeit über dieses neue Wissen verfügen konnten. Man hätte sie nicht alle einer Moralkontrolle unterwerfen können, um den Bau einer Atombombe zu verhindern. Viele hätten sich selbst durch moralische Überzeugungsarbeit nicht beeindrucken lassen. »Man denke an Wissenschaftler wie Oppenheimer, der die Entwicklung der Bombe als technisch ›so süß‹ bezeichnete, daß er sich der Mitarbeit nicht habe entziehen können, oder an Fermis Ausspruch: ›Geht mir weg mit euren Skrupeln, es ist so schöne Physik!‹«[1]

Dann noch ein weiteres Wort zur Moralkontrolle. Wie unwirksam Moralkodizes, die in Ethikkommissionen entworfen werden, überhaupt sind, darauf hat der Karlsruher Wissenschaftstheoretiker Hans Lenk hingewiesen: »Ethische Appelle allein – ohne Stützung durch institutionelle Maßnahmen oder wenigstens ideelle Sanktionen – bleiben [...] ziemlich unwirksam.«[2] Lenk spricht damit den Hippokratischen Eid für Wissenschaftler an, der unter dem Eindruck der auf die Hahnschen Experimente folgenden Atombombenabwürfe gefordert wurde. Viele der Eidesformeln, die im Laufe der folgenden Jahre vorgeschlagen wurden, klingen – wie Lenk meint – »ein wenig idyllisch-betulich, ohnmächtig mahnend, beschränken sich auf schöne Appelle«.[3] Selbst wenn es institutionelle Aufsichtsinstanzen gäbe, könnten Rechtsvorschriften für ein moralisch verantwortungsvolles Forschen unterlaufen werden. Sie würden aus Forschertrieb oder wegen des Konkurrenzdrucks unterlaufen. Dies scheint also nicht der Weg zu sein, der Menschheits-Risiken Herr zu werden.

Ursprung vieler dieser Probleme, aus denen die Risiken erwachsen, ist die gegenwärtig rasante Entwicklung der Natur- und Technikwissenschaften.

Die durch die schnelle Entwicklung des technisch-naturwissenschaftlichen Wissens auftretenden neuen Situationen bedürfen

1 Hans Lenk (Hg.), *Wissenschaft und Ethik*, Stuttgart 1991, S. 13.
2 Ebd., S. 60f.
3 Ebd., S. 59.

einer Verständigung über Verantwortung und Sittlichkeit. Bei der Bewertung dieser neu auftretenden Situationen versagen unsere herkömmlichen ethisch-moralischen Deutungsschemata, wie ich bereits im vorhergehenden Kapitel ausführte. Im Zeitalter der Aufklärung müßten wir allerdings den sich ständig verändernden Situationen entsprechende neue Deutungsmuster *selbständig* entwickeln. Das aber haben wir nie gelernt, denn wir alle – auch jede Wissenschaftlerin und jeder Wissenschaftler – »lernen« Moral eher unmerklich-unbewußt. Berger und Luckmann haben das in anschaulichen Beispielen in ihren Untersuchungen, deren Ergebnisse ich im ersten Kapitel darstellte, erhellen können.

Neue verbindliche Werte und Normen sollten im Zeitalter der Aufklärung im Gegensatz zu diesem unbewußten Lernen durch gemeinsames Bedenken und kommunikativen Austausch gefunden werden. Auf die Möglichkeiten eines solchen Austauschs bin ich bereits im vorhergehenden Kapitel eingegangen. Der kommunikative Austausch und das damit verbundene Suchen nach situationsadäquaten Werten und Normen wird heute zur gesellschaftlich wichtigsten Aufgabe und zur pädagogischen Pflicht, wie der Pädagoge Wolfgang Fischer meint: »Der Schüler ist nicht als Speicher oder Anwender mehr oder weniger schwieriger, bestandhafter Lernstoffe zu nehmen, sondern als ein in seiner ›Jugend‹ in eine disziplinierte gedankliche Selbständigkeit Umzuwendender, den kein wissenschaftlicher Satz, keine lebensweltliche Regelung, kein moralisches oder ästhetisches Urteil als selbstverständlich wahr, als unbedingt gewiß beeindrucken und in Beschlag nehmen wird. Ihm ist philosophisch etwas zu denken aufzugeben, nicht bloß etwas zu lernen und zu leisten.«[4] Auch ich halte daran fest, daß Kinder möglichst frühzeitig das Vertrauen in sich selbst gewinnen sollten und so befähigt werden, Normen und Gewißheiten aus der eigenen Verstandeskraft schöpfen zu können. Wir ermutigen damit die jungen Menschen, sich ihres eigenen Verstandes zu bedienen. Damit haben sie die Voraussetzungen, sich als autonomes und zugleich sozialisiertes Individuum mit den eigenen Überzeugungen, Bedürfnissen und Neigungen in Norm- und Erkenntnisdiskurse einzubringen, zu argumentieren und Gehör

4 Wolfgang Fischer, *Jugend als pädagogische Kategorie*, in: *Enzyklopädie Erziehungswissenschaft*, Bd. 9.1, hg. von Herwig Blankertz u. a., Stuttgart 1982, S. 40.

zu verschaffen. Solche Diskurse selbstbewußter Individuen sind auch – wie Thomas Meyer es richtig kennzeichnet – die einzige Quelle verläßlicher Erkenntnisse, »seien sie nun auf die Natur, die Gesellschaft oder das praktische Handeln gerichtet«.[5] So auch Hartmut von Hentig, der sagt, daß die Wahrheit sich nur entweder der Autorität einer übermenschlichen Macht verdanke oder der menschlichen Zustimmung.[6] Aber nur wenn die Fähigkeit zu argumentativem Austausch im Elternhaus und in der schulischen Ausbildung gelernt wird, kann sie zur lebenslangen Selbstverständlichkeit werden und vor Bevormundung aller Art bewahren. Diese Fähigkeit zur selbständigen Norm- und Sinnreflexion kann mit dem, was ich hier vorstelle, dem »Philosophieren mit Kindern«, erworben werden.

Um nun gleich dem möglichen Vorwurf zu entgehen, Kinder seien damit überfordert: Eine auf diese Ziele gerichtete Pädagogik ist nichts Aufgesetztes in dem Sinne, daß damit etwas den Kindern Fremdes veranstaltet wird. Ich meine, daß die »Verwissenschaftlichung« der Lebenswelt – und damit meine ich eine eigentümlich widersprüchliche Tendenz zu dem, was ich im 1. Kapitel zum Sozialisationslernen gesagt habe – dazu geführt hat, daß die Kinder heute unvergleichlich viel mehr als wir in unserer Kindheit gleichzeitig sowohl auf der Handlungsebene wie auf der Metaebene präsent sind. Dies gilt z. B. für die Selbstreflexion: Mein Sohn kam im Alter von 13 Jahren mit einem ganzen Arm voll Computerspielen nach Hause. Auf die hilflosen oder erstarrt-skeptischen Blicke seiner Eltern reagierte er mit der folgenden selbstreflexiven Betrachtung: »Ihr braucht Euch keine Sorgen zu machen. Das ist nur eine Phase bei mir, die vorübergeht.« Oder nach einem Konflikt mit mir sagte er zu seiner Mutter: »Wenn ich jetzt nicht bei Dir sitzen geblieben wäre und mit Dir gesprochen hätte, hätte ich mich den ganzen Tag allein in meinem Zimmer aufgehalten und wäre unendlich traurig gewesen.« Oder eine Szene aus der Schule, die man so oder ähnlich heute täglich erleben kann: Vierzehnjährige Schüler wurden von ihrem Lehrer ermahnt, sie seien zu laut. Ein Schüler antwortete: »Aber Sie wissen doch, wir sind in der

5 Thomas Meyer, *Fundamentalismus. Aufstand gegen die Moderne*, Reinbek 1989, S. 31.

6 Vgl. Hartmut von Hentig, *Die Menschen stärken, die Sachen klären*, Stuttgart 1985, S. 88.

Pubertät, und das ist eine schwierige Phase.«[7] – Diesen Trend zur verstärkten Reflexion und Selbstreflexion zu *unterstützen* und zu *entwickeln*, darauf ist das Projekt »Philosophieren mit Kindern« ausgerichtet.

Über diesen genannten Trend hinaus treten Fragen folgender Art alltäglich, überraschend und immer häufiger auf: Als im Biologieunterricht beispielsweise die Funktionsweisen von Nerven, Muskeln, Verdauungssystem und Blutkreislauf behandelt wurden, fragte ein interessiertes Kind: »Und wo sitzt die Seele?« Hinter dieser Frage verbirgt sich unendlich viel, ja sie zielt letztlich auf die Frage der Sinngebung ab. Dies muß von Lehrerinnen, Lehrern und Eltern in der aktuellen Situation gesehen und aufgegriffen werden können. Oder: Ein Lehrer stellt die Schülerinnen und Schüler vor die Frage, wie denn der Rauminhalt eines unregelmäßigen Körpers berechnet werden könne, nachdem sie in den vorhergehenden Wochen gelernt hatten, den Rauminhalt von regelmäßigen Körpern zu berechnen. Die Schülerinnen und Schüler knobeln eine Stunde lang, haben viele Ideen, die sie aber nach kurzer Diskussion miteinander allesamt verwerfen. Der Lehrer erklärt den ratlosen Schülerinnen und Schülern das Archimedische Prinzip. Eine Schülerin ist beeindruckt und überwältigt von dieser so einfachen Idee des Archimedes. Sie sagt: »So einfach ist das! Wie kann ein Mensch nur auf eine solche Idee kommen? Wie kommen Menschen überhaupt dazu, so zu forschen? Macht es sie glücklich? Was ist überhaupt Glück?«

Hier wäre im Physikunterricht der Ansatzpunkt gewesen, die ethische Frage nach dem Glück zu erörtern, denn das sind die Fragen, die diese erstaunte Schülerin – wahrscheinlich auch die anderen in der Klasse –, in diesem Augenblick wirklich beschäftigen. Der Lehrplan aber, der die systematische Wissensvermittlung vorschreibt, steht einer Erörterung von ethischen Fragen im Mathematik- oder Physikunterricht entgegen. Das ist der eigentümliche Widerspruch der Bildung in der Moderne,

> daß dieselben Eltern, die ihren Kindern gegenüber die größten Aufstiegserwartungen hegen, am entschiedensten eine Organisation von schulischen Lernprozessen vertreten, die in ihren Folgen allenfalls eine Qualifi-

7 Dieses Beispiel führt Thomas Ziehe an. Vgl. seinen Aufsatz »Die Tyrannei der Selbstsuche. Überlegungen zu Richard Sennetts Zeitdiagnose«, in: Michael Buchholz (Hg.), *Intimität*, Weinheim/Basel 1989, S. 136f.

zierung für abhängige Lohnarbeit sein kann. Von allen extrafunktionalen Fähigkeiten, die im allgemeinen positiv bewertet werden, wie Flexibilität, Kritikfähigkeit, Initiative, soziales Verhalten, Disziplin, bleibt am Ende jedoch nur die Disziplin übrig, wenn Lernen ausschließlich im Sinne meßbarer Leistung verstanden wird.[8]

Aber gerade diese Fähigkeiten sind angesichts der eingangs genannten Risiken heute gefordert.
Fragen nach den richtigen Normen und Werten kann man allerdings nicht alleine beantworten. Zur Beantwortung solcher Fragen gehört die Kommunikation. Denn auch der naturwissenschaftliche Forschungsprozeß vollzieht sich heute in Großforschungseinrichtungen oder Big-science-Projekten, »in denen heute Hunderte, manchmal Tausende von Wissenschaftlern als angestellte Spezialisten« arbeiten.[9] Die Zeiten der einsamen Entscheidungen großer Naturwissenschaftler sind vorbei.
Zusammenfassend kann ich drei Ziele für das Philosophieren mit Kindern nennen: Eine vertiefte Reflexion über das Alltäglich-Selbstverständliche, also das Führen eines explikativen Disputs, worauf ich im nächsten Abschnitt, der die Grundlagen des Philosophierens mit Kindern benennt, noch zurückkommen werde. Ein weiteres Ziel ist die Anleitung zur gezielten Gesprächsführung. Und drittens kann man – wie ausführlich erörtert – die Normreflexion als Ziel des Philosophierens mit Kindern nennen. Sie geht über das alltägliche Besprechen von Interaktionsproblemen in Schule, Elternhaus oder Kindergarten hinaus. Dort geht es um Konfliktregulierung im Rahmen der vorgegebenen Normen. Die Philosophie stellt die weitergehende Frage, ob die vorgegebenen Normen überhaupt sinnvoll sind und was Normen sind. In dieser Hinsicht grenzt sich ein philosophisches Gespräch auch von einem psychotherapeutischen ab. Die Psychotherapie fragt: Wie kann ich in dem vorgegebenen Normengefüge (besser) zurechtkommen? Der Philosoph stellt die weitergehende Frage: Sind diese Normen in unserer Gesellschaft sinnvolle Regelungen?

8 Oskar Negt, *Keine Demokratie ohne Sozialismus. Über den Zusammenhang von Politik, Geschichte und Moral*, Frankfurt/M. 1976, S. 397 f.
9 Hans Lenk, a.a.O., S. 17.

Entscheidungen treffen und Reflexionen in Kommunikation mit anderen anstellen zu können, darauf zielt das »Philosophieren mit Kindern«. Darum hat es die Idee des dialogischen Philosophierens zur Grundlage. Seit Sokrates und Platon ist diálogos die Entwicklung einer Meinung zur Wahrheit. Bei diesen Begründern der Dialogphilosophie geschieht das nach folgender zugrundeliegenden Zielbestimmung: Was in der Realität vorgefunden wurde, eröffnete sich allererst dem einzelnen Betrachter. Er konnte allerdings nie sicher sein, ob seine auf das Wahrgenommene bezogene Äußerung lediglich eine bloße Meinung oder eine wahre Aussage war. Die Überprüfung hatte daher im Dialog zu geschehen. Der Proponent machte eine Aussage. Der Opponent konnte diese Aussage anzweifeln, indem er Einwände formulierte. Dieser argumentative Prozeß mußte so lange weitergeführt werden, bis keine Einwände mehr vorgebracht wurden. Niemals allerdings konnte man sicher sein, ob nicht später jemand weitere Einwände formulieren würde.

Neben der sachlich-explikativen Klärung eines Begriffs hatte der sokratisch-platonische Dialog ein weiteres Ziel. Während die Sophisten ihre eigene Meinung durchzusetzen strebten, indem sie geschickt redeten, kam es Sokrates auf die Bildung einer moralischen Haltung im theoretischen Dialog an, worauf ich im vorhergehenden Kapitel 9b schon hinwies. Die Menschen sollten fähig werden, mit anderen zu kommunizieren und ihre eigene Meinung zu korrigieren. Dialogprinzip ist also die Anerkennung der Gleichwertigkeit und das Ernstnehmen aller Gesprächspartner. – Platon bemängelt an der Schriftform vor allem das darin fehlende Zusammenfallen von praktischem und theoretischem Wissen, das die Teilnahme am Dialog herbeiführen könne. Die Erfindung der Schriftform »wird bei den Seelen der Lernenden [...] Vergessenheit einflößen aus Vernachlässigung der Erinnerung, weil sie im Vertrauen auf die Schrift sich nur von außen vermittels fremder Zeichen, nicht aber innerlich sich selbst und unmittelbar erinnern werden«. (»Phaidon« 274a) Eine weitere Schwäche sei die Inflexibilität der Schriftform gegenüber einer anderen Stärke der dialogischen Wahrheitssuche. Denn zur Wahrheitssuche gehöre das »Durchgehen nach allen Richtungen und ohne dieses Hin und Her [ist es] unmöglich [...], auf das Wahre zu kommen und Einsicht zu erwerben«. (»Parmenides« 136e) Dieses Durchgehen sei ein »verweilendes Durchgehen« (»Der siebte Brief« 343e), das der Gelassenheit und Muße und der immer wieder neu ansetzenden Überlegungen bedürfe. Dies könne nicht mit schriftlich festgelegten Formulierungen erzielt werden. Bei der Schriftform fehle auch die Möglichkeit der »wohlmeinenden Widerlegungsversuche [...] im Fragen und Antworten« (»Der siebte Brief« 344b) einer Meinung oder eines gemeinsam gefundenen Ergebnisses. Aus den genannten Kritikpunkten folgert Platon, daß die Schriftform die unangemessene Form sei, wenn es um »ernstzunehmende Dinge« gehe. (»Der siebte Brief« 344c)

Allerdings unterscheidet sich das dialogische Philosophieren heute von dem der Antike nach den Paradigmenwechseln in der Philosophie vom antiken metaphysisch-ontologischen über das neuzeitlich mentalistische zum heutigen linguistischen Paradigma: »Im metaphysischen Diskurs wird die Sicherung der Intersubjektivität im Gegenstandsbezug gesucht, während der kritische Diskurs den Gegenstandsbezug durch Thematisierung der Intersubjektivität zu garantieren versucht; für den Metaphysiker gründet der diskursive Konsens in der Objektivität, für den kritischen Philosophen gründet die Objektivität im Konsens.«[10]

Neben dem dialogischen Philosophieren hat das »Philosophieren mit Kindern« das pragmatische Philosophieren zur Grundlage. Pragmatisches Philosophieren bedeutet, daß Philosophieren aus Problemen der Praxis erwächst. Wenn sie im Dialog modo philosophico behandelt werden, haben sie wiederum einen Bezug zur Praxis. Dieses Wechselverhältnis kann auch so beschrieben werden: Im Pragmatismus werden »Begriffe und begriffliche Zusammenhänge im Hinblick auf ihre Reichweite und Leistungsfähigkeit erprobt [...] und wenn sie alle verfügbaren Belastungsproben überstanden haben, können wir sie mit Recht zur Grundlage unseres weiteren philosophischen und nicht philosophischen Denkens machen«.[11]

10 Herbert Schnädelbach, *Zum Verhältnis von Diskurswandel und Paradigmenwechsel in der Geschichte der Philosophie*, in: Dieter Krohn/Detlef Horster/Jürgen Heinen-Tenrich (Hg.), *Das Sokratische Gespräch – Ein Symposion*, Hamburg 1989, S. 21-31 [hier: S. 25].

11 Herbert Schnädelbach, *Philosophische Argumentation*, in: Ekkehard Martens/Herbert Schnädelbach (Hg.), *Philosophie – Ein Grundkurs*, Reinbek 1985, S. 502.

William James faßt den Sachverhalt eines solchen Wechselverhältnisses noch differenzierter in folgende Worte: Das Abstrakt-Allgemeine ist für die Menschen etwas, »wonach sie ihr Leben ändern, und wenn sie ihr Leben ändern, so rufen sie damit in den Teilen der Außenwelt, die von ihnen abhängen, Veränderungen hervor«.[12] James verbindet seine Auffassung mit der Kritik am transzendentalen, europäischen Rationalismus: »Der große Fehler des Rationalismus besteht darin, daß er abstrakte Prinzipien als ein Letztes ansieht, in dessen bewundernder Betrachtung unser Intellekt rührend verweilen mag.«[13] Und John Dewey fügt hinzu, daß allgemeine Begriffe, wenn sie in vertiefter Reflexion bestimmt worden sind, von höchster Wertigkeit sind, weil sie sich auf die praktische Tätigkeit eines einzelnen Menschen auswirken und ihn befähigen, »die Bedeutung dessen zu verstehen, was er sieht«.[14]
Charles Sanders Peirce hält die Allgemeinheit für »einen unerläßlichen Bestandteil der Realität«.[15] Um diese Aussage zu belegen, erzählt er ein eindrucksvolles Beispiel: Sein kleiner Bruder habe in einer Gefahrensituation in einer für alle Beteiligten überraschend schnellen Weise richtig gehandelt. Der kleine Bruder – so stellte sich auf Nachfragen heraus – hatte sich am Tag zuvor ganz allgemein überlegt, wie es in einer solchen Situation richtig wäre zu handeln. Und er habe dann in der konkreten Situation auch richtig gehandelt.[16] Im Physikunterricht hatte er erfahren, daß eine Flamme nur brennt, wenn ihr Sauerstoff zugeführt wird. Er kam darauf, daß man ein Feuer auch löschen könne, wenn man ihm den Sauerstoff entziehe. Am nächsten Tag goß die Mutter sich brennenden Spiritus auf den Rock, der Feuer fing. Peirce' Bruder Herbert warf den Teppich über die Mutter, so daß die Flammen erstickten.

Alle klassischen Pragmatisten stimmen darin überein, daß das Philosophieren kein Selbstzweck, sondern eng mit dem Leben und den praktischen Problemen verbunden sei. Denken ist Problemlösen: Jeder Forschungsprozeß ergibt sich nach Auffassung der amerikanischen Pragmatisten aus der problematisch geworde-

12 William James, *Der Pragmatismus*, Hamburg 1977, S. 170.
13 Ebd., S. 58.
14 John Dewey, *Die Erneuerung der Philosophie*, Hamburg 1989, S. 212.
15 Charles Sanders Peirce, *Schriften zum Pragmatismus und Pragmatizismus*, hg. von Karl-Otto Apel, Frankfurt/M. 1976, S. 448.
16 Vgl. ebd., S. 320f.

nen Alltäglichkeit. Nehmen wir zur Erhellung ein einfaches Beispiel: Gehen wir täglich ohne Probleme durch eine Tür, sind wir nicht veranlaßt, uns die Tür genauer anzusehen. Erst wenn wir die Klinke betätigten und die Tür öffnete sich nicht, wären wir veranlaßt, näher hinzusehen. Bei unseren »Forschungen« könnten wir die Gründe dafür feststellen: das Holz hat sich verzogen, oder die Angel war nicht geölt, die Tür ist abgeschlossen. Haben wir die Ursachen erforscht, können wir von da aus zu praktischen Problemlösungen übergehen: Hobeln, Ölen oder den Hausmeister bitten, die Tür aufzuschließen. Innovative Konsequenzen hätte unsere Forschung, wenn wir feststellten, daß eine Tür nicht der optimale Durchgang zwischen zwei Räumen ist. William James meint, daß man erstaunt wäre, wie viele philosophische Kontroversen zur Bedeutungslosigkeit herabsinken würden, sobald man nach ihren konkreten Konsequenzen fragte.[17]

In Brechts Geschichten von Herrn Keuner findet sich ein ähnliches Beispiel: »Einer fragte Herrn K., ob es einen Gott gäbe. Herr K. sagte: ›Ich rate dir, nachzudenken, ob dein Verhalten, je nach der Antwort auf diese Frage sich ändern würde. Würde es sich nicht ändern, dann können wir die Frage fallenlassen.«[18]

Nicht immer bestand die Ferne der Philosophie zum Leben, die die amerikanischen Pragmatisten verkürzen wollen. Erst im Mittelalter verschwand die Philosophie hinter Klostermauern, von dort in der Neuzeit in die elfenbeinerne Universität, wo sie dann sehr schnell von den erfolgreichen Wissenschaften an den Rand der Bedeutungslosigkeit gedrängt wurde. Vor dieser Episode, die mit dem Klosterleben der Philosophie begann, philosophierte Heraklit mit den Menschen im angenehm warmen Backhaus; Sokrates öffentlich auf dem Marktplatz; Erasmus von Rotterdam rühmte sich, die Philosophie auf die Kinder-Spielplätze gebracht zu haben, und der vielgelesene Umberto Eco fordert heute wieder, daß man die Philosophie in alle Lebensbereiche hineintragen solle.

Zusammenfassend kann man als die beiden Grundlagen für das Philosophieren mit Kindern das dialogische und das pragmatische Philosophieren nennen: Mit anderen zusammen werden im Alltag auftretende Fragen und Probleme philosophisch reflektiert.

17 Vgl. William James, a.a.O., S. 29ff.

18 Bertold Brecht, *Gesammelte Werke* in 20 Bänden, Band 12, Frankfurt/M. 1967, S. 380.

Die dialogischen und pragmatischen Traditionen der Philosophie sind amerikanischen Philosophen schon seit langem nicht fremd. Auf der anderen Seite des Atlantiks hat sich der linguistic- and pragmatic-turn in der Philosophie schon vor längerer Zeit vollzogen als bei uns Mitteleuropäern.

3. Die modernen Begründer eines Konzepts, mit Kindern zu philosophieren

Der amerikanische Philosoph Matthew Lipman hat – in dieser pragmatisch-linguistischen Tradition stehend[19] – 1974 in New Jersey das »Institute for Advancement of Philosophy for Children« gegründet und seither auf dem Gebiet der Kinderphilosophie Pionierarbeit geleistet. Wir verdanken ihm die ersten Anregungen und Texte für das Philosophieren mit Kindern. Lipman hatte während der Studentenunruhen 1968 den Gedanken, daß wir die Kinder lesen, schreiben, rechnen lehren, aber nicht das selbständige Denken. Dies fiel ihm in den oft zermürbenden Diskussionen mit den Studenten auf. Auf Argumentationsfehler aufmerksam gemacht, stellten sie diese keineswegs ab, sondern wiederholten sie ständig. Lipman ist der Auffassung, daß darum das selbständige Denken und das Argumentieren frühzeitig gelernt werden müssen. Die voruniversitäre Erziehung müsse geändert werden. Zu dieser Zeit schrieb er sein erstes Buch, das Anregungen geben sollte, über das Denken nachzudenken.
Aber auch andere Philosophen haben schon das Philosophieren mit Kindern nahegelegt. Adorno beispielsweise sagt: »Sich ernsthaft mit Philosophie abzugeben, ist so etwas wie ein Versuch zur Wiederherstellung der eigenen Kindheit.«[20] Oder Bloch: »Die philosophische Grundfrage hat ihren Ursprung in dem kindlichen Staunen.«[21] Bloch erzählte mir einmal die Geschichte, daß er in seiner amerikanischen Emigration tagsüber mit seinem kleinen Sohn alleine war. Der kleine, damals fünfjährige, Jan Robert

19 Vgl. dazu Ekkehard Martens, *Sich im Denken orientieren. Philosophische Anfangsschritte mit Kindern*, Hannover 1990, S. 35-39.

20 Theodor W. Adorno, *Vorlesungen zur Einleitung in die Erkenntnistheorie*, Frankfurt/M. o. J., S. 142.

21 Arno Münster (Hg.), *Tagträume vom aufrechten Gang*, Frankfurt/M. 1977, S. 129.

fragte seinen Vater: »Spielst du mit mir?« Der Vater antwortete: »Ich habe keine Zeit!« Bloch mußte immerhin seine Gesamtausgabe schreiben! Der Kleine ließ aber nicht locker: »Papa, was ist eigentlich Zeit?« Der Vater antwortete: »Ich weiß es nicht, frag doch deine Mutter.« Doch die Mutter wußte nach ihrer Heimkehr auch keine Antwort. Der Fünfjährige gab sich die Antwort selbst: »Die Zeit ist eine Uhr ohne Zeiger.« Diese Begebenheit hatte den erwachsenen Philosophen so beeindruckt, daß er sie noch nach fast dreißig Jahren aufschrieb.[22] – Tatsächlich ist das Bestreben, mit Kindern zu philosophieren im Abendland recht alt. Schon Epikur forderte im vierten vorchristlichen Jahrhundert die Philosophen auf, nicht zu zögern, mit jungen Menschen zu philosophieren. Seither gibt es für die Aufforderung, mit »den Kleinen« zu philosophieren, manch beredtes Zeugnis von den großen Philosophen.[23]

Aber das Verdienst, die Kinderphilosophie neuerdings bekannt gemacht zu haben, gebührt Lipman. Angefangen hatte das neuerliche Philosophieren mit Kindern auch bei uns in Deutschland mit den Materialien von Matthew Lipman. »Der Text ›Harry Stottlemeiers Entdeckung‹ von Matthew Lipman steht für einen internationalen Impuls, der damals die Philosophielehrer erreichte.«[24] Heute sind diese Texte immer noch unübertroffenes Gebrauchsmaterial für diejenigen, die mit Kindern philosophieren wollen, ob nun als Eltern oder als LehrerInnen. Mit den Texten von Lipman arbeite ich sowohl in Schulklassen wie auch bei anderen Gelegenheiten außerhalb der Schule mit Kindern und auch in Universitätsseminaren, in denen zukünftige LehrerInnen diese Texte kennenlernen und mit ihnen experimentieren wollen. Auch in Kursen der Erwachsenenbildung, in denen sich ErzieherInnen, LehrerInnen, Eltern und Großeltern treffen, um Anregungen für das Philosophieren mit Kindern zu bekommen, sind die Texte von Lipman, besonders »Pixie« die Favoriten.

Die Lese-Bücher von Lipman, »Harry Stottlemeiers Entdeckung«

22 Vgl. Ernst Bloch, *Gesamtausgabe*, Band 13, S. 17.

23 Vgl. Martin Glatzel/Ekkehard Martens, *Philosophieren im Unterricht 5-10*, München u. a. 1982, S. 24-32 und Hans-Ludwig Freese, *Kinder sind Philosophen*, Berlin 1989, S. 35-45.

24 Eike Gellinek, *Sieben Jahre danach – Überlegungen zu Harry Stottlemeier*, in: Daniela G. Camhy (Hg.), *Wenn Kinder philosophieren*, Graz 1990, S. 137.

und »Pixie«, sind Erzählungen und handeln von Schulklassen oder einzelnen Kindern, die dassselbe Alter haben wie die Zielgruppe. Es wird erzählt vom Verhalten der Kinder zu Hause und in der Schule, von Erkundungen, von Zoobesuchen und von Selbstreflexionen. Es werden also alle drei Erkenntnisbereiche angesprochen, der objektive, der soziale und der psychische. Die Kinder werden angeregt, Fragen aufzunehmen und Antworten zu entwickeln. Solche kleinen anregenden Geschichten stellt auch der zweite amerikanische Philosoph, der das neuerliche Philosophieren mit Kindern bekannt gemacht hat, Gareth B. Matthews, in seinen Büchern »Philosophische Gespräche mit Kindern« und »Denkproben« vor. In diesen Büchern berichtet er darüber hinaus über den Fortgang der Diskussion, nachdem er den Kindern eine seiner kleinen phantasievollen Geschichten vorgelesen hat. Eine Geschichte, in der es um das menschliche Glücklichsein geht, heißt z. B. »Tante Gertis Blumen sind wieder glücklich«. Die anschließende Diskussion, die Matthews auf Tonband protokollierte und die ich anhören konnte, wird *anscheinend* sehr frei geführt. Matthews *lenkt* dennoch zu Einsichten hin. Von den Blumen bringt er das Gespräch auf Tiere und Roboter, kommt so durch Abgrenzung zur Bestimmung dessen, was menschliches Glück ist. Dies weiter zu bestimmen, gelingt ihm dadurch, daß er weiter nach den eigenen Erfahrungen der Kinder fragt. Er fragt, ob Glück ein Gefühl sei und ob es den ganzen Tag andauere oder vorübergehe. Durch diese Frageweise werden Kinder zu Antworten provoziert. Diese sokratische Fragetechnik bringt den Kindern ihre *eigene* Ansicht zu Bewußtsein. – So geschickt lenkt Matthews auch in anderen Gesprächen, die in den Büchern aufgezeichnet sind.

4. Eigene Anstöße für das »Philosophieren mit Kindern«

Die entscheidenden Anstöße, die sich zum Motiv verdichteten, mit Kindern zu philosophieren, kamen von meinen eigenen Kindern als ich feststellte, daß von ihnen Fragen gestellt wurden, die am Anfang allen Philosophierens stehen. Mit dem unbefangenen Fragen – so lehrte uns schon Aristoteles – beginnt das Philosophieren: »Denn Verwundern war den Menschen jetzt wie vormals der Anfang des Philosophierens, indem sie sich anfangs über das unmittelbar Auffällige verwunderten, dann allmählich fortschritten und auch über Größeres sich in Zweifel einließen, z. B. über die Erscheinungen an dem Mond und der Sonne und den Gestirnen und über die Entstehung des Alls.« (»Metaphysik« 1, 2, 982b) Auch für Platon gibt es keinen anderen Anfang für das Philosophieren als die Verwunderung. (»Theaitetos« 156c).

Nun ein anschauliches Beispiel aus meinem eigenen Erleben. Wir fuhren gerade mit unserem ersten Kind, das damals ein Jahr alt war, in Urlaub. Wir reisten mit einer Familie, die ein gleichaltriges Mädchen hatte. Als wir ankamen, begutachtete uns die fünfjährige Brigitte erst einmal. Sie war die Tochter unserer Gastfamilie. Zunächst fragte Brigitte nach dem Namen des einjährigen Mädchens. Sie erfuhr, daß es Katrin heiße. Brigitte fragte weiter: »Heißt du auch noch Katrin, wenn du groß bist?« Die Mutter von Katrin antwortete: »Ja, natürlich!« – Mir lag damals auf der Zunge zu sagen: »So natürlich ist das gar nicht!« Für mich war diese Frage des fünfjährigen Mädchens an das einjährige sehr beeindruckend. Ich mußte später immer wieder daran denken, daß mein Kollege Ekkehard Martens einmal sagte: »Kinder sind Philosophen.« Was ist denn nun das Philosophische an dieser Begebenheit? In der Einleitung seiner »Geschichte der Philosophie« (Stuttgart 1985) sagt Christoph Helferich, daß die großen Philosophen die Fragen, wenn sie sie zum ersten Mal stellten, bereits so klar und zugespitzt stellten, daß die Auseinandersetzung mit diesen klassischen Frage-Formulierungen den größten Erkenntnisgewinn versprächen. Auch die Erwachsenen haben also einen Gewinn, wenn sie sich den Kinderfragen stellen. Das ist für uns Erwachsene aber gar nicht so einfach, denn diese bekannten Warum-Fragen »nerven« uns irgendwann. Warum »nerven« sie uns eigentlich? Das Alltägliche ist uns längst so selbstverständlich geworden, daß es uns wie natürlich erscheint. Wir wissen darauf keine Antworten und das müßten wir dem wißbegierigen Kind auch noch zugeben. Darum »nerven« die Kinderfragen. »Offensichtlich fällt es Erwachsenen meistens schwer zuzugeben, daß sie, wie in Andersens Märchen ›Des Kaisers neue Kleider‹ nackt dastünden, wenn sie sich auf den sokratischen Prozeß des radikalen Weiterdenkens oder auf die bohrenden ›Kinderfragen‹ der Kinder erst einmal einließen.«[25] Aber das ist natürlich eine wichtige Voraussetzung für das Philo-

25 Ekkehard Martens, a.a.O., S. 7.

sophieren mit Kindern, daß man als Erwachsener zugeben kann, etwas nicht zu wissen. Grundsätzlich – nicht nur beim Philosophieren – sollte »der Pädagoge dem Jugendlichen nicht als der im Besitze der Wahrheit Befindliche gegenübertreten«.[26]
Seit der Zeit des geschilderten Erlebnisses geschieht es immer wieder, daß ich durch meine eigenen Kinder angeregt werde, über scheinbare Selbstverständlichkeiten nachzudenken. Manchmal fragen sie wie aus heiterem Himmel drauflos und bringen mich oft genug in Verlegenheit: Können Tiere auch sprechen? Was ist eigentlich Sprache? Warum sagen wir zu dem Tisch »Tisch« und nicht etwas anderes? Warum sagst du dem Mann »Guten Tag«, kennst du den, ist das dein Freund? Fallen die Sterne eigentlich nicht runter? Die letzte Frage ertönte, als ich während eines Urlaubs mit meinem dreijährigen Sohn, arglos Entspannung suchend, am Strand entlang ging.
Einen weiteren Anstoß, den ich als entscheidend für mich betrachte, erhielt ich, als ich in der Klasse meines Sohnes ein Projekt »Philosophieren mit Kindern« durchführte. Bei den Kindern wurden die ersten Anzeichen von Pubertät sichtbar. Die Ergebnisse entwicklungspsychologischer Untersuchungen sagen, daß die Kinder sich in dieser Phase vom Normgefüge des Elternhauses ablösen und sich stärker an der Peergroup orientieren. Die Peergroup ist allerdings in der Regel noch nicht so gefestigt, daß hier schon ausgeprägte Normen existieren, die für Kinder Handlungsanleitung sein könnten. Sie sind auf der Suche nach Sicherheit, um autonom und frei ihr Handeln bestimmen zu können. In diesem langwierigen Prozeß leiden die Kinder und verlangen nach Selbstreflexion. Das ist mir erst bewußt geworden, als ich mit ihnen philosophierte. Es ging in der Diskussion im Anschluß an einen Filmausschnitt von »Pipi Langstrumpf«, aus dem das für die Kinder faszinierende Alleinleben von Pipi Langstrumpf in der Villa Kunterbunt gezeigt wurde, um die Vor- und Nachteile des Alleinseins und um die Vor- und Nachteile des Lebens im Elternhaus. Der Konsens der Zwölfjährigen lief darauf hinaus, daß sie sich sowohl in der Obhut der Eltern wohl fühlen wie auch völlig frei ohne Einfluß der Eltern in ihrer jeweiligen Peergroup, die durch einige Mitglieder der Klasse gebildet wird. Mit diesem Konsens werden die Ergebnisse der Entwicklungspsychologie in dieser

26 Wolfgang Fischer, a.a.O., S. 40.

Hinsicht bestätigt. Die kritische Entwicklungsphase, die wir Pubertät nennen, wird meines Erachtens am besten dadurch bearbeitet, daß man über die Normenkonflikte, in denen man sich befindet, reflektiert. Aus dem Grunde halte ich es für wichtig, gerade in dieser Phase mit Kindern zu philosophieren, so daß sie eine gezielte, zunächst angeleitete und dann selbständige Normreflexion anstellen können. Ebenso wichtig ist es, daß Kinder in Konfliktsituationen, bei Normverstößen oder bei Wertekonkurrenz lernen, zwischen »guten« und »schlechten« Gründen zu unterscheiden. Denn entwicklungspsychologische Untersuchungen können uns zeigen, »daß Kinder erst lernen müssen, daß Handlungen begründungsfähig sind und daß durch die Tatsache, daß bestimmte Handlungen [...] als problematisch erfahren werden, die Notwendigkeit zur Begründung bzw. Rechtfertigung dieser Handlungen entsteht«.[27]
Ich habe nun zwei Orte angesprochen, an denen das Philosophieren mit Kindern möglich ist. Es ist zum einen der Alltag oder auch die alltägliche Situation in der Schule, zum anderen das schulische Projekt »Philosphieren mit Kindern«.

5. Die Praxis des Philosophierens mit Kindern

a) Situationen im Alltag

Alltäglich tauchen ständig erneut Situationen mit den eigenen Kindern auf, derart, wie ich sie schon geschildert habe. Es ergab sich beispielsweise folgendes Gespräch in einer Alltagssituation. Mein Sohn Eric verstand nicht, warum Erwachsene, die im Lokal an einem Nebentisch saßen, über einen Witz so lachten. Er selbst könnte manchmal überhaupt nicht über Witze lachen, die Erwachsene erzählen. Ich sagte: »Ja, das ist eine gute Frage. Mir ist auch nicht so klar, warum man über einen Witz lacht.« Eric sagte: »In den meisten Witzen lacht man aus Schadenfreude. Wenn man

27 Monika Keller, *Rechtfertigungen. Zur Entwicklung praktischer Erklärungen*, in: Wolfgang Edelstein/Jürgen Habermas (Hg.), *Soziale Interaktion und soziales Verstehen. Beiträge zur Entwicklung der Interaktionskompetenz*, Frankfurt/M. 1984, S. 283. Diese sehr differenziert angelegte Studie eröffnet den Blick auf das Feld möglicher kindlicher Handlungsbegründungen in moralischen Konfliktsituationen.

z. B. einen Sketch sieht und einer fällt aus Ungeschicklichkeit hin, dann lacht man.« Ich fragte: »Gibt es aber nicht auch andere Anlässe zum Lachen? Ihr führt in der Schule gerade einen Sketch auf von Loriot, wo Herr Müller-Lüdenscheidt sich in der Badewanne eines Hotels mit einem anderen Herrn trifft, und sie sich so unterhalten, als seien sie in der Empfangshalle des Hotels. Darin kann ich keine Schadenfreude erkennen, und doch lachen alle.« Eric: »Da wird gelacht, weil es sich um Sachen handelt, die nicht zusammen passen. Einerseits unterhalten die sich, so wie man sich in der Badewanne eben nicht unterhält. Außerdem sprechen zwei erwachsene Männer wie Kinder und spielen mit einer Ente.« Ich sagte: »Da sind auch Situationen drin, die offenbar ganz unsinnig sind. Der eine behauptet, er bade ab und an auch ohne Wasser.« »Ja«, sagte Eric, »und dann gibt es noch Witze mit Übertreibungen, wo der Kölner den amerikanischen Besucher beeindrucken will und sagt, daß der Kölner Dom so schnell gebaut worden sei. Gestern habe er da noch nicht gestanden.«
In dieser kleinen Unterhaltung haben wir einige Merkmale für Humor herausgearbeitet: Schadenfreude; Situationen, in denen verschiedene Elemente nicht zusammen passen; offenbarer Unsinn; Übertreibungen. – Eric, zu dieser Zeit zwölf Jahre alt, war zunächst der Auffassung, daß in der Regel aus Schadenfreude gelacht wird. Auch mir war nicht klar, *was* Humor ist; hier ist auch wieder eine Stelle, an der man als Erwachsener zugeben soll, daß man auch etwas nicht weiß. Jetzt wird ein Gespräch begonnen, indem man die Frage zurückgibt. Um das Gespräch dann weiter in Gang zu halten, stellte ich einfach immer wieder Beispiele vor, in denen noch etwas anderes vorkam. In dieser Hinsicht hatte ich natürlich ein großes Vorbild: Sokrates. Man sehe sich als Beispiel nur einmal einen Ausschnitt aus dem Dialog »Laches« an! Im Gespräch mit Sokrates behauptet der Feldherr Laches zu wissen, was Tapferkeit sei: »Entschlossen, in Reih und Glied standhaltend die Feinde abwehren, und nicht fliehen.« (»Laches«, 190b) Dieser Äußerung hielt Sokrates das Beispiel der siegenden Skythen entgegen, die fliehend und verfolgend kämpften. Laches mußte zugeben, daß auch die Skythen als tapfere Kämpfer bezeichnet werden müßten. Nach dieser ersten Widerlegung fordert Sokrates den Laches auf zu sagen, welche Eigenschaften an der Tapferkeit er für die wesentlichen halte. Laches hielt Tapferkeit für vollkommen und schön (ebd. 190c). Verständige Beharrlichkeit beispielsweise

sei vollkommen und schön (ebd. 190d). Mit dem Ziel der Falsifikation von Laches' Meinung führt Sokrates drei Beispiele an, in denen jemand unverständig und beharrlich ist. Laches erklärt Menschen in solchen Situationen nacheinander für tapferer als solche, die verständig und beharrlich sind. Sokrates nennt einen Feldherrn, der die Lage nicht überblickt, aber dennoch beharrlich weiterkämpft, einen Reiter, der über nur mangelnde Reitkünste verfügt, aber dennoch in der Schlacht aushält und jemanden, der beim Tauchen in einem Brunnen ausharrt, ohne in diesem Geschäft erfahren zu sein. Zuvor aber habe Laches doch das »unverständige Wagen und Verharren als schimpflich und schädlich bezeichnet« und nun? (ebd. 193d) Da er doch die Tapferkeit als etwas Schönes bezeichne, könne das doch nicht zusammenstimmen, hält Sokrates ihm entgegen. Laches muß zugeben, daß er sich in Widersprüche verwickelt habe und nun nicht mehr wisse, was Tapferkeit sei (ebd.). Seine falsche Meinung über Tapferkeit ist widerlegt und er muß für sich den Begriff neu klären.

b) Projekte in der Schule und andernorts

Ich gebe nun einen Ausschnitt eines Projektes wieder.[28] Dieser Ausschnitt behandelt die Arbeit mit Jungen und Mädchen im Alter zwischen 12 und 15 Jahren, die sich zur Ferienfreizeit mit ihren Eltern eine Woche lang in einer Heimvolkshochschule aufhielten. Ich schildere zwei Vormittage unserer Arbeit mit dem ersten Buch von Lipman, »Harry Stottlemeiers Entdeckung«. Wir arbeiteten insgesamt eine ganze Woche lang vormittags. An jenem Vormittag las ich den ersten Teil des dritten Kapitels, bis zu der Stelle vor, wo es heißt: »Es klingelte, aber zwei Jungen standen immer noch vor der Tür. Sie waren groß und ziemlich stark; sie wollten Frances nicht durchlassen und rempelten sie an. Vielleicht taten sie das, weil sie ein Mädchen war, oder noch eher, weil sie ein Mädchen und schwarz war.« – Nach dem Vorlesen entschieden sich die Kinder, über Rassismus miteinander zu sprechen.
Für diese Diskussionen hängte ich ein großes Plakat mit folgenden Gesprächsführungsregeln an die Wand:

28 Die ausführliche Darstellung des Projekts findet sich in meinem Buch *Philosophieren mit Kindern*, Opladen 1992.

1. Sag Deine eigene Meinung!
Diese Regel steht am Anfang, weil wir nach den Prinzipien des dialogischen Philosophierens arbeiten wollen. Am Anfang eines Dialogs steht immer die eigene, bis dahin ungeprüfte Meinung.
2. Sprich in kurzen, klaren Sätzen!
3. Faß Dich kurz!
Diese beiden Regeln sind bei ihrer Einhaltung die Voraussetzung für Verständigung. Kurze Sätze werden besser verstanden. Außerdem reichen von diesen kurzen Sätzen wenige, um sich verständlich machen zu können.
Oft erlebt man, daß die Teilnehmerinnen und Teilnehmer etwas sagen und dabei in die Runde sehen. Auf den Gesichtern können sie noch nicht den Ausdruck der Zustimmung erkennen. Nun reden sie weiter, um die anderen zu überzeugen. Dann wird die Verwirrung komplett.
Wenn man sich kurz faßt und meint, die anderen hätten noch nicht verstanden, dann kann man sich ja später noch einmal vermitteln oder seine Argumente verteidigen. Es ist also gar nicht nötig, lange Ausführungen zu machen.
4. Hör genau zu!
Das ist wahrscheinlich die schwierigste Regel. Reden kann heute jeder, aber das genaue Zuhören ist eine Kunst!
Erst im Verlaufe von einigen Tagen lernen die Kinder und Jugendlichen diese Regel einzuhalten.
5. Sprich Deine ehrlichen Zweifel gleich aus!
Auch bei dieser Regel wird – wie bei der ersten – wieder darauf hingewiesen, daß es um die eigene Meinung geht. Zweifel sollen als Gegenargumente immer sofort ausgesprochen werden, damit ein argumentatives Gespräch in Gang kommt. Die Zweifel müssen echt sein, weil sie auch überprüfbar sein müssen. Darum soll man nicht den advocatus diaboli spielen. So lernen die Kinder den argumentativen Disput.
Die Diskussion im Anschluß an das Vorlesen begann mit der Frage: »Sind am Rassismus immer Ausländer beteiligt?« Dies wurde deshalb bezweifelt, weil Frances, das schwarze Mädchen aus Harry Stottlemeiers Klasse, keine Ausländerin war. Es wurde auch davon gesprochen, daß die Juden keine Ausländer waren. Hier könne man allerdings von Andersartigkeiten reden. Aber auch hier gelte wie bei den Ausländern, daß die Grenzen der Andersartigkeit willkürlich festgelegt würden. Ich sagte provozie-

rend, Frances sei nun mal schwarz und deshalb sei keine Grenze willkürlich festgelegt worden. Darauf antwortete die fünfzehnjährige Daniela, daß es aber in den amerikanischen Vorurteilen willkürlich festgelegt sei, daß die Schwarzen anders behandelt werden müßten. Darin läge die Willkür. Dem stimmten die anderen zu.

Mona brachte sich ein. Sie war eine von den Jüngeren, die sich bisher zurückgehalten hatten. Sie meinte, daß das Problem mit den Schwarzen ein amerikanisches Problem sei, das aus der amerikanischen Geschichte stamme. Demgegenüber sei es aber unser Problem, welche Haltung wir zu den Ausländern haben. Das beschäftige sie und darüber möchte sie nun gern sprechen. Sie, Mona, wolle darum das Problem mit den Schwarzen beiseite lassen und noch einmal über die Willkürlichkeit der Grenzen sprechen.

Manuel, ein fünfzehnjähriger Junge, sagte, daß die Menschen zunächst zusammenleben würden und dann käme einer an und würde bestimmen, daß mitten durch die Landschaft eine Grenze verlaufen würde. Wir hätten das gerade an der deutsch-deutschen Grenze gesehen, die nur mit Gewalt hätte aufrecht erhalten werden können. Solche Grenzfestlegungen seien genauso willkürlich wie die Festlegung der Andersartigkeit von Menschen. Schon bald stand an unserer Wandtafel der Konsens der Gruppe: *»Es werden willkürlich kleine Unterschiede herausgenommen (Sprache, Aussehen, willkürliche Grenzfestlegung; Bestimmen der Zeit, wie lange einer im Land wohnen muß, um nicht mehr Ausländer zu sein).«*

Ich fragte nun, ob noch mehr zu diesem Thema zu sagen sei. Die vierzehnjährige Aida antwortete mit einer Frage: »Warum gibt es eigentlich Rassismus?« Naheliegend war die Antwort des dreizehnjährigen Sascha: »Aus Angst.« Die anderen fragten nach, was er damit meine. Sascha erläuterte: »Aus Angst, daß die Ausländer einem den Arbeitsplatz wegnehmen.« Manuel stimmte ihm zu und ergänzte, daß die Deutschen auch Angst hatten, daß die Juden ihnen geistig und ökonomisch überlegen seien, wo doch die Deutschen die Herrenmenschen hätten sein wollen. So könnten sich Vorurteile bilden. Vorurteile würden die anderen heruntermachen und könnten zum Gefühl der eigenen Überlegenheit beitragen. Manuel hatte seine Informationen aus dem Schulunterricht.

An dieser Stelle fragte ich – ironisch-provokativ –, ob denn jeder wüßte, was mit einem Vorurteil gemeint sei und ob ein Vorurteil nicht auch positiv sein könnte? Hier fragten nun die Kinder ihrerseits erstaunt zurück: Wieso denn ein Vorurteil etwas Positives sein könne. Manuel: »Vorurteil heißt doch, ein Urteil vor dem eigenen Urteil; also ein Urteil, das man hat, bevor man selbst urteilt. Das kann doch nichts Gutes sein.« Ich sagte, daß man ohne Vorurteile in der Welt nicht zurecht käme. Man brauche einfach eine ganze Menge Vorurteile, um im Leben handeln zu können. Beispielsweise wisse man aus der Unfallstatistik, daß es reichlich Autofahrer gäbe, die bei Rot über die Ampel führen. Dennoch habe jeder Autofahrer das Vorurteil, daß die anderen bei Rot halten. Hätte er dieses Vorurteil nicht, dann würde der Verkehr zum Erliegen kommen. Vorurteile also müsse man haben, damit das Alltagsleben reibungslos vonstatten gehen könne.

Mir wurde zugestimmt mit der Einschränkung, daß positive Vorurteile negativ würden, sobald sie verallgemeinert würden, denn es gäbe ja bestimmt Türken, die tatsächlich faul seien. Daraus könne man aber nicht schließen, daß alle Türken faul seien. Das hatten die Kinder aus einer anderen Stelle aus der Geschichte von Harry Stottlemeier gelernt. Dort ging es nämlich um das Problem, daß man von einem Existenzurteil nicht ohne weiteres auf ein Allurteil schließen darf.

Über diese Frage diskutierten wir sehr lange und ausführlich. Argumente und Gegenargumente, Beispiele und Gegenbeispiele gingen hin und her. Nach einer Pause sagte Manuel, daß er sich in der Zwischenzeit Gedanken gemacht habe, und wollte, daß ich den folgenden Satz an die Wandtafel schreibe: »Ein Vorurteil ist positiv oder negativ, je nachdem wie es aufgenommen wird oder wie es ausgedrückt wird und welche Absicht dahinter steht.« Offenbar hatte Manuel mit den anderen nicht darüber gesprochen, denn sie waren sprach- oder ratlos angesichts dieses Satzes, der nun an der Wandtafel stand. Es wurden immer wieder die Argumente genannt, die auch schon vor der Pause ausgetauscht worden waren: Vorurteile seien schon dadurch negativ, daß sie Vor-urteile sind. Es gäbe aber auch positive Vorurteile. Daniela ließ mich einen Kreis an die Wandtafel zeichnen. Dieser große Kreis stellte alle Vorurteile oder Vorurteile überhaupt dar. Darin gab es zwei kleine Kreise, in denen stand »positive Aussagen« und »negative Aussagen«. Aber auch diese Zeichnung trug nicht zur weiteren

Klärung bei. Nach dem Austausch von weiteren Argumenten ließ Aida folgenden Satz an die Wandtafel schreiben: »Vorurteile sind insgesamt negativ. Dann kann man sich ein Vorurteil herausnehmen und das ist positiv oder negativ. Aber dadurch, daß es zur großen Gruppe der Vorurteile gehört, ist es negativ.« Wir sehen an diesem Satz, welche Klarheit in der Unklarheit jetzt herrschte.
Das Ergebnis, das ich aus den Diskussionsbeiträgen herausgehört habe, war das folgende, das ich auch an die Wandtafel schrieb: *»Es gibt Vorurteile. Vorurteile sind dadurch negativ, daß es Urteile sind, bevor man sich selbst ein Urteil gebildet hat. Vorurteile müssen unbedingt eigenständig überprüft werden. Dann kann es sein, daß die Vorurteile bestätigt werden. Diese sind dann nicht schon per se negativ, sondern es kommt immer darauf an, wie sie eingesetzt werden.«* Diesem Ergebnis konnten alle in der Gruppe zustimmen.
Nach einer Pause wurde von Daniela der Konflikt zwischen Jungen und Mädchen angesprochen, der beim Zusammenstoß der Jungen mit Frances zum Ausdruck kam. Nun meldete sich die zwölfjährige Silke und sagte: »Ich habe das Gefühl, daß die Mädchen von einigen Jungs nicht immer ernst genommen werden. Bei uns in der Klasse melden sich immer nur zwei bis drei Mädchen. Wenn die Mädchen was Falsches sagen, sagen die Jungs: ›Klar ein Mädchen‹.« Die anderen konnten ähnliche Erlebnisse berichten. Dabei kam zutage, daß es verschiedene Arten von Fertigmachen gibt: Nachäffen, mit Worten fertigmachen: »Typisch Mädchen«, Prügel androhen. Die Jungen waren schweigsam. Ich fragte, ob sie das auch so sehen würden. Manuel sagte, daß es wohl so sei: Nicht immer, aber der Tendenz nach stimme das, was die Mädchen sagten. Sascha sagte, daß das ja die Vorurteile seien, von denen wir gesprochen hätten. Ich fragte, wie es zu solchen Vorurteilen bei ihnen gekommen sei. Der vierzehnjährige Tays meinte, es wäre die Erziehung. Bei ihm wäre das einfach da gewesen, das Vorurteil. Die anderen konnten auch nichts weiteres aus ihrer Erfahrung zur Genese von Vorurteilen sagen.
Die Diskussion versandete nach diesen Bemerkungen. Ich wollte sie nicht zum Erlahmen kommen lassen und fragte, ob getrennter Unterricht eine Möglichkeit sei, die sie befürworten würden. Vor allem die Mädchen wehrten sich dagegen. Sie sagten, daß sie den Unterricht weiterhin gern zusammen haben würden. Ich fragte nach den Gründen. Sie fänden es besser, denn sie könnten in die-

sem gemeinsamen Unterricht eine Menge lernen. Mehr war an Gründen nicht zu erfahren. Vielleicht solle man den Sportunterricht getrennt durchführen, aber bei dem anderen Unterricht fänden sie es besser, wenn die Jungen mit dabei wären. Trotz dieser Kritik, die sie am Verhalten der Jungen hätten, wäre es ansonsten ein lebendiger Austausch. Sie wären das ja auch so gewohnt. Nun war wieder eine Pause.
Nach der Pause fragte ich, ob wir an dem Thema weiterdiskutieren oder weiter vorlesen sollten. Es wurde ein ganz anderer Vorschlag gemacht. Sascha artikulierte sein Bedürfnis, über Gewalt zu sprechen. Die anderen wollten auch über Gewalt sprechen. Manuel eröffnete die Diskussion mit der Bemerkung, daß Gewalt dadurch aufkomme, daß sich manche nicht anders zu helfen wüßten. Er erläuterte weiter, daß manche so wütend sind, daß sie einfach zuschlagen müßten. Es gäbe Leute, die könnten sich nicht einfach, wie sie, mit Worten auseinandersetzen, die müßten sich schlagen. Er habe das schon oft erlebt bei Stadtstreichern und ähnlichen Gruppen. Auch in der Schule käme das vor. Ich fragte in die Runde, ob man sich noch andere Gründe für das Auftreten von Gewalt vorstellen könnte. Michelle sagte: »Durch Mißverständnisse entsteht Gewalt.« Sascha: »Durch Fernsehfilme wird Gewalt ausgelöst. Man wird aggressiv.« Katja: »Gewalt wird immer häufiger.« Aida: »Macht und Unterdrückung hat mit Gewalt zu tun. Macht erzeugt auch Gewalt.«
Nachdem einige Gründe für Gewalt genannt worden sind, fragte ich, ob sie denn alle dasselbe unter Gewalt verstünden. Ich bekam zur Antwort, daß man das doch nicht wissen könne. Ich sagte: »Gut, dann können wir das ja mal klären. Was ist denn Gewalt?« – Manuel antwortete: »Für mich ist Gewalt, wenn jemand brutal vorgeht.« Ich fragte ironisch zurück: »Also, wenn der Bomberpilot über Hiroshima auf den Knopf drückt, ist das keine Gewalt.« Manuel ließ sich nicht beirren: »Wenn jemand auf den Knopf drückt und damit eine Bombe abwirft oder einen Schuß aus dem Revolver löst, ist das keine Gewalt; es sei denn, in direkter Konfrontation.« Darüber waren die anderen erstaunt. Sie meinten übereinstimmend, daß auch dann Gewalt vorläge, wenn jemand eine Bombe abwerfe. Sie wollten Manuel dadurch überzeugen, daß sie ihm vor Augen führten, welche Auswirkungen der Abwurf der Atombombe gehabt habe. Sie erzählten ihm Geschichten, die sie aus dem zweiten Weltkrieg gehört hatten. Die

vierzehnjährige Jana vertrat die Gegenposition zu Manuel: »Wenn man jemanden umbringt, ist das Gewalt, selbst wenn man nur den Befehl dazu gibt.«

Die Diskussion fuhr sich fest. Manuel blieb bei seiner Meinung. Es kamen nach einer Zeit keine neuen Argumente mehr, die Manuel zur Modifikation hätten bewegen können. Darum fragte ich, nun auf die Meta-Ebene wechselnd, ob jemand sagen könne, warum die Diskussion so festgefahren sei und die Positionen sich nicht bewegten? Ich bat alle, darüber mal in Ruhe nachzudenken.

Daniela hatte nach kurzem Überlegen die Lösung: »Der Unterschied der beiden Meinungen ist der: Bei der einen Meinung kommt es auf die Handlung an, bei der anderen auf die Folgen. Wir unterscheiden zwischen Gewaltausübung und Folgen der Gewaltausübung.« Das war für alle die erlösende Einsicht. Damit konnte sich auch Manuel einverstanden erklären, so daß wir zu folgendem Konsens kamen: »Der Mensch übt keine Gewalt aus, wenn er auf den Knopf drückt, aber es ist Gewalt.«

Um dieses Ergebnis testen zu können, ob es also Einwänden standhalten könne, fragte ich, ob es auch Gewalt sei, wenn jemand die Absicht habe, Gewalt auszuüben, die Folgen aber nicht eintreten würden; wenn also jemand schießen wolle und der Schuß löse sich nicht. Das sei auch Gewaltausübung, wurde gesagt. Ich sagte, daß man dann aber auch sagen müßte, daß jemand Gewalt ausübt, wenn er eine Bombe abwirft. Nein, wurde mir entgegengehalten, dies sei zwar Gewalt, aber keine Gewaltausübung. Es handle sich bei meinem Gegenbeispiel zwar um Gewalt, nicht aber um Gewaltausübung. Jana sagte, man müsse hier noch unterscheiden zwischen direkter Gewalt und indirekter Gewalt. Wenn jemand auf einen anderen einschlage, sei das direkte Gewalt und wenn jemand schieße, sei das indirekte Gewalt. Diese Differenzierung von Jana wurde als besser akzeptiert als die Unterscheidung zwischen Gewalt und Gewaltausübung. Mit diesem Ergebnis zeigten sich alle zufrieden.

11. Politik als Ästhetik
Kleiner Versuch über den Lyriker Hans Georg Bulla

In den Besprechungen zu seinen früheren Büchern wurden Hans Georg Bulla nicht entschuldbare Versäumnisse vorgehalten. Andreas F. Kelletats Urteil in der »Frankfurter Allgemeinen Zeitung« von 1986 schließt an die von Ulla Hahn (1980) und Harald Hartung (1982) in derselben Zeitung an: Bulla berichte in seinem Band »Kindheit und Kreide« von »privaten und dadurch vergleichsweise ›harmlosen‹ Erlebnissen und Erinnerungen«. Der »größere historische Zusammenhang« fehle, auf »Massenmorde und Massenfluchten«, »die in unserem Jahrhundert reichlich vorhanden« waren, vermißt der Rezensent jeden Hinweis. Mag diese Feststellung auch zutreffen, so bedeutet sie dennoch nicht, daß der Kritisierte unpolitische Lyrik produziert. Sowohl durch Interpretation von Bullas Gedichten wie auch durch das Nachzeichnen seiner dichterischen Entwicklung will ich zeigen, daß es sich bei Bullas Lyrik um eine Form politischer Ästhetik handelt.
Bullas Gegenstände im Gedicht scheinen auf den ersten Blick *nur* privat zu sein, weil er mit ihnen das Alltäglich-Selbstverständliche ebenso thematisiert wie das in der Lebensroutine unbedeutend Gewordene; so im Gedicht »Einfaches Leben« in »Kindheit und Kreide«:

Regentonne, blaues Wasser
vor der Hauswand.
Das Rohr mit einem Schatten,
aus dem es strömt.
Und das Fenster leergewaschen,
die Gardine längst zur Seite.
Wir sind hier angebunden.
Das einfache Leben tags
und nachts die andren
Wetter.

Bulla wendet sich damit einem Stoff zu, der beim Leser zum Anlaß für weiter ausgreifende Assoziationen über das »einfache Leben« werden kann. – In einem anderen Gedicht (»Vor den

Stühlen«) sieht man buchstäblich leerstehende Stühle, die Mutmaßungen darüber wachrufen, welcher Mensch wohl auf ihnen gleich Platz nehmen wird. An anderer Stelle – in dem Gedicht »Der Vater« (»Kindheit und Kreide«) – heißt es etwas weniger dunkel-rätselhaft, aber durch Bullas Lakonik die Gefühle des Lesers pointiert treffend:

Das ist sein Stuhl,
sein Sessel.
Da ist er gesessen.

Das Leder wurde brüchig
unter seinem Körper,
um den habe ich keinmal
meinen Arm gelegt.

Dunkle Flecken auf der Lehne,
da lagen seine Hände mittags
und oben der Kopf in den
Schlaf gelegt.

Auf diese Seite ist er schräg
gerutscht.
So fand ich ihn.

Wie mehr als *nur* Individuelles in den privaten Verhältnissen zu Bewußtsein kommt, läßt sich an diesem Gedicht zeigen: Bei Betrachtung des Sessels kommt zu Bewußtsein, daß nie der Arm um den Körper des Vaters gelegt wurde. Darin kommen das in unserer Gesellschaft gemeinhin distanzierte bis gestörte Vater-Sohn-Verhältnis ebenso zum Ausdruck wie unsere allgemein mangelhafte Kommunikationskultur. Vom scheinbar *nur* Privaten weiß man schließlich, daß es gesellschaftliche Widersprüche kenntlich zu machen in der Lage ist, weil Gesellschaftliches keine transzendentale Sphäre ist, daß es aktualisiert wird in privaten Äußerungen, Gegenständen und Begebenheiten. Diese Dimension wurde in der Lyrikkontroverse um die neue Subjektivität in den achtziger Jahren eher polemisch vernebelt als thematisiert. Das muß man auch Bullas Kritikern vorwerfen.
Es sind die täglichen Gebrauchsgegenstände, die Schränke, Betten, Tische, von denen Bulla in seinen Gedichten ausgeht, um dann die Einschnitte in jedem Leben neu ins Gedächtnis zu he-

ben. Mehrere Themenbereiche werden in immer neuen Anläufen formuliert und entwickelt: Da sind zum einen Erinnerungen aus der Kindheit, ob jeweils autobiographisch bestimmt oder nicht, sei dahingestellt; weiter sind die Landschafts- und Naturgedichte zu nennen, die zwischen Westfalen und Bodensee-Landschaft pendeln; dann gibt es Gedichte, die um Krankheit und Zerstörung kreisen und Bilder einer »beschädigten Welt« (Ralf Schnell) liefern; und nicht zuletzt sind es Liebes- und Beziehungsgedichte. Bulla holt diese Themen in seiner Lyrik in den Blick. Das scheinbar Unbeutende verweist auf Dahinterliegendes, das Bulla auf sokratisch-behutsame Art für die Reflexion freigibt: Das Vergessene wird wiedererinnert. Der Welt wird ihre konventionelle Bekanntheit genommen. Das Vertraut-Alltägliche wird aus seiner Selbstverständlichkeit herausgehoben. Es öffnet sich dadurch, daß Bulla es verknappt und verdichtet zum entdeckungsfähigen Neuland. Der Leser steht erstaunt, irritiert und fragend davor. – Man ist geneigt, von einem Neuen Realismus in der Lyrik zu sprechen oder von politischer Ästhetik, die nicht im Plakativen ihre Wirkung sucht.
Die bislang angeführten Gedicht-Beispiele sind der lyrischen Trilogie entnommen, die zwischen 1980 und 1986 beim Suhrkamp-Verlag erschien: »Weitergehen«, »Der Schwimmer«, »Kindheit und Kreide«. Diese Bände bilden aufgrund ihrer thematischen und formalen Verknüpfung eine Einheit.
Angefangen aber hatte Bulla Mitte der sechziger Jahre mit Gedichten in Schülerzeitungen, in studentischen Zeitschriften und in den kleinen Literatur-Magazinen – oft von Matrizen hektographiert – der damals sogenannten »Alternativpresse«, zu deren Szene er sich zählte. Hier liegen die Ursprünge seiner Weltwahrnehmung. Die erste eigene Veröffentlichung erschien 1975. Bulla publizierte eine Sammlung von epigrammatischen »Kleinigkeiten« in dem holländischen Verlag von Eric van der Wal, dessen verlegerischer Ehrgeiz es ist, bibliophile Bücher mit limitierten Auflagen herzustellen und junge deutschsprachige Autoren zu entdecken.
Beachtung bei den Kritikern fand Bulla erst mit dem 1978 veröffentlichten Band »landschaft mit langen schatten«. Jens Jessen bemerkte dazu erstaunt in der »Frankfurter Allgemeinen Zeitung«: »Wer hätte noch vor wenigen Jahren gedacht, daß sich ein junger Autor, ein literarischer Neuling, ein Altersgefährte der

›68er‹ Generation in einem ›langen gedicht an die droste‹ wenden könnte?«. Der Rezensent lobt, daß Bulla in dieser Sammlung ironisch das »Bekannte und Geläufige«, die »liebgewordenden Redewendungen und Denkklischees« ad absurdum führe. Eine Darstellungsweise also, die später in der Trilogie beibehalten wurde. Bullas Texte tragen zu dieser Zeit die Merkmale, die Walter Höllerer für das »Lange Gedicht« nennt: Ein längeres Sich-Einlassen, das die Verbindung zwischen Gegenstand, Leser, Autor und Gedicht möglich werden läßt. Das Gedicht soll den Leser nicht loslassen, bevor er verstanden hat. Dieses Postulat wird von Bulla in seinem »langen gedicht an die droste« eingeholt. Friedrich Engels und Levin Schücking, der Freund der Droste, werden in Verbindung gebracht, die Droste mit Sarah Kirsch. Der Leser muß sich die Frage nach dem Sinn dieser Verbindungen stellen. Bulla selbst spricht ihn nicht aus, sondern liefert Material und erlegt dem Leser den Zwang zum Bleiben, Nachdenken und Verstehen auf. Er will die Droste mit ins Gespräch ziehen, das Leser und Autor bereits führen: »Wundre Dich auch nicht, daß ich reden will mit Dir!«, schreibt Bulla und benennt damit explizit den dialogischen Gestus dieses Gedichts, das zu einer kollegial-respektvollen Hommage wird. Sieben Jahre nach der Publikation bekam Bulla den »Annette-von-Droste-Hülshoff-Preis« für seine »behutsam-spröde, poetische Diktion, die an präzis wahrgenommenen Sinneseindrücken orientiert ist. Sein Werk, das jedes Romantisieren und jeden Sentimentalismus vermeidet, ist charakterisiert durch den Ton existentieller Melancholie. Aus der Tradition des Stimmungs- und Naturgedichts heraus hat Bulla dem modernen lyrischen Stil eine originelle bild- und empfindungsstarke Nuance hinzugewonnen«, heißt es in der Begründung der Jury. – Der Preis zeichnet den Literaten Bulla, der in seiner Rede bei der Verleihung auf das Droste-Gedicht und die dort beschworene »Seelenverwandtschaft« interpretierend eingeht, auch für seine gründliche Arbeit an seinen Texten aus, deren Prinzipien nunmehr – seit dem Erscheinen des ersten Bandes der Trilogie – die präzise sprachliche Benennung, die Verknappung und Verdichtung geworden sind. Es ist darum nicht verwunderlich, daß die oberflächlich lesenden Kritiker die Intention des Autors verkennen. Bulla entwickelte seine Stilmittel zu denen weiter, mit denen Ralf Schnell (Die Literatur der Bundesrepublik, Stuttgart 1986, S. 316) die »Lyrik der beschädigten Welt« der achtziger Jahre kennzeichnet: »Interpunktionslos fügt sie ihre poetischen Sinneseindrücke aneinander, eine stete und bisweilen schwierig einzulösende Aufforderung an den Leser, mitzuarbeiten im Wechsel und Fortgang der Verse und Bilder.« Signifikant für diese Charakteristik ist das Gedicht »Vom Rand her«, aus dem letzten Band der Trilogie:

Haubentaucher auf dem
See noch jedes Jahr
sehen wir sie wie
plötzlich sie fort sind
und wieder dort wo
wir sie nicht erwarten
über Wasser unter Wasser
ein doppeltes Leben
zwei umeinander in eigenen
Kreisen die sehen wir
beide vom Rand her

Das ist ein Beispiel für diese durchgearbeitete, sehr bewußte, kurze Form des Gedichts. Bulla ist beeindruckt von der unaufdringlichen Formbewußtheit der Dichter Rafael Alberti, dem er in einem Band »Kindheit und Kreide« das Gedicht »Gruß an Alberti« widmet, und William Carlos Williams, mit dem ihn die unmittelbare Nähe zu den alltäglichen Dingen und dem direkten sprachlichen Zugriff auf sie verbindet. Dieses Motiv rückt Bulla, wie er sich in einer Passage seiner Rede bei der Verleihung des Annette-von-Droste-Hülshoff-Preises selbst einschätzt, in die Nähe eines neuen, lyrischen Realismus: »Das Material eines Gedichts ist das, was der Autor durch Erinnerung und Erfahrung, Beobachtung und Reflexion sich verfügbar macht von dem Ort der Welt, an dem er zu Hause ist.«
Versucht man das sprachlich-poetische Material Bullas über die thematische Beschreibung hinaus zu charakterisieren, so fällt eine stark visuelle Orientierung auf. Nicht wenige Gedichte ergeben tatsächliche Bilder (z. B. »Spuren« aus »Der Schwimmer«), die für den nachvollziehenden Blick des Lesers gestaltet wurden. Die »Augen« und das »Sehen« werden in den Texten beständig aufgerufen. Es kommt daher nicht unerwartet, daß Bulla seit 1986 die Zusammenarbeit mit bildenden Künstlern sucht. 1986 entstand der Band »Verzögerte Abreise«, in dem die Gedichte neben Zeichnungen von Rolf Escher stehen, einem realistischen Zeichner und

Radierer. Eine andere künstlerische Zusammenarbeit hat 1990 zu dem Band »Verlorene Gegenden« geführt, für den Burkhart Beyerle eine Serie von Holzschnitten angefertigt hat, und 1993 zu dem Band »Über Land« mit Radierungen des Leipziger Künstlers Karl-Georg Hirsch.

Interpretiert man den Titel »Verlorene Gegenden«, so verrät er sich unverkennbar als Chiffre für die gedachte Möglichkeit der Wiedergewinnung dieser »Verlorenen Gegenden«. Werden die Gegenden als verlorene benannt, eröffnet sich allein dadurch die Hoffnung auf die Behebung des Mangels. Das muß im Sinne des Lichtenbergschen Aphorismus verstanden werden, den man als politische Botschaft von Bullas gesamtem lyrischen Schaffen ansehen könnte: »Ich kann freilich nicht sagen, ob es besser werden wird, wenn es anders wird; aber soviel kann ich sagen, es muß anders werden, wenn es gut werden soll.«

Als Bestätigung für die These, daß dieses Lichtenbergsche Bonmot das Motto für Bullas Dichtung abgeben könnte, kann das Gedicht »Festhalten« aus dem Band »Verlorene Gegenden« angeführt werden, mit dem ich meine kleinen Versuche über einen Lyriker mit politischen Motiven abschließen will:

Fischweiher hat es gegeben
fingen an hinter dem Haus
Eigentum der Gemeinde
das Haus für einen Aufseher
über das Wasser die Fische
aber keinen Weiher mehr
kein Wasser
das Haus ist geblieben
und Ried irgendwo
ein trockener Graben
und der Name
Fischerhaus
an dem gehe ich
erfundene Geschichten im Kopf
jeden Tag entlang

Auch in diesem Band finden wir erneut Anregungen zum Nachdenken über die gefährlichen Veränderungen, die in knapp einer Generation produziert wurden und in Gegenden sichtbar sind, die bereits als verloren gelten müssen.

12. Bloch

I. Der Primat der praktischen Vernunft

Vor der Veröffentlichung der Marxschen Frühschriften war Bloch der Marxismus zu ökonomisch. In beiden Auflagen seines ersten Werkes *Geist der Utopie*, das Bloch 1918 bekannt machte, heißt es: »Man kann (...) sagen, daß gerade die scharfe Betonung aller ökonomischen (...) Momente den Marxismus in die Nähe einer Kritik der reinen Vernunft rückt, zu der noch keine Kritik der praktischen Vernunft geschrieben worden ist.«[1] In der zweiten Auflage von 1923 ist dieser Satz hervorgehoben. Später – nach deren Veröffentlichung – zitierte Bloch gerne aus den Marxschen Frühschriften die Stellen, in denen seiner Meinung nach besonders der subjektive Faktor betont wird.

Dennoch liegt Blochs *frühe* Einstellung seinen politischen Stellungnahmen zum Ersten Weltkrieg, zur Oktoberrevolution, zum Nationalsozialismus und zur Gesellschaftsentwicklung in der DDR zugrunde. Haben sich manche derselben im nachhinein auch als falsch erwiesen, so kann man ihn doch nicht als Unpolitischen ausgliedern, der während seines ganzen langen Lebens ausschließlich Interesse daran gehabt hätte, sein Gesamtwerk zu schreiben. Hans Mayer ist mit dieser seiner Auffassung vom »unpolitischen Ernst Bloch« im Unrecht.[2]

Der subjektive Faktor bekam bei Bloch einen hohen Stellenwert: Der Mensch müsse die Weichen stellen für die Weltentwicklung. Dies habe nicht vorsichtig zu geschehen, sondern mit Wucht – wie es der Hochstapler tut, dessen Gestalt Ernst Bloch hochschätzte.[3] Aus dieser Einstellung ergaben sich auch seine Differenzen zu Kautsky, der von einer möglichen friedlichen Revolutionierung

1 Ernst Bloch, *Gesamtausgabe* in 16 Bänden und einem Ergänzungsband, Frankfurt/M. 1959 ff. (im folgenden: GA Bd. Nr., Seite; hier GA 3, 304 und GA 14, 408).

2 Hans Mayer, *Ernst Bloch oder die Selbstbegegnung*, in: Heinz Tiefenbacher (Hg.), *Laboratoris salutis. Beiträge zu Weg, Werk und Wirkung des Philosophen Ernst Bloch (1885–1977)*, Stuttgart 1985, S. 13–26.

3 Vgl. *GA* 1, 46 ff.

überzeugt war.[4] Dagegen bewunderte Bloch Lenin und Stalin; der tatkräftige Revolutionär Thomas Müntzer (Bloch schrieb stets: Münzer) erhielt von ihm 1921 ein literarisches Denkmal gesetzt: Führergestalten, waren sie erfolgreich, hatten Bloch immer auf ihrer Seite.
Im Müntzer-Buch ist ein Kapitel überschrieben »Über das Gewaltrecht des Guten«. Bloch vertrat stets die Auffassung von der Rechtmäßigkeit der Gegengewalt. In dem genannten Kapitel zitiert er den Ausspruch Müntzers: »Die Herren machen das selber, daß ihnen der arme Mann feind wird.«[5] Dies so gemeinte »Gewaltrecht des Guten« wird im *Geist der Utopie* interpretiert: »Das Herrschen und die Macht an sich sind böse, aber es ist nötig, ihr ebenfalls machtgemäß entgegenzutreten, als kategorischer Imperativ mit dem Revolver in der Hand.«[6]

2. Die Linke und der Faschismus

Blochs Differenzen zu sozialistischen und kommunistischen Analysen ergaben sich immer aus seiner Kritik an der Unterbetonung des subjektiven Faktors in solchen Analysen. Schon bei der Suche nach den Ursachen für den Ersten Weltkrieg ergaben sich erste Gegensätze. Die bloß ökonomischen Analysen der Sozialisten griffen Bloch zu kurz: »Der deutsche Generalstab ist eine eigene Macht, wie in keinem anderen Land, und fast eben eine eigene Logik. Er (...) scheut (...) kein Risiko des Krieges (...). Hier ist eine alte Wurzel des Übels, der preußische Leutnant, den uns die Welt nicht nachmacht; die andere, neuere, kapitalistische Wurzel ist heute gleichsam originär, doch sie allein würde den Krieg kaum so bedenkenlos, so ohne Risikoscheu treiben.«[7] Auch seine frühe Kritik an der Oktoberrevolution war eine Kritik an der mangelhaften Entwicklung der bürgerlichen Freiheitsrechte, allein das Vorantreiben der ökonomischen Entwicklung reiche nicht aus.[8]

4 Vgl. Trautje Franz, *Revolutionäre Philosophie in Aktion. Ernst Blochs politischer Weg, genauer besehen*, Hamburg 1985. S. 54 und 62.
5 *GA* 2, 112.
6 *GA* 16, 406.
7 *GA* 11, 17.
8 Vgl. Trautje Franz, a.a.O., S. 56 und 85. Vgl. außerdem Peter Zudeick,

Immer wieder war es die Unterschätzung des subjektiven Faktors von seiten der Kommunisten und Sozialisten, die Bloch kritisierte. So auch in seinen Analysen des Nationalsozialismus. Bloch entwickelte in *Erbschaft dieser Zeit* von 1935 seine »Theorie der Ungleichzeitigkeit«. Der gleichzeitige Widerspruch sei der von Arbeit und Kapital. Bloch fügte den ungleichzeitigen hinzu, und er argumentierte, daß das Bewußtsein der Menschen nicht einfach nur aus ihrer Stellung im Kapitalismus zu erklären sei, sondern es gebe Bewußtseinsgehalte, die sich aus alten Produktions- und Kulturformen speisten. Bloch nannte die romantische Schwärmerei der Jugend, die Bodenständigkeit der Bauern und die Sehnsucht nach den besseren alten Zeiten im bürgerlichen und proletarischen Mittelstand sowie bei den Angestellten. Hierin konnte er sich durchaus auf Marx berufen, der sah, daß uns heute auf einer entwickelten ökonomischen Stufe immer noch die griechische Kunst erfreuen könne.[9] Diese von Bloch genannten Bewußtseinsinhalte könnten seiner Meinung nach von den Nazis ausgenutzt werden, sie könnten aber als unterdrückte Wünsche und Bedürfnisse von den Kommunisten ernst genommen werden. Diese aber machten den Fehler, das Feld gänzlich den Nazis zu überlassen. »Bloch bemüht sich immer wieder, den Rechten das Monopol auf die Verwendung von Begriffen wie Heimat, Reich, ja sogar ›deutsches Wesen‹ streitig zu machen. Fast ist er der einzige Linke, der es versuchte.«[10] In *Erbschaft dieser Zeit* heißt es: »Der Terminus ›Drittes Reich‹ hat fast alle Aufstände des Mittelalters begleitet oder wie man es damals nannte: das ›Reich des dritten Evangeliums‹ – es war ein leidenschaftliches Fernbild und führte ebensoviel Judentum wie Gnosis mit sich, ebensoviel Revolte der Bauernkreatur wie vornehmste Spekulation (...) Heute lebt davon nur die Phrase, doch im selben Maß wie die Not in den alten Schichten gestiegen ist, auch wie Bierdunst explosibel wurde, hat die Phrase gezündet, und ein Geisterzug pervertierter Erinnerun-

Der Hintern des Teufels. Ernst Bloch – Leben und Werk, 2. Aufl., Moos/Baden-Baden 1987, S. 76 f.

9 Karl Marx, *Grundrisse der Kritik der politischen Ökonomie*, Berlin (Ost) 1953, S. 31.

10 Iring Fetscher, *Träumer nach vorwärts. Der kritische und irrende Zeitgenosse Ernst Bloch: sechzig Jahre Hoffnung*, in: Die Zeit, 26. Jg., Nr. 7/1971.

gen zieht sich durchs halbproletarische ›Volksgedächtnis‹.«[11] Aus diesen Einsichten speiste sich auch die Kritik an der Propaganda der Kommunistischen Partei: »Gefühle sind Besonderheiten, die der Rotstift heilt, das Alogische im Menschen hat keinen anderen Rang als den, beschimpft oder mindestens wegkonstruiert zu werden.«[12] Es reiche eben nicht, daß man den Menschen ökonomische Fakten vorträgt. Diese mögen noch so richtig sein, was nutze es aber, wenn der Mensch nicht zuhöre, nicht zuhören könne, weil er andere Nöte, andere Gedanken habe. »Damit er zuhört, muß er von seiner eigenen Lage her gepackt sein, und zwar zunächst von seiner Lage, wie sie sich ihm spiegelt. Erst dann hat das Weitere Aussicht, gehört und verstanden zu werden, erweckt es Vertrauen. Das aber gelingt nie von außen oder von oben her, als überlegen nahendes Selbstwissen. Von oben kommt man Fliegen bei, nicht Menschen. Selber klug zu sein, ist erst die Hälfte der Klugheit.«[13] Die »Theorie der Ungleichzeitigkeit« und die damit verbundene »Kritik der Propaganda« wurde von parteioffizieller Seite scharf kritisiert. Hans Günther schrieb in der ›Internationalen Literatur‹ von 1936 eine *Antwort an Ernst Bloch*, deren Resümee lautet: Bloch fehle das rechte Vertrauen in die Kraft und Wahrheit des Marxismus-Leninismus.[14]

3. Bloch in der DDR

Bloch emigrierte nach langem Überlegen in die Vereinigten Staaten, denn in der Sowjetunion hätte »man mit seiner Philosophie (...) kaum etwas (...) anfangen können«, wie Oskar Negt betonte.[15] Vom amerikanischen Exil kam er 1949 in die DDR zurück, um ganz bewußt am Aufbau des Sozialismus teilzunehmen. Aber auch hier geriet er in einen Konflikt, und auch bei

11 *GA* 4, 63.
12 Ernst Bloch, *Vom Hasard zur Katastrophe. Politische Aufsätze aus den Jahren 1934–1939*, Frankfurt 1972. S. 105.
13 Ebd., S. 103.
14 Vgl. Peter Zudeick, a.a.O., S. 148.
15 Oskar Negt, *Erbschaft aus Ungleichzeitigkeit und das Problem der Propaganda*, in: Joachim Perels/Jürgen Peters (Hg.), *Es muß nicht immer Marmor sein. Ernst Bloch zum 90. Geburtstag*, Berlin 1975, S. 9–34 (hier S. 14).

diesem Konflikt zeigte sich wieder dasselbe Muster: Kritisiert wurde die ungenügende Berücksichtigung des subjektiven Faktors in kommunistischer Theorie und Praxis. Genausowenig wie man mit seiner Philosophie in der Sowjetunion etwas anfangen konnte, konnte man es in der DDR. Blochs Hinwendung zum Subjekt und sein Bestreben zur Vereinigung der beiden Vernunftmomente, des theoretischen und des praktischen, bildeten das Fundament für eine Erkenntnistheorie, die Gegenpol zur Widerspiegelungstheorie ist, die in der DDR vertreten wurde. Schon im *Geist der Utopie* von 1918 schrieb Bloch: »Wir sind ichhafter geworden, fühlender, ungenauer formend, weiter ›räumlich‹ dahinter gehend, das Selbst steigt auf.«[16] Aber auch schon in seiner Dissertation über Heinrich Rickert von 1908 kritisierte er das Wissenschaftsverständnis, das sich ausschließlich an naturwissenschaftlicher Methodologie orientierte.[17] Er promovierte bei Oswald Külpe, dem Begründer der Würzburger Schule der Denkpsychologie, für die die psychische Erfahrung des Erkennenden beim Erkenntnisakt von großer Bedeutung war. Diese Einsicht und ein intensives autodidaktisches Hegelstudium ließen Bloch zum exponierten Gegner der Widerspiegelungstheorie werden.
Aus dem Hegelstudium entstand die einzige Monographie, die Bloch einem Philosophen widmete. Dies war für seine eigene Philosophie nicht ohne Bedeutung. In *Subjekt-Objekt. Erläuterungen zu Hegel* reflektiert er über die Dialektik von Subjekt und Objekt, den zentralen Gegenstand sowohl der Hegelschen wie der Blochschen Philosophie. In dieser Hegel-Monographie steht der Satz: »Phänomenologie des Geistes ist die fahrende Erfahrung, die das Bewußtsein inhaltlich, nämlich gegenständlich über sich selbst macht. Zugleich aber ändert sich der Gegenstand mit der Veränderung des Bewußtseins, mit dieser Tätigkeit an ihm.«[18] Dies ist ein Satz, den die Widerspiegelungstheoretiker nicht unterschrieben haben. In einer Rezension von Blochs Hegel-Buch hieß es, daß Hegel längst in den sozialistischen Klassikern aufgehoben sei, besonders in Stalin, den Bloch viel zu wenig erwähne.[19] 1951 veröffentlichte Bloch den Aufsatz *Parteilichkeit in Wissen-*

16 *GA* 16, 43.
17 Vgl. Peter Zudeick, a.a.O., S. 33.
18 *GA* 8, 80.
19 Wolfgang Schubardt, *Kritische Bemerkungen zu dem Buch »Subjekt-Objekt« von Prof. Dr. Ernst Bloch*, in: *Einheit* Nr. 6/1952.

schaft und Welt.[20] Dort kritisierte er die Behauptung von Wertfreiheit und die Objektivitätsgläubigkeit des Positivismus und der bürgerlichen Wissenschaft. Seine Argumente trafen und treffen in gleichem Maß die Vertreter der Widerspiegelungstheorie.
Hegel bleibt Stein des Anstoßes: Das Jahr des xx. Parteitages der KPdSU fiel mit dem 125. Todesjahr Hegels zusammen. Und obwohl er wegen seines Insistierens auf einem gründlichen Hegelstudium schon des öfteren kritisiert worden war, sprach Bloch im November 1956 zum 125. Todesjahr Hegels in der Berliner Universität den Satz: »Jetzt muß statt Mühle endlich Schach gespielt werden.«[21] Damit wandte er sich einerseits gegen die dogmatische Verflachung der Marxschen Theorie, andererseits forderte er nach den Erkenntnissen des xx. Parteitages, nun müsse endlich auch die sozialistische Praxis verändert werden. Schon im Mai desselben Jahres gab er zu verstehen:

Die sozialistische Oktoberrevolution ist gewiß nicht dazu bestimmt gewesen, daß die fortwirkenden, in der ganzen Westwelt erinnerten demokratischen Rechte der Französischen Revolution zurückgenommen werden, statt einer Erkämpfung ihrer umfunktionierten Konsequenzen. Auch dazu gab der 20. Parteitag ein Zeichen, nur unter dieser Fahne würde der Sozialismus, der ökonomisch überfällige, moralisch unaufhaltsam. Gerade auch die Arbeitsproduktivität gedeiht am besten mit Freiheit und Glück der Überzeugung, mit Überzeugung von Glück und Freiheit, beide als wachsend mitproduzierte.[22]

Wenn Marx von der Abschaffung des Privateigentums gesprochen habe, habe er damit nicht gemeint, daß zugleich auch die Menschenrechte wie »Freiheit, Widerstand des Volkes gegen Unterdrückung«[23] aufgehoben werden sollten, »denn auch der Mensch, nicht nur seine Klasse hat, wie Brecht sagt, nicht gern den Stiefel im Gesicht«.[24] Die Gefahr der Unterdrückung des einzelnen sah Bloch in der DDR gegeben, in der selbständiges Denken »gegen den Anstand verstößt«.[25]
Doch Bloch hatte den xx. Parteitag gründlich mißverstanden. Er hatte nicht geglaubt, daß es sich hier nur um eine persönliche

20 Vgl. *GA* 10, 330 ff.
21 *GA* 10, 483.
22 *GA* 11, 365.
23 *GA* 6, 203.
24 *GA* 6, 332.
25 *GA* 11, 364.

Abrechnung mit Stalin handle[26], sondern war durchaus der Auffassung, daß es nun darum gehen müsse, die Fehler im System zu beseitigen. Weit gefehlt! Seine Reden aus dem Jahre 1956 wurden als offene Kampfansagen aufgenommen. Der Kampf wurde von seiten der SED »auch mit einigem organisatorischem Aufwand (betrieben), die Meute wird buchstäblich auf Bloch losgelassen«.[27] Selbst Ulbricht schaltete sich ein und verurteilte im Leitkommentar des ›Neuen Deutschland‹ vom 30. Dezember 1956 die Blochsche Philosophie. Durch einen Aushang am Schwarzen Brett erfuhr Bloch, daß seine Vorlesungen ausfielen: Er wurde zwangsemeritiert. Aus der Partei ausschließen konnte man nur seine Frau in einer Art Sippenhaft, denn Bloch selbst war nie Mitglied einer Partei. Viele seiner Mitarbeiter wurden zu hohen Freiheitsstrafen verurteilt. Er selbst blieb verschont, weil die Partei eine Verurteilung des alten Mannes als schädlich für ihre eigene Reputation ansah. Immerhin wurde er aus der Akademie der Wissenschaften ausgeschlossen. In der Nachrichtenfülle nach Öffnung der Grenze zwischen DDR und Bundesrepublik ging es beinahe unter, daß Bloch damals (Mitte November 1989), also fast dreizehn Jahre nach seinem Tod, rehabilitiert und wieder in die Mitgliederliste der Akademie aufgenommen wurde.

4. Bloch und die Sowjetunion

Nach all dem kann es einen nur wundern, daß sich Bloch nach anfänglicher Kritik dann doch loyal verhält zur Oktoberrevolution, zu Stalin während der Moskauer Prozesse und anfangs auch zur DDR. Wie ist das zu erklären?
Eine mögliche Antwort ist die: Bloch setzte seine Hoffnung auf Veränderung während des Ersten Weltkrieges auf die Westwelt. Rußland konnte zu dieser Zeit für ihn nicht der Boden für eine sozialistische Revolution sein. Er hatte da dieselbe Einstellung wie über ein halbes Jahrhundert später nach seinen Enttäuschungen mit dem real existierenden Sozialismus. Dazwischen hatte er – wie wir noch sehen werden – vorübergehend (aber grundsätzlich) seine Meinung geändert. 1975 sagte er in einem Interview:

26 Vgl. Peter Zudeick, a.a.O., S. 229.
27 Ebenda, S. 235.

Was die Sowjetunion betrifft, so ist es *doch* wahr, daß der Sozialismus in einem Land mit so starken zaristischen Traditionen nicht verwirklicht werden kann. Erst dann, wenn in Frankreich, das vier oder fünf Revolutionen im Bauch hat, oder in Italien, alle die Dinge wieder einen Leib finden, die in der liberalen, freiheitlichen Tradition des Bürgertums vom revolutionären Citoyen, nicht vom Bourgeois, in die Luft gerufen worden sind, dann wird dieser rätselhafte Ausfall des französischen Revolutionsethos seine hemmende Wirkung verlieren, und auch in der Sowjetunion wird wieder die Erinnerung an Rosa Luxemburg und Lenin – trotz aller Widersprüche und Kontroversen zwischen Lenin und Rosa Luxemburg – Gehör finden. Auch wird die alte russische Intelligenz als eine neue russische Intelligenz wahrscheinlich sehr feinhörig sein für die neuen und angestammten Hurratöne, die aus Frankreich, aus China oder woanders klingen und vor allen Dingen ganz anders verstanden werden.[28]

Zu dieser Meinung, die er – wie gesagt – schon während des Ersten Weltkrieges hatte, kehrte Bloch nach all seinen Enttäuschungen mit dem Sozialismus zurück. Doch zuerst gab es für ihn die Enttäuschung über die ausgebliebene deutsche Revolution, wie es im Vorwort zur zweiten Auflage von *Geist der Utopie* zu lesen ist. Danach erst setzte er für viele Jahre in ungebrochener Loyalität auf die Oktoberrevolution. Überschwenglich heißt es im *Prinzip Hoffnung*, das im Exil in Amerika geschrieben worden war und noch in der DDR erschien: »Ein Ende des Tunnels ist in Sicht, gewiß nicht von Palästina her, aber von Moskau; – ubi Lenin, ibi Jerusalem.«[29] Zum einen war es die enttäuschende Entwicklung im Westen, die Bloch zur Loyalität veranlaßte, zum anderen aber hatte er starkes Vertrauen zu Führergestalten. Letzteres ist seiner intellektuellen Entwicklung zur Zeit des expressionistischen Aktivismus geschuldet: »Vorbildgestalten, obenan zweifellos die des prophetischen Volkserweckers, waren typische Erscheinungen des Expressionismus – Aktivismus.«[30] Daß Bloch sich selbst für einen Propheten und Vorläufer des Messias hielt, werden wir noch sehen. Doch hielt er auch Lenin und Stalin für solche Gestalten:

Die revolutionäre Klasse und ganz sicher die revolutionär noch Unentschiedenen wünschen ein Gesicht an der Spitze, das sie hinreißt, einen Steuermann, dem sie vertrauen und dessen Kurs sie vertrauen – die Arbeit auf dem Schiff geht dann leichter. Die Fahrt ist sicherer, wenn nicht jeder

28 Rainer Traub/Harald Wieser (Hg.), *Gespräche mit Ernst Bloch*, Frankfurt/M. 1975, S. 243.

29 *GA* 5, 711.

30 Trautje Franz, a.a.O., S. 80.

jeden Augenblick die Richtung nachzuprüfen für nötig findet (...). Sobald das (Kommunistische) Manifest realisiert zu werden begann, leuchtete neben den erhabenen Vätern des Marxismus der Name Lenin auf, es folgte der Name Stalin – wirkliche Führer ins Glück, Richtgestalten der Liebe, des Vertrauens, der revolutionären Verehrung (...). Derart menschliche Dinge wie die Revolution lassen sich ohne sichtbare Menschen, ohne das Vorbild wirklicher Führer kaum durchführen.[31]

Daß Stalin mit Hilfe der furchtbaren Moskauer Prozesse von 1936 und 1937 das Erbe der Oktoberrevolution verteidigte, war Bloch evident. Er bezeichnete diese Prozesse als »Notwehrprozesse«.[32] Feuchtwanger galt als verläßlicher Augenzeuge für Blochs Urteilsbildung: Bloch meinte, daß für ihn Feuchwangers »kleine Schrift rechtzeitig ankommt«.[33] Feuchtwanger hatte an den Verhandlungen in Moskau beobachtend teilgenommen, die Prozesse und Geständnisse für rechtmäßig befunden und das in seinem *Reisebericht für meine Freunde* dargestellt. Was die Geständnisse der Trotzkisten betraf, so sagte Bloch, daß sie nur deshalb geständnisfreudig gewesen seien, »weil sie wissen, wie problematisch das auf den bürgerlichen Westen wirkt, weil sie die Sowjetunion damit diskreditieren wollen – eine letzte Schädlingsarbeit«.[34] Daß es Bloch bei seiner Einstellung zu den Moskauer Prozessen selbst nicht ganz wohl war, macht eine Passage aus Karola Blochs Erinnerungen deutlich:

Mir versuchte Ernst einen Satz einzuprägen, der wohl eher ihm selbst Mut machen sollte: Auf Heraklit den ›Dunklen‹ angesprochen, dessen Schwerverständlichkeit man beklagte, sagte Platon: Was ich von Heraklit verstanden habe, ist so vorzüglich, daß ich glaube, daß das, was ich nicht verstanden habe, genauso vorzüglich ist. Für Bloch war die Oktoberrevolution das entscheidende Ereignis seiner politischen Philosophie. Die Kraft dieser Revolution, die die Welt verändert hatte, war für ihn so stark, daß alles andere, mochte es noch so schmerzlich, ja entsetzlich und unverständlich sein, in den Schatten glitt.[35]

So auch Hanna Gekle, Assistentin und Mitarbeiterin in Blochs Tübinger Zeit:

31 Ernst Bloch, *Vom Hasard zur Katastrophe*, a.a.O., S. 311.
32 Vgl. ebd., S. 179.
33 Ebd., S. 230.
34 Ebd., S. 352.
35 Karola Bloch, *Aus meinem Leben*, Pfullingen 1981, S. 126.

Wenn er irrte, dann aus einem immanenten Grund seiner Philosophie. Er wollte den Glauben an die sozialistische Revolution nicht aufgeben; und er wollte, eingekeilt von faschistischen Bewegungen in fast allen europäischen Ländern, nicht den letzten Ansatz einer Hoffnung aufgeben, daß das, was ihm als utopisches Reich möglich schien, noch nirgends wenigstens im Vorschein ansatzweise realisiert sein sollte. Das Unterpfand dieser Möglichkeit hatte er nun mal in die Oktoberrevolution und den nachfolgenden sozialistischen Aufbau gesetzt.[36]

Doch müssen die Enthüllungen über diese Moskauer Prozesse beim xx. Parteitag der KPdSU auf Bloch wie ein Schock gewirkt haben. Ludwig Marcuse berichtete, daß der siebzigjährige Bloch zusammengebrochen sei[37], und Hanna Gekle schreibt: »Die Enthüllungen des xx. Parteitags unter Chruschtschow 1956 trafen ihn grausam, und er gewann nie die rechte Freiheit, diesen Fehler den Nachgeborenen verständlich zu machen; wenn er davon sprach – eher ungern und selten –, nie schien die Last einer späten Rechtfertigung von ihm genommen.«[38]

5. Blochs Haltung zum Christentum

Wegen seiner Nähe zum christlichen Gedankengut ist Bloch von parteioffiziellen Marxismus oft kritisiert worden.[39] Und Fetscher erstaunte vor folgendem Phänomen: »Es gehört zu den Paradoxien der Blochschen Wirkungsgeschichte, daß er heute mehr und nachhaltiger auf die Theologie als aufs marxistische Denken einzuwirken scheint.«[40] Was hat es mit Blochs Nähe zur Religion auf sich?

Für Bloch war der Bezugspunkt seiner Philosophie von der Frühzeit bis zu seinem Tode der jüdisch-christliche Chiliasmus. Er selbst war durch Abstammung Jude, seine erste (1921 gestorbene) Frau Else, die großen Einfluß auf ihn hatte, war eine gläubige

36 Hanna Gekle, *Quo vadis, domine?* in: *Schwäbisches Tageblatt*, Tübingen vom 4. August 1987.
37 Vgl. Peter Zudeick, a.a.O., S. 227.
38 Hanna Gekle, a.a.O.
39 Vgl. zuletzt bei Hans Heinz Holz, *Logos spermatikos. Ernst Blochs Philosophie der unfertigen Welt*, Darmstadt/Neuwied 1975.
40 Iring Fetscher, *Ein großer Einzelgänger*, in: *Über Ernst Bloch*, Frankfurt/M. 1968, S. 104–111 (hier: S. 107 f.).

Christin aus Riga. Bloch über sie: »Sie erläuterte die Bibel durch meine Philosophie und meine Philosophie durch die Bibel.«[41]
Im Klima des expressionistischen Aktivismus entstand Blochs erstes Buch *Geist der Utopie* von 1918, in dem wir den Gedanken finden, daß es darum gehe, »überall in allen Teilen und Sphären der Welt die Pforten Christi zu öffnen, das Ende der Geschichte zu entdecken, Gott zu rufen, wie er am Ende der Geschichte sein wird, hinter dem ungeheuren Problem einer Kategorienlehre der unfertigen Welt«[42], die er in seinem 1975 erschienenen *Experimentum mundi* vorlegte. Noch im *Prinzip Hoffnung* schrieb er, daß ihm der Marxismus nur ein Durchgangsstadium zu diesem Fernziel »Alles« sei. Marxismus sei nur »die erste Tür zu einem (...) Sein wie Utopie«.[43] Auch in einem Gespräch mit Adorno im Jahre 1964 betonte Bloch, daß der Sozialismus die ökonomischen Probleme zu lösen habe, bevor der Messias kommen könne. Für den einzelnen Menschen in seiner Entwicklung von der Unvollkommenheit zur höchsten Vollkommenheit gäbe es nichts Aufregenderes als die Frage, ob am Ende die Gottgleichheit oder die Gottähnlichkeit stünde. In einem Vortrag von 1964 entschied sich Bloch für die Gottgleichheit, denn der Satz Christi hieße: »Ich und der Vater sind eins«, und nicht etwa »wir sind uns ähnlich«.[44]
Diese Grundhaltung der Frühzeit ging auch in das ein halbes Jahrhundert später erschienene Buch *Atheismus im Christentum* (1968) ein. Dieses Werk, das eine radikale Anthropologisierung der Religion enthält, ist das Produkt einer lebenslangen Auseinandersetzung mit der Religion. Dabei bildet sich Blochs Auffassung heraus, daß der Mensch zum Besseren, zum Vollkommenen, zum »Alles«, zur Gottgleichheit strebe. Der Mensch habe nur deshalb immer an Götter geglaubt, weil er stets für sich eine Wunschvorstellung von der Vollkommenheit gehabt habe. Dies bedeute, daß der Mensch alle in ihm liegenden Möglichkeiten zu verwirklichen trachte.
Fetscher wies darauf hin, daß Blochs Nähe zum Christentum und zum Marxismus einmal Anlaß wäre zu bedenken, »wie sehr auch marxistischer Wille zur Veränderung sich christlich-abendländi-

41 *GA*, Ergänzungsband, S. 16.
42 *GA* 16, 388.
43 *GA* 7, 728.
44 *Es spricht Ernst Bloch*. Schallplatte des Suhrkamp-Verlages, Frankfurt/M. 1970.

scher Tradition verdankt«.[45] Beide Seiten, Marxismus und Religion begannen – durch Bloch angeregt – ihr Verhältnis zueinander zu überprüfen. Auch darin liegt Blochs Wirkung.
Er selbst fühlte sich wie ein Prophet und Vorläufer des Messias. An seinen Jugendfreund Georg Lukács schrieb er 1911: »Ich bin der Paraklet, und die Menschen, denen ich gesandt bin, werden in sich den heimkehrenden Gott erleben und verstehen.«[46] Und bei Marianne Weber heißt es: »Er hielt sich offenbar für den Vorläufer eines neuen Messias und wünschte, daß man ihn als solchen erkannte.«[47]

6. Der Kerngedanke von Blochs Philosophie

Blochs spezifische Auffassung vom Christentum liegt seiner Philosophie zugrunde. Bringt man sie auf eine Kurzformel, so muß man sagen: »S ist noch nicht P«[48], d. h.: Jedes Subjekt hat potentielle Möglichkeiten in sich, die es zu verwirklichen trachtet. Erst wenn das Subjekt alle in ihm liegenden Möglichkeiten realisiert hat, ist es vollendet. Alle Möglichkeiten vollendet hat bei Aristoteles nur Gott.
Alle Möglichkeiten zu verwirklichen, die potentiell im Menschen *und* der Welt liegen, dazu fordert Blochs Philosophie auf. Den Kerngedanken seiner Philosophie, der in all seinen Werken zu finden ist, hat er in einem Vortrag von 1961 unter dem Titel *Philosophische Grundfragen. Zur Ontologie des Noch-Nicht-Seins* veröffentlicht: Erleben wir als Menschen einen Mangel, so streben wir danach, diesen Mangel zu überwinden. Dies ist ein Wesenszug des Menschen, eine anthropologische Grundkonstante, denn der Mensch hofft, solange er lebt. Dieser Gedanke kam dem 22jährigen Bloch, und er wurde in der zweiten Auflage des Buches *Geist der Utopie* zu allererst ausgeführt. – Und ist die Welt auch mangelhaft, so hat sie doch die Tendenz in sich, diesen Mangel zu beseitigen:

45 Iring Fetscher, a.a.O., S. 107.
46 Karola Bloch u. a. (Hg.), *Briefe 1903–1975*, Frankfurt/M. 1985, S. 67.
47 Marianne Weber, *Max Weber – ein Lebensbild*, Tübingen 1926, S. 476.
48 *GA* 8, 37.

Nicht-Haben, Mangeln also ist die erste vermittelte Leere von Jetzt und Nicht. Mit Hungerndem als erstem bezeichneten Melden des Nicht, mit Fragendem als erstem bezeichneten Scheinen des X, des Rätsels, des Knotens im Nicht, das es nicht bei sich aushält. Und so das Daß ist, von woher überhaupt etwas erscheint und weiter erscheint, Welt geschieht. (...) Wir leben nicht um zu leben, sondern weil wir leben, doch gerade in diesem Weil oder besser: diesem leeren Daß, worin wir sind, ist nichts beruhigt, steckt das nun erst fragende bohrende Wozu. Dergestalt, daß es das Nichts des unausgesuchten Bin oder Ist nicht bei sich aushält, darum ins Noch-Nicht sich entwickelt, das es vor sich hat (...). Der Hunger wird so zur Produktionskraft an der immer wieder aufbrechenden Front einer unfertigen Welt (...). Ja, die gesamte Versuchsreihe der Weltmanifestationen ist noch eine unabgeschlossene Phänomenologie unserer wirklichen Materie, als eines Ultimum, nicht Primum. Ist ein dialektischer, in seiner Dialektik von Nicht-Haben getriebener, mit utopischem Haben schwangerer Prozeß, ein Prozeß von Proben auf das immer erst dämmernde Exempel eines aus seinem Noch-Nicht gewonnenen ontos on-Seins, Substanz-Seins.[49]

Der ständige Fortgang zum vollendeten Sein, das alle seine Möglichkeiten realisiert hat, kommt nicht von selbst. Dazu bedarf es der Praxis. Der praktisch Eingreifende muß tatkräftig sein, denn »die Wurzel der Geschichte (...) ist der arbeitende, schaffende, die Gegebenheiten umbildende und überholende Mensch.«[50] Im Mittelpunkt von Blochs Philosophie steht immer der Mensch, der sogenannte subjektive Faktor: hierdurch hat er die Diskussion im Marxismus bereichert. Trotz dieser Hoffnung auf das Werden einer zukünftigen Gesellschaft stellt er 1961 nach seiner enttäuschten Hoffnung auf das Werden einer sozialistischen Gesellschaft die Frage: »Kann Hoffnung enttäuscht werden? – Gewiß kann sie das. Und wie!«[51]

7. Emigration

Die Enttäuschung sei die Weggefährtin der Hoffnung – ein derartiges Resümee war in einem Leben wie diesem vorgezeichnet. Bloch, 1885 in Ludwigshafen geboren, hatte den Ersten und den Zweiten Weltkrieg erlebt. Am 6. März 1933 mußte er in die Schweiz emigrieren, das Land, in dem er auch von 1917 bis 1919 in

49 *GA* 13, 210–226.
50 *GA* 5, 1628.
51 *Es spricht Ernst Bloch*, a.a.O.

freiwilliger Emigration lebte, denn im wilhelminischen Deutschland hatte er keine Chance zum Broterwerb. In der Schweiz dagegen konnte er mit politischen Artikeln Geld verdienen.
Am 5. März 1933 kamen die Nazis »legal« an die Macht; Ernst Bloch war gerade in Ludwigshafen. Karola Bloch schreibt in ihren Erinnerungen: »Ich rief ihn an und bat ihn, sofort Deutschland zu verlassen und in die Schweiz zu gehen. Zum Glück gelang ihm die Flucht, obwohl er bereits steckbrieflich gesucht wurde.«[52] Karola Bloch folgte ihm. Diese Emigration war für die Blochs besonders bitter, denn sie hatten in Berlin einen großen Freundes- und Bekanntenkreis. Zu diesem Kreis gehörten Theodor W. Adorno, Bert Brecht, Ernst Busch, Axel Eggebrecht, Peter Huchel, Alfred Kantorowicz, Otto Klemperer, Lotte Lenya, Gustav Regler, Alfred Sohn-Rethel, Kurt Weill. 1934 ging Bloch nach Wien, wo er seine dritte Frau, Karola, heiratete. 1935 lebten sie in Paris und von 1936 bis 1938 in Prag. 1938 emigrierten sie in die Vereinigten Staaten; 1949 nahm Bloch den Ruf nach Leipzig an. Bei einem Besuch in der Bundesrepublik nach dem Bau der Mauer blieben die Blochs im Westen. Allenthalben war eine gewisse Verlegenheit zu spüren. Was sollte man mit einem Mann anfangen, der einerseits auf der Seite Stalins gestanden hatte, andererseits aber die DDR kritisierte? Auf Blochs Pro-Stalin-Haltung wurde auch immer wieder hingewiesen. Die Blochs nahmen ihren Wohnsitz in Tübingen, weil die Namen Schelling, Hegel und Hölderlin eng mit Tübingen verbunden sind.

8. Die Bundesrepublik und die Fertigstellung der Gesamtausgabe

Unversehens wurde Bloch zum Mentor der Studentenbewegung. Hier hatte er große Wirkung. Seine Betonung des subjektiven Faktors wurde aufgenommen und durch psychoanalytisches Studium ergänzt. Das tatkräftige Eingreifen zur Initiierung revolutionärer Prozesse wurde in der Weise ernst genommen, daß es hieß, der aufrechte Gang führe manchmal auch durch geschlossene Glastüren von Rektoraten. Die Theorie der Gegengewalt wurde aufgenommen und weiterentwickelt. Dasselbe geschah mit

52 Karola Bloch, *Aus meinem Leben*, a.a.O., S. 82.

der Kritik an der Widerspiegelungstheorie und am dogmatischen Marxismus. – Eine tiefe Freundschaft bestand zwischen Rudi Dutschke und Bloch.
1977 starb Bloch in Tübingen. Mittlerweile wird oft gefragt, ob seine Philosophie der Hoffnung noch aktuell sei, denn die Gründe zur Mutlosigkeit sind zahlreicher geworden. Bloch würde sagen, daß dann, wenn wir genau hinsähen, uns deutlich würde, daß wir immer noch von lauter Versuchsproduktionen des »Laboratorium possibilis Salutis« umgeben seien. Das »Experimentum mundi« sei keineswegs zum Stillstand gekommen. Wir hätten heute mehr Protest gegen das schlecht Gewordene zu beobachten als jemals zuvor. Der Protest bilde sich im Großen wie in den kleinsten menschlichen Gemeinschaften, in den Stadtteilen. Daraus entwickle sich auch alternative Praxis, die beispielgebend sein könne. Dies würde Bloch eher als ein ermutigendes Signal auffassen – nach dem oft von ihm zitierten Motto aus Hölderlins *Patmos*: »Wo aber Gefahr ist, wächst das Rettende auch.« Bloch selbst legte bis zum letzten Tag seines Lebens sein Veto ein gegen das, was der Hoffnung auf eine bessere menschliche Gesellschaft im Wege stand. Der hochbetagte Mann kämpfte noch gegen die Notstandsgesetze, gegen den Paragraphen 218, gegen die Berufsverbote und gegen den Bau der Neutronenbombe.
Hier in der Bundesrepublik stellte er auch seine Gesamtausgabe fertig, die er mit 26 Jahren – noch kein Buch veröffentlicht – seinem Freund Lukács, mit dem ihn vor dem Ersten Weltkrieg eine intensive Freundschaft verband, schon avisierte.[53] In allen politisch brisanten Situationen sehen wir Bloch an der Gesamtausgabe arbeiten. In den zwei Jahren in Prag, von den Nazis umstellt. Von der Emigrationszeit in den Vereinigten Staaten schrieb er: »Ich war glücklich, ungestört auf deutsch schreiben zu können, in einer Sprache, die rundum nicht gesprochen und wenn, dann banalisiert wurde, einer wissenschaftlichen und philosophischen Sprache. Ich habe Tag und Nacht gearbeitet, elf Jahre lang.«[54] Auch als die Diffamierungen in der DDR ihren Höhepunkt erreichten, arbeitete er »wie immer an seinem Werk«.[55] Und bei seiner dritten Emigration war es nicht so schmerzlich, daß er wie-

53 Karola Bloch u. a. (Hg)., *Briefe*, a.a.O., S. 66.
54 Arno Münster (Hg.), *Tagträume vom aufrechten Gang*, Frankfurt/M. 1977, S. 70.
55 Karola Bloch, *Aus meinem Leben*, a.a.O., S. 228.

der einmal eine Heimat aufgeben mußte, sondern: »Das Härteste für mich war, daß ich alle meine Manuskripte in Leipzig zurücklassen mußte – mein ganzes Leben, meine Arbeit. Ich wäre bereit gewesen, zurückzukehren, nur um sie wiederzufinden. Aber jemand war so nett, sie mir mitzubringen. Seitdem bin ich nicht mehr nach Hause zurückgekehrt.«[56] Sicher, an all dem ist zu erkennen, daß Hans Mayer recht hat, Bloch habe immer nur Interesse daran gehabt, seine Gesamtausgabe fertigzustellen. Das zwang ihn aber nicht, ein Unpolitischer zu werden. Und Bloch war das nie; wir wissen das!

56 Arno Münster (Hg.), *Tagträume*, a.a.O., S. 125 f.

13. Habermas

Erkenntnis und Moral

Der leitende Gedanke für meine Darstellung der Habermasschen Theoriebildung ist nicht neu und ergibt sich von selbst bei der Lektüre des Werkes. Er ist aber – soweit ich sehe – noch nicht explizit vorgetragen worden. Meine These ist, daß das Habermassche Werk eine einzige, groß angelegte Ethik der Moderne ist. Daß diese Vermutung zutrifft, kann nachgewiesen werden, wenn man sich seine frühe und spätere Auseinandersetzung mit Heidegger ansieht. Aber auch in seinen politikwissenschaftlichen Arbeiten »Student und Politik« »Strukturwandel der Öffentlichkeit« und »Theorie und Praxis« wird die vorherrschende Verfahrensweise in der Politikwissenschaft, sie ohne normativen Bezug zu betreiben, kritisiert. Ohne normativen Bezug arbeiten viele sozialwissenschaftliche Theorien, wie Habermas in seinen Untersuchungen »Zur Logik der Sozialwissenschaften« und in seinen Auseinandersetzungen mit dem Positivismus in »Erkenntnis und Interesse« und der Systemtheorie in »Theorie der Gesellschaft oder Sozialtechnologie« zu zeigen weiß. Habermas ist in seiner kritischen Haltung stärker an Nietzsche orientiert als so mancher Nietzsche-Apologet wahrhaben will. 1968 schreibt Habermas in seiner Nietzsche-Interpretation: »Reine Theorie, die, aller praktischen Lebensbezüge entbunden, die Strukturen der Wirklichkeit in der Weise erfaßt, daß theoretische Sätze wahr sind, wenn sie einem Ansichseienden korrespondieren, ist Schein. Denn die Akte der Erkenntnis sind in Sinnzusammenhänge eingelassen, die sich in der Lebenspraxis, im Sprechen und Handeln bedürftiger Wesen, erst konstituieren.«[1]

In seiner eigenen Theoriebildung, die aus der kritischen Haltung gegenüber traditioneller Theorie lebt, ist Habermas der alten kritischen Theorie Horkheimers und Adornos gefolgt und er wird nicht müde, den programmatischen Satz von Horkheimer zu zitieren, der die kritisierte traditionelle und die kritische Theorie voneinander scheiden soll: In der traditionellen Vorstellung von

1 Jürgen Habermas, *Kultur und Kritik. Verstreute Aufsätze*, Frankfurt/M. 1973, S. 244.

Theorie erscheinen »nicht die reale gesellschaftliche Funktion der Wissenschaft, nicht was Theorie in der menschlichen Existenz, sondern bloß was sie in der abgelösten Sphäre bedeutet [...] Während der Fachgelehrte als Wissenschaftler die gesellschaftliche Realität mitsamt ihren Produkten für äußerlich ansieht [...], ist das kritische Denken durch den Versuch motiviert, die Spannung als real zu überwinden.«[2]

In diesem Zitat wird angesprochen, daß die Erhellung der normativen Gehalte einer Theorie zur Theorie selbst gehört. Genau an dieser Stelle zeigt sich, wie sehr Habermas in der Tradition der alten Kritischen Theorie steht. Allerdings seien – sagt Habermas – die normativen Grundlagen der alten Kritischen Theorie völlig ungeklärt geblieben. Habermas will den Anspruch der alten Kritischen Theorie einlösen und ihre normative Basis bestimmen. Wie aber kann eine Theorie ihren normativen Gehalt selbst klären? Schon 1958, in einem Lexikonartikel zur Anthropologie beantwortet Habermas die Frage so: »Allein, auch diejenigen, die Anthropologie treiben, sind Menschen und selber darauf angewiesen, sich in ihrem Menschsein zu verstehen. Sie deuten das Wesen des Menschen in dem Maße, in dem sie ihr eigenes Wesen deuten; sie können von ihrem Gegenstand nur handeln, indem sie sich selbst, ihre Situation, in die Betrachtung mit einschießen lassen.« Hiermit schließt Habermas an die abendländisch-sokratische Tradition an. Seit Sokrates muß man nicht nur sagen können, was man weiß, also ein gewissermaßen metatheoretisches Wissen haben, sondern man muß auch sagen können, wer man ist.[3] Habermas fährt dann fort:

Die Kategorien, unter denen sie die ›Menschenkenntnis‹ der Wissenschaften verarbeiten, sind gleichzeitig Kategorien, unter denen sie sowohl die Gesellschaft, als auch die geschichtliche Lage verstehen, der die Betrachter selbst angehören. Eine kritische Anthropologie unterschlägt das nicht. Sie nimmt ausdrücklich das Selbstverständnis methodisch in ihren Ansatz auf und wendet das, was ein Nachteil scheinen möchte, zu ihrem Vorteil. Ihre Aussagen entbehren gewiß der Art Neutralität, die Wissenschaft erringt, weil diese ganz vom Erkennenden selber abgesehen, ganz in Objektivierung aufgehen kann. Ihre Aussagen haben andererseits den Vorzug aller

2 Jürgen Habermas, *Theorie und Praxis. Sozialphilosophische Studien*, 4. durchgesehene, erweiterte und neu eingeleitete Auflage, Frankfurt/M. 1971. S. 243.

3 Gernot Böhme, *Der Typ Sokrates*, Frankfurt/M. 1988, S. 119.

philosophischen: indem sie zeigen, was ist, zeigen sie unvermeidlich auch etwas von dem, was sein kann. Sie sind keine Parolen, aber sie haben einen praktischen Sinn. Sie geben keine Anweisungen, aber sie weisen den Menschen hin auf das, was er mit sich anfangen kann und womöglich versäumt.[4]

Zu den Aufgaben einer kritischen Theorie gehört es nach Habermas also auch, die Diskrepanz von Sein und Sollen herauszuarbeiten. In dem 1958 geschriebenen Vorwort zu »Student und Politik« deckt Habermas diese Diskrepanz im Verfassungsstaat auf, indem er die Differenzen von Verfassungsidee und Verfassungswirklichkeit hervorhebt. Zur Verfassungsidee – so ist das Ergebnis – gehöre die von Kant angesprochene notwendige Orientierung des Gesetzgebers an der Herstellung menschlicher Freiheit. Gesetze müßten stets den Sinn haben, dazu beizutragen, die menschliche Freiheit im Staat zu realisieren. Auch Habermas, der sich in seinem Demokratieverständnis an Franz Neumann orientiert, sagt, daß der demokratische Verfassungsstaat dazu diene, die Freiheit der Menschen zu steigern oder gar gänzlich herzustellen.[5]
Die Orientierung an Kant wird noch in einem anderen Punkt sichtbar. Kant ist der Auffassung, daß ein Gesetz nur dann gerecht sein könne, wenn das ganze Volk diesem Gesetz zustimme und es für gerecht halte. Habermas schließt sich dem an, wenn er sagt, daß die Demokratie »auf das Bewußtsein, daß die Staatsgewalt vom freien und ausdrücklichen Consensus aller Bürger getragen ist, angewiesen« sei.[6] Die normative Basis, die mit ihrer Realisierung oder Nichtrealisierung verglichen wird, wird aus dem Untersuchungsgegenstand, hier dem aufgeklärten Verfassungsstaat, selbst durch Rekonstruktion gewonnen. Habermas ist auch später immer an den Normen der Aufklärung orientiert, und sein Erkenntnisinteresse ist Emanzipation. In »Student und Politik« stellte er fest, daß die Idee der Herrschaft des Volkes gänzlich in Vergessenheit geraten sei.[7] Eine in Einzelheiten gehende Analyse führt Habermas zu der Einsicht, daß der Verfassungsstaat sich so gewandelt habe, daß er mit seinen Idealen in Widerstreit stehe.[8] »Diese Ambivalanz prägt die Verfassungswirklichkeit«,

4 Jürgen Habermas, *Kultur und Kritik*, a.a.O., S. 91.
5 Vgl. ebd., S. 11.
6 Vgl. ebd., S. 13.
7 Vgl. ebd., S. 11.
8 Vgl. ebd., S. 33.

sagt Habermas.[9] Der Souverän, das Volk in einem demokratischen Verfassungsstaat, sei durch den Strukturwandel des Staates in eine Rolle gedrängt worden, die seine Tätigkeit als Souverän einschränke. Das Grundgesetz läßt sich gar vom Mißtrauen gegen plebiszitäre Entscheidungen leiten.[10]

In seinen Publikationen »Strukturwandel der Öffentlichkeit« von 1961 und »Theorie und Praxis« von 1963 geht Habermas nach dem gleichen kritisch-analytischen Schema vor und kommt bezogen auf die Politikwissenschaft, die ja nur eine unter vielen Sozialwissenschaften ist[11], zu folgendem Ergebnis: »Die politischen Wissenschaften verzichten nach und nach auf eine Ableitung der Demokratie aus Prinzipien, wie sie der klassischen Sozialphilosophie und der älteren Staatsrechtslehre geläufig war; sie ersetzen den objektiven Sinn der Institutionen durch ihre abstrakten Bestimmungen. Statt etwa vom Grundsatz der Rechtsstaatlicheit und der Volkssouveränität zu deduzieren, definieren sie Demokratie durch ihren tatsächlichen Apparat.«[12] Kontrastierend zu der vorherrschenden Tendenz in den Sozialwissenschaften, ihren normativen Bezug nicht zu reflektieren, will Habermas nun eine andere Art von Sozialwissenschaft entwickeln, die von der Einsicht geleitet ist, daß »in die Wahl der fundamentalen Kategorien eine vorgreifende Deutung der Gesellschaft des theoretischen Systems [...] immer auch ein aus interessierten Erfahrungen stammendes Vorverständnis der gesellschaftlichen Totalität« mit einschieße.[13] Diese Erkenntnisinteressen sind Bestandteil jeder Theorie, natürlich auch der Habermasschen, wie schon gesagt. Für ihn stellt sich die Frage, wie ein Erkenntnisinteresse als Bestandteil aufgewiesen werden könne und die Theorie dennoch den Anpruch auf Wissenschaftlichkeit nicht verliere. Diese Aporie – 1963 in »Theorie und Praxis« erkannt – ist die, die Habermas in den folgenden Jahren seiner Theorieentwicklung beschäftigen wird. Die Lösung dieser Aporie wird sein: Es muß einen wissenschaftlich-stringenten Zugang zum gesellschaftlichen Normsystem geben. Dieses wird von Habermas »Lebenswelt« genannt, sie enthält eine umfassende Komplexität von Hintergrundüber-

9 Ebd., S. 21.
10 Vgl. ebd., S. 49.
11 Vgl. Jürgen Habermas, *Theorie und Praxis*, a.a.O., S. 50.
12 Jürgen Habermas, *Kultur und Kritik*, a.a.O., S. 9.
13 Jürgen Habermas, *Theorie und Praxis*, a.a.O., S. 242.

zeugungen, zu denen nicht nur die individuellen Fertigkeiten, sondern auch die kulturellen Erbschaften gehören.
»Soziales Handeln«, führt Habermas in Anlehnung an Max Weber fort, »ist eine Befolgung von Normen. Handlungsbestimmende Normen sind kollektive Verhaltenserwartungen. Diese Erwartungen sind ein für das institutionalisierte Handeln relevanter Ausschnitt der kulturellen Überlieferung. Diese ist ein Zusammenhang von Symbolen, der das umgangssprachlich artikulierbare Weltbild einer sozialen Gruppe und damit den Rahmen für mögliche Kommunikationen in dieser Gruppe festlegt.«[14] Diese Normen, an denen sich die sozial Handelnden orientieren, die somit allgemeine Anerkennung finden und eine Bedeutungsidentität bei allen Beteiligten voraussetzen, konstituieren sich nach Habermas nur in der Sprache.[15]

Wenn Handeln so an Intentionen gebunden ist, daß es aus Sätzen, die diese Intentionen zum Ausdruck bringen, abgeleitet werden kann, gilt auch umgekehrt die These: daß ein Subjekt nur die Handlungen ausführen kann, deren Intention es grundsätzlich beschreiben kann. Die Grenzen des Handelns sind durch den Spielraum möglicher Beschreibungen bestimmt. Dieser ist festgelegt durch die Strukturen der Sprache, in der sich das Selbstverständnis und die Weltauffassung einer sozialen Gruppe artikuliert. Also sind die Grenzen des Handelns durch die Grenzen der Sprache gezogen.[16]

Wenn diese Annahme gemacht wird, dann muß Habermas konsequent weiterfragen – um die genannte Aporie lösen zu können und eine entsprechende Methodologie auszuarbeiten –, wie denn eine Theorie des kommunikativen Handelns möglich sei. Für Habermas kristallisiert sich im Rahmen seiner Methodenuntersuchung schon 1967 folgende Antwort heraus: »Wenn wir soziales Handeln als ein Handeln unter geltenden Normen begreifen, müssen sich Theorien des Handelns auf Zusammenhänge von Normen beziehen, die den Ablauf von Interaktionen gestatten. Da Normen zunächst in der Form von Symbolen gegeben sind, liegt es nahe, die Systeme des Handelns aus Bedingungen der sprachlichen Kommunikation abzuleiten. Wo Grenzen der Spra-

14 Jürgen Habermas, *Zur Logik der Sozialwissenschaften*, Frankfurt/M. 1970, S. 141 f.
15 Vgl. ebd., S. 160.
16 Ebd., S. 161.

che Grenzen des Handelns definieren, legen die Strukturen der Sprache die Kanäle für mögliche Interaktionen fest.«[17]

In den nächsten Jahren beschäftigt Habermas sich so eingehend mit der Sprachtheorie, daß ihm und seinen Lesern »über die Details das Ziel des ganzen Unternehmens aus dem Blick« geriet[18], wie er 1981 selbst feststellte. Mit seinen sprachanalytischen Ergebnissen, die dem Publikum vor allem in den siebziger Jahren vorgelegt wurden, wollte Habermas ursprünglich ja der Mißlichkeit begegnen, »daß die normativen Grundlagen der kritischen Gesellschaftstheorie völlig ungeklärt waren«.[19]

Das substantielle Ergebnis seiner sprachtheoretischen Untersuchungen schließt an die Einsicht aus »Zur Logik der Sozialwissenschaften« an, die 1976 in »Zur Rekonstruktion des Historischen Materialismus« noch einmal herausgestellt wird. Dort zeigt Habermas erneut im Anschluß an George Herbert Mead, daß Gesellschaften als ein Netzwerk kommunikativer Handlungen zu fassen seien.[20] Wie dies zu verstehen sei, teilt er in seinem Aufsatz »Was heißt Universalpragmatik?« ebenfalls aus dem Jahre 1976, mit:

> Jede explizit performative Äußerung stellt in gewisser Weise eine Interaktionsbeziehung zwischen mindestens zwei sprach- und handlungsfähigen Subjekten zugleich her und dar [...] Die generative Kraft besteht [...] darin, daß der Sprecher in Ausführung eines Sprechaktes auf den Hörer derart einwirkt, daß dieser mit ihm eine interpersonale Beziehung aufnehmen kann [...] Kommunikative Handlungen sind, gleichviel ob sie eine explizit sprachliche Form annehmen oder nicht, auf einen Kontext von Handlungsnormen und Werten bezogen. Ohne den normativen Hintergrund von Routinen, Rollen, soziokulturell eingeübten Lebensformen, kurz: Konventionen, bliebe die einzelne Handlung unbestimmt. Alle kommunikativen Handlungen erfüllen oder verletzen normativ festgeschriebene soziale Erwartungen und Konventionen.[21]

Dieser Zusammenhang von Sprache und Lebenswelt oder von Sprache mit dem normativen Hintergrund von Erkenntnisleistun-

17 Ebd., S. 165.

18 Jürgen Habermas, *Theorie des kommunikativen Handelns*, Bd. 1, Frankfurt/M. 1981, S. 7.

19 Jürgen Habermas, *Die Neue Unübersichtlichkeit*, Frankfurt/M. 1985, S. 215.

20 Vgl. Jürgen Habermas, *Zur Rekonstruktion des Historischen Materialismus*, Frankfurt/M. 1976, S. 12.

21 Jürgen Habermas, *Was heißt Universalpragmatik?*, in: Karl-Otto Apel (Hg.), *Sprachpragmatik und Philosophie*, Frankfurt/M. 1976, S. 216f.

gen wird nicht immer sichtbar. Das weiß Habermas selbst: »Gerade weil Sprache [...] im Vollzug unserer kommunikativen Handlungen und Expressionen in einer eigentümlichen Halbtranszendenz verharrt, präsentiert sie sich dem Sprecher und dem Handelnden (vorbewußt) als ein Realitätsausschnitt sui generis.«[22]

In diesem Aufsatz von 1976 kommt Habermas schon zu dem gesuchten Ergebnis, das in seiner fünf Jahre danach erschienenen umfangreichen Publikation »Theorie des kommunikativen Handelns« lediglich systematisch geordnet dargestellt wurde. In Auseinandersetzung mit linguistischen und pragmatischen Theorien kommt Habermas zu der Entdeckung von Geltungsansprüchen, die allen kommunikativen Handlungen zugrunde liegen. Jedes sprechende Subjekt thematisiert etwas aus dem Bereich der äußeren Natur, der Gesellschaft oder seiner inneren Natur. Gegen diese Bereiche grenzt es sich zugleich ab, indem es sie thematisiert. Mit dieser Thematisierung erhebt jedes handelnde Subjekt zugleich einen Wahrheitsanspruch, einen Richtigkeitsanspruch und einen Wahrhaftigkeitsanspruch. Einer dieser Ansprüche kann zwar vorrangig erhoben werden, dennoch werden sie immer alle zugleich erhoben.

Diese Ergebnisse ermittelt Habermas auch in Auseinandersetzung mit der Rationalitätstheorie von Max Weber, die nach Habermas' Ansicht einen verkürzten Rationalitätsbegriff beinhaltet. Demgegenüber vertritt Habermas einen an den Theorien von Durkheim und Mead orientierten Begriff unverkürzter kommunikativer Rationalität. Er sieht – sich auf Untersuchungen von Karl-Otto Apel stützend –, daß wir immer schon in Argumenten denken. Wir sind als einsame Denker schon in einen Interaktionszusammenhang gestellt und operieren mit der normativen Basis praktisch-ethischer Regeln. Selbst wenn ich eine wissenschaftliche Aussage mache, also einen assertorischen Satz bilde, nehme ich mit der Mitteilung den Hörer ernst, denn ich will ihn überzeugen, und erwarte Gegenargumente oder Bestätigung. Insofern sind auch in solchen scheinbar rein objektiven Aussagen die ethischen Normen von Gleichheit und Akzeptanz gegenwärtig. Wir sehen hier einen Primat des praktischen Vernunftmoments in der Vernunfteinheit.

An diesem Ergebnis der universalpragmatischen Untersuchungen

22 Ebd., S. 257.

von Habermas wird nun das Stück Kantianismus, das nach seiner eigenen Aussage in ihm steckt, deutlich.[23] Auch Kant teilt die Welt in drei Erkenntnisbereiche ein, die mit jeweils anderen Regeln zu erkennen sind. Diese Regeln sind in den drei Kritiken enthalten. Ebenso wie Kant behauptet Habermas – gegen Max Weber – die Vernunfteinheit: Zwar könne einer der Geltungsansprüche thematisch hervorgehoben werden, dennoch kommen sie in jeder Äußerung gleichzeitig ins Spiel. Kantianisch gesprochen: »Diese Ansprüche konvergieren in einem einzigen: dem der Vernünftigkeit.«[24] Habermas hat einmal in einem Interview gesagt, die Vernunft solle »die Vernunftmomente, die in allen drei Kantischen Kritiken auseinandergenommen worden sind, in ihrer Einheit zeigen: die Einheit der theoretischen Vernunft mit moralisch-praktischer Einsicht und ästhetischer Urteilskraft«.[25] In der »Theorie des kommunikativen Handelns« wird dann ausführlicher gezeigt, was Vernunft für Habermas ist. Im 1988 erschienen »Nachmetaphysischen Denken« greift Habermas das Thema erneut auf. Mit George Herbert Mead, dem der umfangreichste Aufsatz im »Nachmetaphysischen Denken« gewidmet ist, sieht Habermas, daß sich Vernunft intersubjektiv bildet. Vernünftigkeit sei eine Kompetenz vergesellschafteter Individuen, die in sozialen Interaktionszusammenhängen erworben werde. Mead »entdeckt eine schon in der kommunikativen Alltagspraxis selbst operierende Vernunft«.[26] Damit ist Vernunft nicht mehr als transzendentalen Ursprungs anzusehen. Vernünftigkeit bildet sich mit der Subjektwerdung. Vernünftigkeit ist nicht mehr – wie wir schon in der »Theorie des kommunikativen Handelns« sehen konnten – etwas nicht Faßbares. Vernunft ist empirisch-sprachlich faßbar; sie vermittelt sich dem Individuum im Prozeß der Selbstwerdung.

Im »Nachmetaphysischen Denken« fragt Habermas, ob sich mit dem an der Meadschen Philosophie orientierten nachmetaphysischen Denken auch das Problem von Allgemeinem und Einzelnem gelöst habe. Das Einzelseiende wird im metaphysischen Denken in allgemeine Begriffe gefaßt. Dieses Fassen in allgemeine

23 Vgl. Jürgen Habermas, *Kleine Politische Schriften I–IV*, Frankfurt/M. 1981, S. 530.

24 Jürgen Habermas, *Vorstudien und Ergänzungen zur Theorie des kommunikativen Handelns*, Frankfurt/M. 1984, S. 194.

25 Jürgen Habermas, *Die Neue Unübersichtlichkeit*, a.a.O., S. 174.

26 Jürgen Habermas, *Nachmetaphysisches Denken*, a.a.O., S. 59.

Begriffe soll das Wesentliche aller durch ihn bezeichneten Einzeldinge enthalten. Nun wurde Habermas in einer Kritik an seinem nachmetaphysischen Denken vorgeworfen, er habe dieses Problem ignoriert oder vorschnell vom Tisch gewischt. Metaphysik verlange nämlich »nichts Geringeres als das uns zugängliche Ganze unter Begriffe zu bringen [...] Natürlich bleibt es jedem unbenommen, aus pragmatischen Gründen auf fundamentale Erörterungen zu verzichten.«[27] Diese Vermutung trifft aber keinesfalls das, was Habermas will. Er will nicht die strenge Begriffsarbeit aufgeben. Zur Frage steht lediglich das »Wie«? dieser Begriffsarbeit.

Philosophische Erörterungen bauen immer auf Begriffen auf. Sie haben eine Bedeutung. In einem philosophischen Diskurs kann die Bedeutung eines Begriffes zur Disposition stehen. Frühes Musterbeispiel dafür ist der im 10. Kapitel dargestellte Platonische Dialog »Laches«, in dem der Begriff der Tapferkeit erörtert wird, der am Ende andere Wesensmerkmale aufweist als am Anfang des Dialogs.

Fraglich ist nun, wie mittels nachmetaphysischem Denken hier verfahren werden soll. Natürlich ergeben sich die zu behandelnden Fragen ganz im Sinne des amerikanischen Pragmatismus, an dem Habermas sich orientiert, aus in der Lebenswelt auftretenden Problemen und fraglich gewordenen Hintergrundüberzeugungen. Sie werden dann modo philosophico beantwortet. »Die Möglichkeiten, auf solche Fragen Antworten zu geben, werden aber auch von Veränderungen berührt, die in der Lebenswelt selbst stattfinden.«[28] Daß sich die Lebenswelt stets verändert, ist auch der Grund dafür, daß die Philosophie in ihrer zweieinhalbtausendjährigen Geschichte keine endgültigen Antworten gefunden hat, die sie allerdings immer suchte. Die Veränderungen in der Lebenswelt verändern auch den von der Metaphysik so genannten Wesenskern eines Gegenstandes, der nicht als unveränderlich zu haben ist. Auf diese Erkenntnis, daß philosophische Begriffsarbeit immer einen Bezug zur sich ständig verändernden Lebenswelt hat, reagiert das nachmetaphysische Denken. Die Begriffsarbeit des nachmetaphysischen Denkens ist nur anders als die des meta-

27 Volker Gerhardt, *Kein Ende der Metaphysik*, in: *Frankfurter Allgemeine Zeitung* vom 17. September 1986.

28 Jürgen Habermas, *Nachmetaphysisches Denken*, a.a.O., S. 24 f.

physischen. Sie wird aber im nachmetaphysischen Denken keineswegs aufgegeben. Im nachmetaphyischen Denken werden »Begriffe und begriffliche Zusammenhänge im Hinblick auf ihre Reichweite und Leistungsfähigkeit erprobt [...] und wenn sie alle verfügbaren Belastungsproben überstanden haben, können wir sie mit Recht zur Grundlage unseres weiteren philosophischen Denkens machen«.[29] Begriffe müssen also, so sagt Habermas schon in seinem Aufsatz zur Universalpragmatik, stets anhand neuer Erfahrungen getestet werden.[30] Es verhält sich also hier wie in der Psychoanalyse, an deren Modell Habermas seine Theorie bildet: Hypothesen können nur solange gelten, wie ihnen keine anderen Erfahrungen widersprechen. Kommen neue Erkenntnisse aus dem Erleben der Patienten hinzu, muß der Analytiker seine Hypothesen entsprechend umbilden. Auch die Hypothesen des Analytikers werden einem Belastungstest ausgesetzt.

Die Begriffsarbeit im nachmetaphysischen Denken hat also nie den Anspruch, daß sie um ihrer selbst willen betrieben wird, so wie Aristoteles sie programmatisch an den Anfang der langen Geschichte der Metaphysik stellte. (Metaphysik, Buch I, 1) Begriffsarbeit im nachmetaphysischen Denken ist eingebettet in den Veränderungen unterworfenen Lebenszusammenhang und gewinnt von daher neue Aufgabenstellungen und die Stetigkeit neuer Aufgabenstellungen. Begriffsarbeit ist situationsabhängig. In ihr »mobilisieren wir immer nur Teile unseres sprachlichen Wissens, um andere Teile zu ›reparieren‹, d. h., um die dort gefährdete Verständigung wiederherzustellen und zu sichern«. Eine solche Begriffsarbeit hat »sehr viel mit dem ›piecemeal engineering‹ auf einem Schiff auf hoher See zu tun, das mit Bordmitteln auskommen muß; man kann eben nicht zugleich auf einem Schiff fahren und es auf Dock legen.«[31] Mit dieser Konzeption wird auch die Frage nach den »ewigen Wahrheiten«, die in metaphysischen Begriffen stecken sollen, beantwortet. Genauer: Diese Frage wird obsolet.

29 Herbert Schnädelbach, *Philosophische Argumentation*, in: Ekkehard Martens/Herbert Schnädelbach (Hg.), *Philosophie. Ein Grundkurs*, Reinbek 1985, S. 502.

30 Vgl. Jürgen Habermas, *»Was heißt Universalpragmatik?«*, a.a.O., S. 199.

31 Herbert Schnädelbach, *Vernunft und Geschichte. Vorträge und Abhandlungen*, Frankfurt/M. 1985, S. 166.

Mit seinen wissenschaftstheoretischen und erkenntniskritischen Arbeiten zwischen 1963 und 1988 hat Habermas die normativen Voraussetzungen nicht nur seiner eigenen, sondern jeder wissenschaftlichen Erkenntnis nicht einfach behauptet – wie man den unausgewiesenen Objektivitätsanspruch der Wissenschaften behauptet –, sondern durch Rekonstruktionen gefunden. Die Vernunft wird als grundlegend zugrundeliegender Bezugspunkt für die denkenden, handelnden und sprechenden Menschen in Alltag und Wissenschaft ausgewiesen. Der Bezugspunkt der abendländischen Wissenschaften mit Objektivitätsanspruch dagegen ist nicht ausgewiesen.

Nach diesen Ergebnissen kann es auf den ersten Blick verwundern, daß Habermas mit den politikwissenschaftlichen Analysen begonnen hat. Dies läßt sich nur erklären, wenn man sich die lebensgeschichtlichen Erfahrungen von Jürgen Habermas ansieht. Er gehört zu der Generation, von der sein sieben Jahre älterer Freund Karl-Otto Apel sagte, daß sie die »Zerstörung des moralischen Bewußtseins«[32] selbst erlebt habe und die nach 1945 in dem »dumpfen Gefühl« lebte, daß alles falsch gewesen sei, für das man sich bis dahin eingesetzt habe.[33] Bei allem guten Willen habe man auch keine »normativ verbindliche Orientierung für die Rekonstruktion der eigenen geschichtlichen Situation« finden können.[34]

Habermas, der im kleinstädtischen Gummersbacher Milieu und einem durch Anpassung an die politische Umgebung geprägten Elternhaus aufwuchs[35], erlebte das Kriegsende im Alter von 15 Jahren. Erst da konnte ihm bewußt werden, daß er in einem politisch kriminellen System gelebt hatte.[36] Hatte Habermas zunächst die Hoffnung, daß grundlegende politische Änderungen eintreten würden, erlebte er statt dessen zwei große Enttäuschungen. Die eine war die Regierungsbildung von 1949. Habermas hatte es nicht für möglich gehalten, daß ein Mann wie Seebohm, der für ihn politische Kontinuität verkörperte, in das erste Kabi-

32 Karl Otto Apel, *Diskurs und Verantwortung. Das Problem des Übergangs zur postkonventionellen Moral*, Frankfurt/M. 1988, S. 371.
33 Ebd., S. 374.
34 Ebd., S. 376.
35 Jürgen Habermas, *Kleine politische Schriften I–IV*, a.a.O., S. 511.
36 Ebd., S. 512.

nett eines demokratischen Staates berufen würde.[37] Die Befürchtung, daß ein wirklicher Bruch im politischen Denken nicht stattgefunden habe, wurde durch die zweite Enttäuschung noch verstärkt. Sie wurde ausgelöst durch die Veröffentlichung der Heideggerschen »Einführung in die Metaphysik« von 1953. Dies war eine Vorlesung aus dem Jahre 1935, die ohne ein Wort der Erklärung 18 Jahre später veröffentlicht wurde. In seiner damaligen Stellungnahme dazu sagte Habermas, daß inzwischen doch acht Jahre Zeit gewesen seien, sich mit dem, »was war, was wir waren«[38] auseinanderzusetzen. »Statt dessen veröffentlichte Heidegger seine inzwischen achtzehn Jahre alt gewordenen Worte von der Größe und der inneren Wahrheit des Nationalsozialismus, Worte, die zu alt geworden sind und gewiß nicht zu denen gehören, deren Verständnis uns noch bevorsteht.«[39] Daß dies geschah, mußte Habermas um so mehr erschüttern, als er bis dahin in der Heideggerschen Philosophie gelebt hatte.[40] Erklären konnte Habermas sich das nur so, daß Heidegger bei der geschichtlichen Betrachtung der Philosophie zwar die Brüche sieht, die in der Neuzeit zum rechnenden und auf Beherrschung abzielenden Denken führt, nicht aber die gleichzeitige Entwicklung moralischen Bewußtseins, das ein Korrektiv des technisch-instrumentellen Denkens sein könnte.[41] Dieses Korrektiv wurde fortan Gegenstand Habermasscher Untersuchungen. Moralisch-praktische Erwägungen lagen für Heidegger dagegen unter dem Niveau der Seinssuche und können von ihm als Produkt der Seinsvergessenheit interpretiert werden.[42] So ist zu erklären, daß mit der Habermasschen eine Philosophie entsteht, die zur Heideggerschen nicht komplementär, sondern konträr ist.

37 Ebd., S. 513.

38 Jürgen Habermas, *Philosophisch-politische Profile*, Erw. Ausgabe, Frankfurt/M. 1981, S. 72.

39 Ebd.

40 Jürgen Habermas, *Kleine politische Schriften I–IV*, a.a.O., S. 515.

41 Jürgen Habermas, *Philosophisch-politische Profile*, a.a.O., S. 71.

42 Vgl. Richard Rorty, *Kontingenz, Ironie und Solidarität*, Frankfurt/M. 1989, S. 319.

Wegen seines universalen Moralgrundsatzes, den er 1983 in der Publikation »Moralbewußtsein und kommunikatives Handeln« mitteilte, wurde Habermas in der Folgezeit kritisiert. Vor allem Charles Taylor mutmaßte, daß Habermas sich damit von der Realität entferne. Solche Kritik nötigte den Kritisierten zum einen zu Differenzierungen seiner Diskursethik in seinen »Erläuterungen zur Diskursethik« [ED] und zum anderen zur Entwicklung einer diskursiven Rechtstheorie in »Faktizität und Geltung« [FG].
Charles Taylor hielt Habermas vor, daß erst der Bezug auf die Tradition konkreter Gemeinschaften die angemessene Reichweite ethischer Theorien kennzeichne. Damit grenzt sich dieser Kommunitarier von den sogenannten Universalisten unter den Moralphilosophen ab, zu denen er John Rawls und Jürgen Habermas zählt. Habermas bezieht nach Taylors Ansicht deshalb einen universalistischen Standpunkt, weil er befürchte, daß ein moralischer Standpunkt, der sich auf Tradition bezieht, konservativ sei. Das aber sei, so Taylor, der Irrtum aller modernen Rationalisten, daß ein sich an Traditionen orientierendes Denken unausweichlich im status quo gefangen bleiben müsse. Auch Traditionen würden sich weiterentwickeln.
Noch gegen weitere Vorwürfe der Kommunitarier muß Habermas sich zur Wehr setzen: Zum einen könne man gar keinen universalen moralischen Grundsatz formulieren, denn jede universale Formulierung würde die in der Tradition steckende conditio humana unausgesprochen als Voraussetzung mitsetzen. Zum anderen wird Habermas vorgehalten, daß ein universales Moralprinzip nicht leitend für individuelle Orientierungsfragen und konkrete Handlungen sein könne.
Zu diesen Vorhaltungen hat Habermas Stellung bezogen. Sein universales Moralprinzip, das Zielpunkt der kritischen Einwände ist, lautet: Nur solche Normen können allgemeine Anerkennung und somit gesellschaftliche Gültigkeit erlangen, deren Folgen alle Betroffenen tragen wollen, ganz gleich, ob sie nun im einen Fall die Norm aktiv anwenden oder zu einer anderen Zeit von der Anwendung passiv betroffen werden. – Habermas verteidigt diesen 1983 von ihm in die Debatte eingeführten Universalisierungsgrundsatz ›U‹ mit Differenzierungen: Von der praktischen Ver-

nunft, die die Regeln für moralisch orientiertes Handeln angibt, könne man in *dreierlei* Hinsicht Gebrauch machen. Zum *einen pragmatisch*, was in alltäglichen Entscheidungen der Fall sei, wenn es zum Beispiel um ein Täuschungsmanöver ginge, mit dem man seinen kleinen individuellen Vorteil zu erlangen suche. Hier fragt man, ob man sich zweckmäßig verhalte, wenn man die Täuschung vornimmt. Die Empiristen und Utilitaristen haben die praktische Vernunft auf die Beantwortung solcher Fragen beschränken wollen. Zum *weiteren* könne man von der praktischen Vernunft in *ethischer* Hinsicht Gebrauch machen. Dabei geht es um die Frage nach den grundlegenden Maximen des Handelns, also um die *Art der Lebensführung*. Es stellt sich dabei die Frage nach dem Selbstverständnis der eigenen Person: Welcher Beruf ist gut für mich? Werde ich glücklich, wenn ich mich mit diesem Partner verbinde? Solche Fragen werden seit Aristoteles als Fragen nach dem Guten ausgezeichnet. Auf die Beantwortung beschränkt sich die praktische Vernunft in der Aristotelischen Ethik. *Drittens* kann man von der praktischen Vernunft in *moralischer* Hinsicht Gebrauch machen. Dann stellen sich Fragen nach der Gerechtigkeit. Macht man von der praktischen Vernunft in dieser Hinsicht Gebrauch, dann bekommt man die Antwort auf die Frage, ob sich die eigenen Handlungs-Maximen mit denen der Mitmenschen vertragen. Auf die Beantwortung moralischer Fragen hat Kant die praktische Vernunft beschränken wollen.
Der Gebrauch der praktischen Vernunft in den ersten beiden Hinsichten ist – so Habermas – natürlich in den lebensweltlichen Kontext, also in die Tradition, in der wir leben, eingebettet. Der Gebrauch in der dritten Hinsicht weist allerdings über diesen Kontext hinaus. Das sei auch das Kennzeichen einer Moral der Moderne, die nicht mehr von dieser oder jener partikularen Gemeinschaft ausgehen könne, sondern von *der* Weltgemeinschaft schlechthin. [ED 151]

»Der Standpunkt der Moral«, so Habermas, »unterscheidet sich von dem der konkreten Sittlichkeit durch eine *idealisierende Einschränkung* und Umkehrung der an kulturell eingewöhnten partikularen Lebensformen haftenden und der aus individuellen Bildungsprozessen hervorgehenden Deutungsperspektiven. Diese Umstellung auf die idealisierenden Voraussetzungen einer räumlich, sozial und zeitlich unbegrenzten Kommunikationsgemeinschaft bleibt auch in jedem real durchgeführten Diskurs Vorgriff auf, und Annäherung an eine regulative Idee.« [ED 156] Und weiter: »Der Nachweis, daß der moralische Gesichtspunkt, wie er durch ›U‹ expliziert wird, nicht nur kultur- oder schichtenspezifische Wertorientierungen zum Ausdruck bringt, sondern allgemein gilt, kann vor einem Relativismus schützen, der moralische Gebote um ihren Sinn, moralische Verpflichtungen um ihre Pointe bringt.« [ED 185]

Für diesen universalen moralischen Grundsatz gibt es keine direkte Anwendungsmöglichkeit. Das sieht auch Habermas, was er durch die genannte Differenzierung klarmachen konnte. Nun stehen der moralische und der ethische Gesichtspunkt und der pragmatische Anwendungsgesichtspunkt nicht getrennt nebeneinander. Das, was die Philosophen der drei genannten Richtungen in der Vergangenheit getrennt haben, bringt Habermas zusammen unter dem Rubrum verschiedener Anwendungsgesichtspunkte praktischer Vernunft. Da die Gesichtspunkte nicht getrennt voneinander sind, spielt der *pragmatische* Anwendungsgesichtspunkt auch eine Rolle für die *moralischen* Lernprozesse, denn erst die Erfahrung mit Unterdrückung und Diskriminierung von Minderheiten hat dazu geführt, einen Universalismus in der Moraldiskussion zu entwickeln, »der gleiche Achtung für jeden und der Solidarität mit allem, was Menschenantlitz trägt«, vorschreibt. [ED 116] So wird – nach Habermas – der Zusammenhang mit einer Tradition gewahrt, die unser Philosoph 1971 in seiner Auseinandersetzung mit der Hermeneutik Hans-Georg Gadamers »verflüssigte Tradition« nannte, die der »Dauerrevision« ausgesetzt sei. Ähnliches meint Walzer, wenn er sagt, daß Traditionen stets neu interpretiert werden müßten, und Taylor, der davon ausgeht, daß Traditionen sich ständig entwickelten.
Konsequenterweise müßte Habermas nun auch sehen, daß im Universalisierungsgrundsatz zwei Prinzipien enthalten sind, die aus der christlichen Tradition stammen. Die Symmetrie der Diskurspartner (Gleichheit und Gerechtigkeit) und das Ernstnehmen des Gegenüber (menschliche Akzeptanz). Das sind quasi-religiöse Elemente, die sich aus christlichen Werten herleiten lassen, z. B. dem christlichen Gleichheitssatz und dem Solidaritätsprinzip als einem »der grundlegenden Prinzipien der christlichen Auffassung«, wie Papst Johannes Paul II. in seiner Sozialenzyklika »Centesimus annus« betonte. Dies sind – wollen wir in der Habermasschen Terminologie bleiben – ethische Orientierungspunkte für Individuen, die in der christlichen Tradition stehen. Sie sagen ihnen, was für *ihr* Leben gut ist. Charles Taylor muß gegen

Habermas recht gegeben werden, wenn er sagt, daß es kein *reines* Verfahrensprinzip wie es der Habermassche Universalisierungsgrundsatz sein will, geben könne, weil es nämlich »selbst auf einer substantiellen Vision des Guten beruht.«

Nun ist die Diskussion damit nicht beendet, denn auch Taylor hat aus dem Disput gelernt. Er ist der Auffassung, daß durch seine Einwände die Diskursethik nicht widerlegt ist, sondern nur ihr rein verfahrensethischer Charakter. Ihre materialen Prinzipien seien durch die Diskussion klarer ans Licht gekommen und blieben nach seiner Ansicht bewahrt. Haben sie für ihn also doch universalen Charakter? Und auf der anderen Seite analysiert Habermas: Menschen werden in die Gemeinschaft hineingeboren und entwickeln ihre Identität durch die Orientierung an den anderen in ihrer Gemeinschaft. Darum sind sie von Gemeinschaften abhängig: »Wir sind, was wir sind, durch unser Verhältnis zu anderen«, stellt der von Habermas zitierte amerikanische Sozialpsychologe George Herbert Mead fest. [ED 66] Daraus erklärt sich die mögliche Gefährdung und chronische Anfälligkeit unseres versehrbaren Selbstwertgefühls. Auf die Schonung der Identität der einzelnen in einer Gemeinschaft ist jede Moral zugeschnitten. Darum ist eine Universalmoral in einer Weltgemeinschaft notwendig. Dies würde auch Charles Taylor anerkennen, der aber weiterhin die kulturelle Abhängigkeit auch der Universalmoral betont. Diese Verbindung konstatiert auch Habermas. Sie ist für ihn vermittelt hergestellt über den *ethischen* und *pragmatischen* Gebrauch praktischer Vernunft.

Nachdem auf diese Weise die Diskursethik differenziert dargestellt wurde, blieb für Habermas die Aufgabe, eine diskursive Rechtstheorie zu entwickeln, denn Recht und Moral sind weder dasselbe für ihn, noch stehen sie in einem hierarchischen Verhältnis zueinander, sondern in einem Ergänzungsverhältnis. [FG 137]

1992 publizierte er unter dem Titel »Faktizität und Geltung« seine Rechtsphilosophie, ein ähnlich umfangreiches Werk wie die »Theorie des kommunikativen Handelns« zehn Jahre zuvor. Die Rechtsphilosophie ist, wie es von einem Diskurstheoretiker nicht anders zu erwarten war und wie wissenschaftliches Arbeiten gegenwärtig überhaupt nur noch möglich ist, in argumentativer Auseinandersetzung mit anderen zeitgenössischen Theorien entstanden. So expliziert der produktivste Vertreter kritischer Frankfurter Theoriebildung Schritt für Schritt seine Auffassung vom Recht im demokratischen Rechtsstaat. Mit seiner Rechtstheorie will Habermas die These verteidigen, daß der Rechtsstaat ohne radikale Demokratie nicht zu haben ist. [FG 13]

In einer radikalen Demokratie kommen Rechtsnormen laut Habermas in Begründungsdiskursen zustande und werden in Anwendungsdiskursen ausgelegt. [FG 266] Jeder dieser Rechtsdiskurse soll in erster Linie auf die dem Recht implementierte Spannung von Faktizität und Geltung – so der Titel des Buches – abgestimmt sein. Damit vermittelt die Diskurstheorie des Rechts zwischen normativen und objektivistischen Rechtstheorien. Einleitend stellt Habermas seinen methodologischen Standort klar:

Die Spannung zwischen normativistischen Ansätzen, die stets in Gefahr sind, den Kontakt mit der gesellschaftlichen Realität zu verlieren, und objektivistischen Ansätzen, die alle normativen Aspekte ausblenden, kann als Mahnung verstanden werden, sich nicht auf eine disziplinäre Blickrichtung zu fixieren, sondern sich offenzuhalten für verschiedene methodische Standorte (Teilnehmer vs. Beobachter), für verschiedene theoretische Zielsetzungen (sinnverstehende Explikation und begriffliche Analyse vs. Beschreibung und empirische Erklärung), verschiedene Rollenperspektiven (Richter, Politiker, Gesetzgeber, Klient und Staatsbürger) und forschungs pragmatische Einstellungen (Hermeneutiker, Kritiker, Analytiker etc.). Die folgenden Untersuchungen bewegen sich in diesem breiten Feld. [FG 21]

Die Spannung zwischen aufklärungsorientierter Norm und soziologischer Kontingenz ist in den Grundbegriffen der Habermasschen Kommunikationstheorie bereits aufgenommen. [FG 22] In der »Theorie des kommunikativen Handelns« lasen wir, daß die Ideen der Aufklärung nicht Ideen sind, die man als nur regulative bezeichnen kann, denn diese Ideen sind zugleich auch konstitutiv. Das bedeutet, daß sie – wie rudimentär auch immer – faktisch vorliegen und unsere Gesellschaft konstituieren. Um das plastisch zu machen, nehme ich – wie bereits im 7. Kapitel – gern das Beispiel eines Gerichtsprozesses. Wir alle wissen, daß sich in einem solchen Prozeß die Gerechtigkeit nie in gewünschtem Umfang Bahn bricht. Ein Prozeßausgang hängt von allen möglichen Unwägbarkeiten ab. Er kommt aber nur deshalb zustande, weil ihm die Aufklärungs-Idee der Gerechtigkeit zugrunde liegt. Diese Idee ist konstitutiv für das Zustandekommen dieses Prozesses. Das ist so zu deuten: Obwohl die Idee der Gerechtigkeit einen idealen und nur annäherungsweise realisierten Gehalt hat, muß man davon ausgehen, daß es Gerechtigkeit faktisch gibt, damit überhaupt ein Prozeß zustandekommt. Also ist die Idee der Gerechtigkeit in unserer Gesellschaft nicht nur eine regulative Idee, die besagt, daß sich mehr und immer mehr Gerechtigkeit durchsetzen wird, sondern sie ist konstitutiv und regulativ zugleich. Die Idee ist hier konstitutiv für die sozialen Tatsachen, und regulativ ist diese Idee insofern, als ihr voller Gehalt vielleicht zukünftig doch realisiert wird.

Diese Auffassung hat Habermas in seiner Orientierung an der Hegelschen Rechtsphilosophie gebildet. Das klassische Vernunftrecht (Hegel) hat nach Habermas' Ansicht die interne Spannung von Faktizität und Geltung im Recht aufgenommen. [FG 89] Mit der durch Hegel angeratenen Orientierung der Rechtsnormen an der Realität entwirft Habermas – anders als andere gegenwärtige Rechtstheorien, die zwanglos an die Rechtsauffassungen des 17. und 18. Jahrhunderts anknüpfen [FG 79] – keine abstrakte Gerechtigkeitstheorie, sondern ausdrücklich eine Rechtstheorie, die damit der Walzerschen Gerechtigkeitsauffassung näher steht als der von Rawls.

Habermas expliziert weiter. Unter Recht versteht er die im demokratischen Verfahren zustande gekommenen Rechtsnormen. [FG 106] Und im Gegensatz zu philosophischen Gerechtigkeitstheorien bewegt sich eine Rechtstheorie im Horizont konkreter Rechtsordnungen, von denen das geltende Recht, Gesetze, Präzedenzfälle, dogmatische Lehren, politische Kontexte der Gesetzgebung und historische Rechtsquellen beispielhaft zu nennen sind. [FG 240] Das empirische Zustandekommen dieser Rechtsordnungen und deren Einordnung in das staatliche Gefüge stellt Habermas so ausführlich dar, daß oft schon die Grenze zu einem Staatsbürgerkunde-Lehrbuch überschritten wird.

Recht – und das vermag der Autor kommunikativer Rechtstheorie mit seiner empirischen Analyse zu belegen – ist Bestandteil der Lebenswelt, gründet sich in ihr und hat somit Anschluß an das Wissens- und Sprachsystem, das den Alltag konstituiert. Es bringt »Botschaften dieser Herkunft in eine Form, in der sie für die Spezialkodes der machtgesteuerten Administration und der geldgesteuerten Ökonomie verständlich bleiben. Insofern kann die Sprache des Rechts, anders als die auf die Sphäre der Lebenswelt beschränkte moralische Kommunikation, als Transformator im gesellschaftsweiten Kommunikationskreislauf zwischen System und Lebenswelt fungieren.« [FG 108]

Nach dieser These verselbständigen sich die systemisch beschreibbare Wirtschaft und Verwaltung nicht [FG 428], sondern sie halten Kontakt zur kommunikativ auslegbaren Lebenswelt. Das Rechtssystem ist für Habermas das Scharnier zwischen beiden. [FG 77] Rechtssysteme halten System und Lebenswelt füreinander porös. Dies ist darum notwendig, weil der Verwaltung und der Rechtsprechung in immer stärkerem Maß legislative oder rechtsschöpfende Macht zukommt: Durch unbestimmte Rechtsbegriffe, das Verhältnismäßigkeitsprinzip, durch Zumutbarkeits- und Härteklauseln und nicht zuletzt durch den Zuwachs an Steuerungsaufgaben [FG 520 ff.] auf der einen Seite und durch richterliche Rechtsfortbildung [FG 521] auf der anderen Seite.

In seiner weitergehenden Bestimmung dessen, was Recht ist, grenzt der Autor Recht von Moral ab. Beide hätten sich aus dem gesamtgesellschaftlichen Ethos ausdifferenziert, wo sie ursprünglich gemeinsam in der traditionalen Sittlichkeit gründeten, wie Hegel in der Anmerkung zum § 150 seiner Rechtsphilosophie bereits erkannte. (Vgl. dazu meine Ausführungen im ersten Kapitel)

Recht und Moral beziehen sich auf dieselben gesellschaftlichen Probleme, auf Handlungskonflikte nämlich. Sie sollen auf der Basis intersubjektiv anerkannter Grundsätze konsensuell gelöst werden können. Sie beziehen sich auf diese Basis aber auf jeweils unterschiedliche Weise, was sich schon an der unterschiedlichen Begriffsbestimmung von Wert und Norm zeigt. Normen haben einen deontologischen, Werte hingegen einen teleologischen Sinn. [FG 310] »Gültige Normen verpflichten ihre Adressaten ausnahmslos und gleichermaßen zu einem Verhalten [...], während Werte als intersubjektiv geteilte Präferenzen zu verstehen sind.« [FG 311] Sie unterscheiden sich außerdem durch ihre absolute bzw. relative Verbindlichkeit. [FG 311] Auch das Zustandekommen und ihre Funktion unterscheiden Normen von Werten:

Der politische Gesetzgeber beschließt, welche Normen als Recht gelten, und die Gerichte schlichten den Interpretationsstreit über die Anwendung gültiger, aber auslegungsbedürftiger Normen für alle Seiten zugleich einsichtig und definitiv. Das Rechtssystem entzieht den einzelnen Mitgliedern die Definitionsmacht für die Kriterien der Beurteilung von Recht und Unrecht. Unter dem Gesichtspunkt der Komplementarität von Recht und Moral bedeutet das parlamentarische Gesetzgebungsverfahren [...] für den Einzelnen eine Entlastung von der kognitiven Bürde der eigenen moralischen Urteilsbildung [FG 147]

Das bedeutet, daß »das positive Recht [...] *von Haus aus* der Reduktion gesellschaftlicher Komplexität [dient]«. [FG 397] Weiterhin: »Gültige moralische Normen sind ›richtig‹ im diskurstheoretisch erläuterten Sinne von gerecht. Gültige Rechtsnormen stehen zwar mit moralischen Normen in Einklang; sie sind aber ›legitim‹ in dem Sinne, daß sie darüber hinaus ein authentisches Selbstverständnis der Rechtsgemeinschaft, die faire Berücksichtigung der in ihr verteilten Werte und Interessen sowie die zweckrationale Wahl von Strategien und Mitteln zum Ausdruck bringt.« [FG 193 f.]

In der Abgrenzung zur Moral versuchte Habermas noch genauer zu bestimmen, was im Sinne der Diskurstheorie Recht ist. Den *Kern seiner Theorie* allerdings bildet die These von der Verfahrensrationalität, wonach die Diskurstheorie des Rechts eine *prozedurale Theorie* ist, eine *Theorie des fairen Verfahrens beim Zustandekommen von Rechtsnormen*. Für die Diskurstheorie des Rechts kommt es vornehmlich auf die Institutionalisierung von *Kommunikationsvoraussetzungen* und *Diskursverfahren* an. Kommunikationsvoraussetzungen in einer Kommunikationsgemeinschaft sind die Anerkennung der Gleichwertigkeit und das Ernstnehmen aller Gesprächspartner. Das Diskursverfahren ist geprägt durch die argumentative Suche nach plausiblen und somit für alle Betroffenen tragbaren Ergebnissen. Hier, wo es scheinbar um reine Formalia geht, ist der Zusammenhang von Recht und Moral unübersehbar: »Normativ betrachtet, steht aber eine faire Kompromißbildung nicht auf eigenen Beinen. Die Verfahrensbedingungen, unter denen faktisch erzielte Kompromisse auch die Vermutung der Fairness für sich haben, müssen nämlich in moralischen Diskursen gerechtfertigt werden.« [FG 206] *Recht und Moral* stehen also in jeder Hinsicht in einem *komplementären Verhältnis* zueinander.

Die Aufrechterhaltung der Institutionalisierung solcher diskursiver Verfahren ist nach der Auffassung des Autors der kommunikativen Rechtstheorie in seiner Abgrenzung zu liberalen Theorien Aufgabe des Staates: »Die Existenzberechtigung des Staates liegt nicht primär im Schutz gleicher subjektiver Rechte, sondern in der Gewährleistung eines inklusiven Meinungs- und Willensbildungsprozesses, worin sich freie und gleiche Bürger darüber verständigen, welche Ziele und Normen im gemeinsamen Interesse aller liegen. Damit wird dem republikanischen Staatsbürger mehr zugemutet als die Orientierung am jeweils eigenen Interesse.« [FG 326] Der Staat muß überdies Sorge tragen für den Fluß zwischen den öffentlichen Kommunikationsinstitutionen: »Der Kommunikationsfluß zwischen öffentlicher Meinungsbildung, institutionalisierten Wahlentscheidungen und legislativen Beschlüssen soll gewährleisten, daß der publizistisch erzeugte Einfluß und die kommunikativ erzeugte Macht über die Gesetzgebung in administrativ verwendbare Macht umgeformt wird.« [FG 362 f.] Dieser Prozeß ist auf verschiedene Ressourcen in der Lebenswelt angewiesen, wie auf eine freiheitliche politische Kultur, eine aufgeklärte politische Sozialisation und Initiativen zu meinungsbildenden Körperschaften. [FG 366]

Wichtig ist für Habermas dabei, daß zwischen der privaten und der öffentlichen Sphäre vermittelt wird. Indem Habermas diese Prämisse für eine diskursive Rechtsbildung aufstellt, erweist er sich als gelehriger Schüler von Marx, für den die menschliche Emanzipation auch erst dann vollbracht ist, wenn der Privatmensch den Staatsbürger in sich zurücknimmt. Ähnlich Habermas: »In komplexen Gesellschaften bildet die Öffentlichkeit eine intermediäre Struktur, die zwischen dem politischen System einerseits, den privaten Sektoren der Lebenswelt und funktional spezifizierten Handlungssystemen andererseits vermittelt.« [FG 451] Solche Vermittlung versteht sich aber in der heutigen Gesellschaft von selbst, denn die öffentlichen Belange können die Privatleute nicht mehr unberührt lassen, worauf ich im zweiten Kapitel bereits hinwies: Heute machen sich die Immissionen defekter Atomkraftwerke oder die Auswirkungen von Umweltschäden mitten in privaten Wohnzimmern breit. Darum können wir einmal mehr von der normierenden Kraft des Faktischen ausgehen, wenn wir die Vermittlungsstruktur beim Zustandekommen von Rechtsnormen in der Habermasschen Theorie als normativ bezeichnen wollen.

Hier schließt sich der Kreis zum Ausgangspunkt der vorliegenden Studie. Eine immer undurchsichtiger werdende Vermischung der drei Elemente demokratie-staatlicher Gewaltenteilung, die die Entscheidungsbefugnisse der Legislative in steigendem Maße auf die anderen Instanzen verschiebt, erfordert eine neue Theorie des Rechts, in der man nicht mehr nur von abstrakten Rechtsprinzipien im Sinne von regulativen Ideen ausgehen kann, sondern die Rechtswirklichkeit in höherem Maße einbeziehen muß. Letztere muß so einbezogen werden, daß auch auf ihre Veränderungen mit einer flexibilisierten Normsetzung und Normanwendung reagiert werden kann. Eine so geartete Verfahrensrationalität ist das von Habermas vorgestellte prozedurale Rechtsparadigma, das allerdings nur dann in Funktion treten kann, wenn darauf zu vertrauen ist, daß der demokratische Staat im Sinne einer Radikaldemokratie funktioniert, wovon die bundesrepublikanische und nordamerikanische Realität, auf die der Autor sich ausschließlich bezieht, noch ein gutes Wegstück entfernt ist.

Sicher hat diese hier vorgestellte Rechtstheorie, die in Auseinandersetzung mit anderen gegenwärtigen Rechtstheorien entstanden ist, eine gewisse Plausibilität auf ihrer Seite, weil sie Rechtssetzung und Rechtswirklichkeit in triftiger Weise miteinander in Einklang bringt. Nun sind die Kontingenzen einer solchen Rechtsschöpfung zwar erwähnt [FG 451], aber insgesamt unterbetont. Zwar bemüht Habermas sich, Faktizität und Geltung in der Waage zu halten, doch geht er regelmäßig mit einer idealisierten Sichtweise ans Werk. Unbestritten ist im demokratischen Staat die Manipulation der öffentlichen Meinung durch Interessenverbände und eine gesponsorte »Aufklärung«, die professionalisierte Öffentlichkeitsarbeit betreiben. Es muß sich erst noch zeigen, ob sich eine kommunikative gegen eine macht- und geldgesteuerte Öffentlichkeit durchsetzen und die Themen bestimmen kann, über die gestritten wird, so daß eine diskursive Rechtsfortbildung im Habermasschen Sinne vonstatten gehen kann. Diese Prüfung kann aber – wie uns Friedrich Engels schon lehrte – nicht Bestandteil einer Theorie sein: »The proof of the pudding is the eating.«

Abschließend ist noch die Frage zu stellen, welche Bedeutung überhaupt die Vielzahl der Publikationen zur Frage der Moral und des Rechts und der allgegenwärtige Diskurs darüber am Ende des 20. Jahrhunderts haben, denn Habermas ist nicht der einzige, der sich diesem Thema zugewandt hat. Erinnern wir uns: Historisch-kulturelle Wendepunkte, die auf Krisen im menschlichen Selbstverständnis zurückzuführen sind, werden u. a. auch daran erkennbar, daß bedeutende Philosophen Werke mit gleichlautender Thematik publizieren. Das jedenfalls konnte gelten für die Zeitwende vom Mittelalter zur Neuzeit, in der das menschliche Selbstverständnis, in religiösen Gemeinschaften ungebrochen eingebunden zu sein, fraglich wurde und sich die Wende zur modernen Kultur des unabhängigen Subjekts abzeichnete. Der Leistungsfähigkeit der neu entdeckten menschlichen Vernunft widmete Descartes seine »Abhandlungen über die Methode des richtigen Vernunftgebrauchs«, Leibniz seine »Neuen Abhandlungen über den menschlichen Verstand«, Spinoza schrieb seinen »Tractat über die Verbesserung des menschlichen Verstandes«, Locke und Hume publizierten ihre Gedanken »Über den menschlichen Verstand«. – Stimmt meine Beobachtung, müßten wir uns heute erneut an einer Zeitwende befinden, denn gegenwärtig wird umgekehrt ein starker Subjektivismus und ein überfordertes Individuum von Sozialphilosophen beklagt. Es fehlten die Gemeinschaftswerte. Darauf bin ich ausführlicher bereits im ersten Kapital eingegangen, wo ich die sorgenvollen Analysen der amerikanischen Kommunitarier referierte. Europäische und nordamerikanische Philosophen publizierten Schriften, die die Leistungsfähigkeit von Gemeinschaftswerten zu ihrem Thema haben: Derrida schreibt über die »Gesetzeskraft«, John Rawls beschert uns eine »Theorie der Gerechtigkeit«, MacIntyre beklagt den »Verlust der Tugend«, Michael Walzer differenziert die »Sphären der Gerechtigkeit«. Und hierzulande liegen ebenso voluminöse Werke wie in Amerika auf dem Tisch, wenn man sich nur die Titel der bekanntesten Autoren ansehen will: »Politische Gerechtigkeit« von Otfried Höffe, »Das Recht der Gesellschaft« von Niklas Luhmann und eben »Faktizität und Geltung« von Jürgen Habermas. In diesem Buch untersucht Habermas, inwieweit das Recht gemeinschaftsbildende Kraft hat, und das Ergebnis habe ich eben mit der Pointe referiert, daß die Antwort nicht Gegenstand einer Theorie sein könne, sondern der Realität. So werden wir also viel später erst erfahren können, ob das Recht gemeinschaftsbildende Kraft haben kann und ob wir gegenwärtig an einer Zeitwende stehen, die der vom Mittelalter zur Neuzeit vergleichbar ist.

14. Richard Rorty, der Vermittler zwischen Moderne und Postmoderne

1. Kontingenz oder Autonomie?

Die beiden theoretischen Strömungen, Moderne und Postmoderne, beschreiben nicht einfach historische Perioden[1], sondern sie verkörpern Programme. Die Kritiker der Moderne sehen den Fortschritts- und Emanzipationsgedanken der Aufklärung durch die Erfahrungen »in den letzten beiden blutigen Jahrhunderten«[2] als gescheitert an und ziehen daraus den Schluß, daß die Idee eines selbstbestimmten, autonomen Subjekts aufgegeben werden müßte. Die Philosophen, die man der Moderne zurechnet, halten hingegen am Programm der Aufklärung fest. Zwei exponierte Vertreter dieser gegensätzlichen philosophischen Richtungen in Deutschland, Jürgen Habermas und Günter Rohrmoser, sind sich trotz aller Differenzen zumindest in der Bestimmung dessen, was das Programm der Moderne beinhaltet, einig: »Das Programm der Moderne«, so Rohrmoser, »war die Herstellung eines Zustandes totaler Transparenz und totaler Herrschaft über alle die Existenz des Menschen individuell und kollektiv bestimmenden Bedingungen. Es ging um die Verwirklichung des großen Autonomiepostulats der Aufklärung: absolute, uneingeschränkte Selbstbestimmung und Verwirklichung aller Bedürfnisse. Intendiert war, was man eine Entkontingentisierung des Daseins nennen kann.«[3] Das Zentrum des Programms der Moderne ist die Entwicklungsmöglichkeit des Subjekts zu einem autonomen und zugleich sozialisierten Individuum, das seine Bedürfnisse und Neigungen im Rahmen des gesellschaftlichen Normgefüges artikulieren kann, Gehör findet und selbstbestimmt handelt bzw.

1 Vgl. Walter Reese-Schäfer, *Lyotard zur Einführung*, 2. Aufl., Hamburg 1989, S. 44.
2 Ebd., S. 45.
3 Günter Rohrmoser, *Religion und Politik in der Krise der Moderne*, Graz/Wien/Köln 1989, S. 22.

verändert.[4] Habermas charakterisiert den damit verbundenen gesellschaftlich-historischen Entwicklungsprozeß folgendermaßen:

In der Moderne verwandelt sich [...] das religiöse Leben, Staat und Gesellschaft, sowie Wissenschaft, Moral und Kunst in ebenso viele Verkörperungen des Prinzips der Subjektivität. Deren Struktur wird als solche erfaßt in der Philosophie, nämlich als abstrakte Subjektivität in Descartes ›Cogito ergo sum‹, in der Gestalt des absoluten Selbstbewußtseins bei Kant [...] Er setzt die Vernunft als den obersten Gerichtshof ein, vor dem sich rechtfertigen muß, was überhaupt auf Gültigkeit Anspruch erhebt.[5]

Die Vertreter der Gegenposition, die »Abschied von der Moderne«[6] nehmen wollen – in Frankreich die Vertreter der »Postmoderne«, in Deutschland die sich selbst so bezeichnenden »Neo-Konservativen« – vertreten hingegen die These vom überforderten Subjekt und der Unzulänglichkeit aufklärerischer Theorien:

Der neue Konservativismus ist ein Versuch, der neuen Erfahrung totaler Kontingenz gerecht zu werden. Seine Wiederkehr liegt in der Natur der Sache, weil dem progressiven Theoriepotential die Kategorien fehlen, um der individuellen und kollektiven Kontingenzerfahrung gerecht zu werden. Der philosophische Neokonservativismus ist kein geschichtswidriger Anschlag und keine Verschwörung, sondern ein durch die Krise der Moderne erzwungener Versuch, Theorien zu entwickeln, die es dem Menschen erlauben, sich zu der Realität faktischer Kontingenz zu verhalten.[7]

Den Begriff der Kontingenz verwende ich im folgenden in einer an Rorty angelehnten Begriffsbildung. In Rortys Philosophie bedeutet Kontingenz eine unaufhörliche Aneinanderreihung von ineinander verwobenen Zufällen der Sozialisation, der kulturellen Zwänge und der aktuellen Lebenszusammenhänge.

4 Vgl. Jürgen Habermas, *Zur Rekonstruktion des Historischen Materialismus*, Frankfurt/M. 1976, S. 67 f.

5 Jürgen Habermas, *Der philosophische Diskurs der Moderne*, Frankfurt/M. 1985, S. 29. Eine Bestimmung dessen, was die »Moderne« ist, nehmen die Autoren der folgenden populär geschriebenen monographischen Bestandsaufnahme vom Parsonsschen Handlungsbegriff her vor und zeigen die Veränderungen der Moderne gegenüber vorhergehenden Gesellschaftsformationen auf den vier Ebenen der gesellschaftlichen Struktur, der Kultur, des Subjekts und des Verhältnisses zur Natur: Hans van der Loo/Willem van Reijen, *Modernisierung. Projekt und Paradox*, München 1992.

6 Günter Rohrmoser, a.a.O., S. 25.

7 Ebd.

2. Ende der Utopie?

Die Konfrontation beider Positionen kann man ebensogut über den Begriff der Utopie kenntlich machen, der in den Debatten dieser beiden Richtungen als Ausgrenzungstopos gebraucht wird. Völlig zu Recht bemerkt der Habermas-Interpret Thomas McCarthy, daß sich für Blochs Diktum, »Die Vernunft kann nicht blühen ohne Hoffnung, die Hoffnung nicht sprechen ohne Vernunft«, kein besseres Beispiel finden ließe als die Habermassche Philosophie.[8] Er spielt darauf an, daß die Vertreter der Moderne an der Utopie-Tradition der Aufklärung festhalten. Für sie besitzt das utopische Denken »heute besondere Aktualität«[9], denn »wenn Hoffnung durch soziale Restriktionen, staatliche Bevormundung und ökonomische Krisen enttäuscht wird, nimmt die Bedeutung des Traumes vom besseren Leben zu«.[10] Hiergegen wenden die Konservativen ein, daß »in einer Welt der unendlichen Abhängigkeiten«[11] utopisches Denken keinen Platz mehr haben könne. »In allen Fällen seiner Kontingenzbetroffenheit wird der Mensch der Ohnmacht seiner Autonomie ansichtig.«[12] Darum gehöre »ein Leben ohne Utopie zum Preis der Modernität«[13], folgern die Vertreter des Neo-Konservativismus. Für sie ist die Erfahrung der Kontingenz gleichbedeutend mit dem »Ende der Utopie«.[14]

8 Thomas McCarthy, *Kritik der Verständigungsverhältnisse*, Frankfurt/M. 1980, S. 438.

9 Oskar Negt, *Aufrechter Gang*, in: Jürgen C. Strohmaier (Hg.), *Utopie und Hoffnung*, Mössingen-Talheim 1989, S. 130.

10 Jürgen C. Strohmaier, *Einleitung*, in: ders. (Hg.), a.a.O., S. 12.

11 Joachim Fest, *Der zerstörte Traum. Vom Ende des utopischen Zeitalters*, Berlin 1991, S. 91.

12 Günter Rohrmoser, a.a.O., S. 22.

13 Joachim Fest, a.a.O., S. 98.

14 Günter Rohrmoser, a.a.O., S. 17.

3. Die Tradition des Autonomie- und Kontingenz-Gedankens

Die Kritik an dem zentralen Gedanken der Aufklärung vom autonomen Subjekt ist nicht erst in der Gegenwart vorgetragen worden. Schon Kant selbst – wie in Kapitel 9 b bereits zitiert – formulierte Zweifel am aufgeklärten Fortschritt der Menschheit; ich rufe seine Ausführungen in Erinnerung: »Die Beobachtungen und Berechnungen der Sternkundigen haben uns viel Bewunderungswürdiges gelehrt, aber das Wichtigste ist wohl, daß sie uns den Abgrund der Unwissenheit aufgedeckt haben, den die menschliche Vernunft, ohne diese Kenntnisse, sich niemals so groß hätte vorstellen können, und worüber das Nachdenken eine große Veränderung der Endabsichten unseres Vernunftgebrauchs hervorbringen muß.«[15] Außer auf Kant können sich die heutigen Kritiker der Moderne auf eine lange Ahnenreihe von Vernunftkritikern berufen: Auf die Philosophen der Romantik, auf Schopenhauer, Nietzsche, Spengler und Heidegger. Sie werden als Kronzeugen sowohl von den französischen Postmodernen als auch von den deutschen Neo-Konservativen herangezogen.[16] Die deutsche Geschichte hat ihren Teil dazu beigetragen, das Vertrauen in Vernunft, Machbarkeit und die Überwindbarkeit des Zufalls gründlich zu zerstören. Dennoch machten sich nach dem zweiten Weltkrieg diejenigen, die man heute als Philosophen der Moderne bezeichnet, auf, neue Orientierungen zu suchen, die sich an den Gedanken der Aufklärung ausrichten. Diese Philosophen hatten nach der Zeit des Nationalsozialismus »zunächst noch [das] dumpfe Gefühl, daß ›alles falsch war‹, für das wir uns eingesetzt hatten«.[17] Dann aber gingen sie daran, sich neue »normativ verbindliche Orientierungen«[18] zu suchen. Diese fanden sie in den Traditionsbeständen der Aufklärung. Zu diesen Philosophen gehören u. a. Karl-Otto Apel und Jürgen Habermas. (Vgl. Kapitel 9 a) Dagegen erhob sich sehr bald Widerspruch. Joachim Ritter forderte 1961 auf, den Blick auf die Kontingenzen zu richten und

15 Immanuel Kant, *Kritik der reinen Vernunft*, B 603.
16 Vgl. Joachim Fest, a.a.O., S. 47 f. und Günter Rohrmoser, a.a.O., S. 14.
17 Karl-Otto Apel, *Diskurs und Verantwortung*, Frankfurt/M. 1988, S. 374.
18 Ebd., S. 376.

die Trennung von göttlicher Verstandeswelt und realer Welt zu überwinden.[19]

4. Die Trennung von Körper und Geist, von Realität und Idee

Ritter hat hier einen Punkt getroffen, den Descartes-Kritiker wieder und wieder hervorheben. Seit Descartes gilt das Immaterielle als das Höhere, Göttliche, das auch nach dem Tode des Körpers weiterexistiert. Das Geistige definiert die »Einzigartigkeit des Menschen«, unterscheidet ihn vom Tier. Würden wir die Zwei-Welten-Lehre aufgeben, wäre unsere Einzigartigkeit bedroht. Das Geistige wird in der Moderne als das Göttliche angesehen.[20] Sieht man sich die Genese dieser Trennung von Physischem und Geistigem an, so wird in der Abgrenzung zu anderen Kulturen deutlich, was sich hier abspielt. Sich auf die historische Entwicklung beziehend, führt Habermas folgendes Ergebnis vor Augen: Mit fortschreitendem Abstraktionsprozeß werden zunächst die mythischen Mächte zu transzendenten Göttern, diese schließlich bei Platon zu Ideen und Begriffen, so daß eine »entgötterte Natur«[21] zurückbleibt. Später dann tritt das Subjekt an die Stelle Gottes, was zur »quasi-religiösen Aufwertung« des Menschen führt.[22] Walter Schulz bezieht diesen Prozeß auf die Entwicklung der Metaphysik: »Was jeweilig innerhalb dieser traditionellen Metaphysik als das zuhöchst Seiende angesetzt wurde, das ist unterschiedlich. Aristoteles bestimmte als zuhöchst Seiendes den Gott, die moderne Metaphysik setzte an die Stelle Gottes den absoluten Geist und schließlich den Menschen. Diese Unterschiede mögen bedeutsam sein, aber ihrer Struktur nach geschieht in ihnen dasselbe: ein Seiendes wird gesucht, das gründend für alles andere ist.«[23] Sicher müssen wir diesen Prozeß der Trennung als einen

19 Joachim Ritter, *Subjektivität*, Frankfurt/M. 1974, S. 27 und 35.
20 Vgl. Richard Rorty, *Der Spiegel der Natur*, Frankfurt/M. 1981, S. 51 und 56.
21 Jürgen Habermas, *Theorie des kommunikativen Handelns*, Frankfurt/M. 1981, Band 2, S. 127.
22 Ebd., S. 129.
23 Walter Schulz, *Der Gott der neuzeitlichen Metaphysik*, Pfullingen 1957, S. 49; vgl. auch Joachim Ritter, a.a.O., S. 11.

ansehen, der sich so ausgeprägt wahrscheinlich nur in unserer abendländischen Kultur abgespielt hat, denn die Japaner sehen sich beispielsweise noch heute als Animisten. Aus der realen Umwelt ist für sie das Göttliche nicht ausgezogen. Sie sprechen vom heiligen Berg Fuji, von heiligen Bäumen oder vom heiligen Tee-Gerät.
Es scheint geboten, die Realität stärker ins Kalkül zu ziehen und die Kontingenzen zu erkennen, die das scheinbar unabhängige Subjekt in seinen Handlungen einengt oder gar bestimmt. Hier hat Rorty in aller Eindringlichkeit auf einen wichtigen Punkt aufmerksam gemacht. Die Theorie der Kontingenzen und der Umgang mit ihnen ist als das Zentrum seiner Philosophie anzusehen. Allerdings ist nicht zu vergessen, daß auch die Selbstbildung des Subjekts Gegenstand seiner Reflexionen ist.

5. Vermittlung von Kontingenz und Autonomie

Subjekt und Realität zu vermitteln, die alten Fehler der Metaphysik zu vermeiden, darin sah Rorty bereits in seiner ersten Buchpublikation von 1967 die Aufgabe der Gegenwartsphilosophie:

> Ich würde sagen, daß das Wichtigste, was in den vergangenen 30 Jahren passiert ist, nicht die linguistische Wende selbst ist, sondern der Beginn eines tiefgreifenden Überdenkens von gewissen erkenntnistheoretischen Schwierigkeiten, die die Philosophen seit Platon und Aristoteles beschäftigt haben. Ich würde so argumentieren, daß ohne die erkenntnistheoretischen Schwierigkeiten, die durch eine bestimmte Sichtweise hervorgebracht wurden, auch die traditionellen metaphysischen Probleme (z. B. das Universelle, die Frage nach der Substanz und das Verhältnis zwischen Körper und Geist) niemals entstanden wären. Wenn die traditionelle Erkenntnisweise überdacht wird, wird das überall zu Neuformulierungen in der Philosophie führen.[24]

Dieser selbstgestellten Aufgabe, die Philosophie neu zu formulieren, ist Rorty bis heute treu geblieben. Die Realitätsorientierung des amerikanischen Pragmatismus war ihm dabei Richtschnur.
Sicher sind einige Konsequenzen, die andere aus der Einsicht in die Notwendigkeit der Neuformulierung der Philosophie ziehen, mit Rortys Philosophie nicht zu vereinbaren, z. B. die Aufgabe

24 Richard Rorty (Hg.), *The Linguistic Turn*, Chicago 1967, S. 39.

des Subjektbegriffs in Luhmanns Systemtheorie[25] oder die konservative Hinwendung zur Religion als »Praxis der Kontingenzbewältigung«.[26] Rorty würde beide Vorschläge zurückweisen. Den ersten, weil er von der Möglichkeit der Selbstbildung und Weiterentwicklung des Subjekts und seiner politischen Handlungsfähigkeit überzeugt bleibt, den zweiten unter Hinweis auf die neuen oder alten Abhängigkeiten, in die sich die Menschen hierdurch begeben würden. Rortys Ziel ist es jedoch, an den Punkt zu gelangen, an dem wir alle Verehrungen, Gottheiten und Quasi-Gottheiten abgeschafft haben. Obwohl die Aufhebung der Polarisierung von Moderne und Postmoderne nicht so einfach zu haben ist, scheint mir dafür der auf der Basis des amerikanischen Pragmatismus weitergeführte Ansatz von Rorty ein tragfähiges Fundament zu bieten. Ich meine, es handelt sich um ein Fundament für das Weiterdenken, denn Rorty bietet keine Lösungen an. Zum einen will er das von seinem Selbstverständnis her nicht, denn er ist vorwiegend Kritiker. Zum anderen müssen wir seine Philosophie auf unsere speziellen gegenwärtigen deutschen Verhältnisse beziehen, wollen wir sinnvoll und pragmatisch mit ihr arbeiten. Pragmatisch heißt, die spezifische Realität ins Auge fassen. Dennoch bin ich davon überzeugt, daß auf der Basis der Philosophie von Richard Rorty zum einen die Traditionen der Aufklärung bewahrt werden können. Zum anderen verhindert Rortys kritische Sicht, daß die Tradition der Aufklärung zum Mythos des autonomen, selbstbestimmenden Subjekts dogmatisch gerinnt. Wie Josef Früchtl richtig interpretiert, fordert Rorty, die Kontingenzen anzuerkennen, ohne zu resignieren.[27] Dies kann durch eine ironische und pragmatische Haltung geschehen. Vielleicht ist ironisch im Sinne Rortys und pragmatisch synonym zu gebrauchen: Pragmatisch bedeutet, von Problemen der Realität ausgehen und sie zum Anlaß nehmen für die philosophische Reflexion. Ironisch heißt für Rorty, daß die realen Kontingenzen gesehen und ins Kalkül philosophischer Reflexion gezogen werden müssen.

25 Niklas Luhmann, *Soziale Systeme*, Frankfurt/M. 1984, S. 51.
26 Günter Rohrmoser, a.a.O., S. 66 und Hermann Lübbe, *Religion nach der Aufklärung*, Graz/Wien/Köln 1986, S. 160ff.
27 Vgl. Josef Früchtl, *Denken, halb so wild. Richard Rorty und der neue Friede in der Philosophie*, in: *Frankfurter Allgemeine Zeitung* vom 24. April 1991.

6. Ist postmodernes Denken selbst schon modern und modernes Denken postmodern?

Resignativ ist in der Tat oft die Haltung der Kontingenz-Theoretiker. Andererseits wollen viele von den genannten Konservativen und Postmodernen genauso wie die Vertreter der Moderne an den Prinzipien der Aufklärung festhalten. Das eben heißt für Odo Marquard konservativ sein: Die demokratischen und liberalen Verhältnisse »bewahren«.[28] Also eine moderne Position im konservativen Denken? Ja, noch mehr! Hinrich Fink-Eitel hat in seiner Monographie über Michel Foucault herausgearbeitet, daß dieser in der letzten Phase seiner Entwicklung einen subjektivistischen Standpunkt einnahm. Fink-Eitel schreibt: »Was ist die positive Alternative, um deretwillen man in den politischen Kampf eintritt? Foucaults ethische Wende stellte eine Antwort in Aussicht. Es gibt etwas, das der Macht nicht ganz unterworfen ist: das autonome Subjekt, das ihr gegenüber einen Freiheits- und Verhaltensspielraum hat.«[29] Eine überraschende Wende in Foucaults Denken!

Andererseits sehen auch die Vertreter der Moderne, wie Habermas, die das Subjekt begrenzenden Kontingenzen: Dem Einzelnen steht seine »Tradition, in der er aufgewachsen ist, [nicht] zur Disposition,«[30] und an anderer Stelle: »In der Wahl eines Lebensentwurfs steckt ein unauflösliches Moment von Willkür. Dieses erklärt sich wiederum daraus, daß der Einzelne gegenüber seiner Herkunftsgeschichte keine hypothetische Einstellung einnehmen, daß er seine Biographie nicht in derselben Weise verneinen oder bejahen kann wie eine Norm, deren Geltungsanspruch zur Diskussion steht.«[31] Diese Äußerungen stehen in Widerspruch zu seinen Angriffen gegen die »radikalen Kontextualisten« Lyotard und Rorty, denen er vorwirft, daß sie mit ihrer Anerkennung der Kontingenz nur das »Nicht-Identische« retten wollen und sich somit auf der atavistischen Diskussionshöhe des Deutschen Idea-

28 Vgl. Odo Marquardt, *Abschied vom Prinzipiellen*, Stuttgart 1981, S. 10 und S. 16; vgl. auch Günter Rohrmoser, a.a.O., S. 12.

29 Hinrich Fink-Eitel, *Foucault zur Einführung*, Hamburg 1989, S. 125.

30 Jürgen Habermas, *Theorie des kommunikativen Handelns*, a.a.O., S. 146.

31 Ebd., S. 167.

lismus bewegten.[32] Auch der exponierte Denker der Utopie, Ernst Bloch, sieht, daß eine Utopie immer auch durch eine »ökonomisch-gesellschaftliche Analyse« hindurchgegangen sein muß. Erst wenn die sich daraus ergebenden Kontingenzen berücksichtigt würden, könne man sie »fundierte« oder »konkrete« Utopie nennen.[33] Welcher Widerspruch zu seiner Aussage in demselben Aufsatz, wenn er meint, daß die Kontingenzen durch Utopie bewältigt werden können: »Um so schlimmer für die sperrenden Tatsachen.«[34] Eine andere Art von Kontingenzbewältigung also!

Hieran knüpft sich für mich die Vermutung, daß die Dialektik von Moderne und Postmoderne in den jeweiligen Denkweisen selbst schon enthalten ist. Rorty führt gar keine »Versöhnung« durch, sondern denkt lediglich weiter, was sowohl in Moderne wie in Postmoderne angelegt ist. Dies traditionell-hegelisch zu formulieren, blieb dem exzellenten Skeptiker und Ironiker Odo Marquard vorbehalten: »Zu seiner [des Menschen] Freiheit gehört die Anerkennung des Zufälligen.«[35] Bekanntlich basiert in der Moderne der Begriff der Freiheit auf der Vorstellung vom selbständigen und unabhängigen Subjekt.[36] Welche an Hegel geschulte Widersprüchlichkeit!

Auch Freud, der dazu beigetragen hat, »das Selbst zu entgöttern«[37], und mit seinen zentralen Einsichten Rorty bei seiner Theorieformulierung als wichtiger Zeuge für die Kontingenztheorie gilt, ist der Auffassung, daß die Psychoanalyse in der Lage sei, dem »Ich die Herrschaft über verlorene Bezirke des Seelenlebens wiederzugeben«.[38] Auch bei Freud stellen wir die uns inzwischen vertraute Widersprüchlichkeit fest.

Man kann – statt den Begriff der Widersprüchlichkeit hier zu verwenden – auch sagen, daß es zwei verschiedene Momente unseres

32 Vgl. Jürgen Habermas, *Der philosophische Diskurs der Moderne*, a.a.O., S. 153.

33 Ernst Bloch, *Gesamtausgabe*, Band 9, Frankfurt/M. 1965, S. 388 ff.

34 Ebd., S. 389.

35 Odo Marquard, *Apologie des Zufälligen*, Stuttgart 1986, S. 132.

36 Vgl. Jürgen Habermas, *Nachmetaphysisches Denken*, Frankfurt/M. 1988, S. 167.

37 Richard Rorty, *Kontingenz, Ironie und Solidarität*, Frankfurt/M. 1989, S. 63.

38 Sigmund Freud, *Gesammelte Werke in 18 Bänden*, Frankfurt/M. 1960 ff., Band XVII, S. 98.

Lebens sind, auf die die Philosophen beider genannten Richtungen unausweichlich stoßen.[39] Beide Momente sind zwingend und bedürfen der Berücksichtigung, sowohl die Kontingenzen, wie auch das durch den Aufklärungsprozeß gegangene Subjekt, denn auch die Aufklärung ist eine kontingente Tatsache, die man ebensowenig leugnen kann wie andere Kontingenzen. Die Aufklärung kann man nicht beliebig zurücknehmen, denn auch sie ist nicht willkürlich produziert worden: »Der Aufklärung ist die Irreversibilität von Lernprozessen eigen, die darin begründet ist, daß Einsichten nicht nach Belieben vergessen, sondern nur verdrängt oder durch bessere Einsichten korrigiert werden können.«[40] Allerdings möchte ich der Auffassung Rortys widersprechen, daß diese Lernprozesse ausreichend für die langfristige Sicherung der Demokratie sind.[41] Diese Lernprozesse sind notwendige, aber keine hinreichenden Bedingungen für die Sicherung der liberalen Demokratie. Albrecht Wellmer spricht in diesem Zusammenhang von Naivität, wenn man an die Festigkeit der liberalen Demokratie glaubt.[42] Trotz der Notwendigkeit ihrer Absicherung behauptet die Aufklärung unnachgiebig ihre unhintergehbare Faktizität.

In den letzten Absätzen konnte ich vor Augen führen, daß beide Richtungen mit dem rechnen, was die jeweils andere Seite betont, oft überbetont. Die postmodernen und neokonservativen Philosophen betonen die Realität der Kontingenzen. Die Moderne-Philosophen geben dem freien Subjekt, das nach den Plänen handelt, die es ausschließlich seinen vernünftigen Überlegungen verdankt, mehr Gewicht. Über beide Momente ist aber nicht hinwegzusehen. Sie sind für jede ernsthafte Sozialphilosophie Faktoren, mit denen sie rechnen muß, will sie sich nicht der Lächerlichkeit preisgeben.

Rorty als radikaler Aufklärer[43] und Kontingenz-Theoretiker kann

39 Vgl. dazu Hanna Gekle, *Utopie der Melancholie*, in: Jürgen C. Strohmaier (Hg.), *Utopie und Hoffnung*, a.a.O., S. 38.

40 Jürgen Habermas, *Der philosophische Diskurs der Moderne*, a.a.O., S. 104.

41 Vgl. Richard Rorty, *Kontingenz, Ironie und Solidarität*, a.a.O., S. 84 f. und S. 313.

42 Vgl. Albrecht Wellmer, *Zur Dialektik von Moderne und Postmoderne*, Frankfurt/M. 1985, S. 106.

43 Vgl. Richard Rorty, *Der Spiegel der Natur*, a.a.O., S. 362; ders., *Soli-*

mit seiner Philosophie die Integration beider Richtungen vollziehen.

7. Rortys Attraktivität für das mitteleuropäische Denken

Das Interesse an Rortys Schriften ist bei uns groß. Das zeigt allein schon die Tatsache, daß sein zweites großes Werk, »Contingency, irony, and solidarity« (1989), in deutscher Übersetzung zur selben Zeit erschien wie die amerikanische Ausgabe. Plausibel scheint mir zu sein, daß Rorty darum bei uns von Interesse ist, weil die modernen und postmodernen Philosophen schon seit langem dem Denken keine neuen Impulse mehr geben. Die Argumente beider Seiten sind ausgetauscht, Wiederholungen sind nicht zu vermeiden, bei Kongressen und in Seminaren macht sich Langeweile breit. Moderne und postmoderne Philosophie sind Reaktionen auf Probleme unserer Zeit. Sie reflektieren gesellschaftliche Prozesse jedoch nicht aus denselben Beweggründen heraus, sondern aus mitunter völlig gegensätzlichen Motiven. Die philosophische Richtung der Moderne setzt auf das Bedürfnis nach Autonomie, die gegen die Herrschaft bürokratischer und ökonomischer Zwänge, gegen die Kolonialisierung der Lebenswelt behauptet werden soll. Auch die postmoderne Richtung reagiert auf dieses Problemfeld, wenngleich sie die Übermacht der Strukturen und Systeme gegenüber dem Subjekt immer schon eingestanden hat und die »Ordnung der Dinge« (so der Titel einer Publikation Foucaults) den emphatischen Begriff des Subjekts in seine Schranken weist.

Beide Themen werden von Rorty aufgenommen. Sie stehen im Zentrum seiner Überlegungen, ohne daß er eine Polarisierung vornimmt. Darum kann er mit seiner Philosophie so unterschiedliche, gar gegenstäzliche Theorien integrieren, denn das, was in dem einen oder anderen Ansatz partiell ausgeblendet wird, findet bei ihm Berücksichtigung. Er leugnet nicht die Zwänge, denen der Mensch ausgesetzt ist, betont aber andererseits die Entfaltungsmöglichkeiten des einzelnen trotz aller Kontingenzen. Rorty

darität der Objektivität?, Stuttgart 1988, S. 33; ders., *Kontingenz, Ironie und Solidarität*, a.a.O., S. 103, 171, 176f.

selbst ist der Auffassung, daß er zwischen Habermas, also dem exponierten Vertreter der Moderne-Richtung, und Foucault, dem bekannten Vertreter des Poststrukturalismus, anzusiedeln sei.[44] Unterstellt man Foucault mit Habermas »romantische Motive«[45] im Sinne von Aufklärungskritik, dann ist Rorty zweifellos weniger romantisch, denn er hat stets aufs neue betont, daß er der Aufklärung verpflichtet sei.

Die romantisch motivierte Kritik an der modernen Gesellschaft, die in den vergangenen Jahrzehnten verstärkt betrieben wurde, ist zunächst einmal damit zu erklären, daß jede ökonomische und politische Fortschrittsbewegung historisch betrachtet eine Gegenbewegung nach sich zieht: So kann die Romantik als Schatten der Aufklärung und eine von Schopenhauer inspirierte Philosophie, wie sie u. a. Eduard von Hartmann vertreten hat, als Schatten der Gründerzeit in der zweiten Hälfte des 19. Jahrhunderts gelten.[46] Eine kritische Haltung zur gegenwärtigen fortschrittlichen Gesellschaft ist auch Richard Rorty eigen. Man sollte diese Einstellung jedoch nicht als politisch-philosophische Romantik mißdeuten, sondern als weitergehende Aufklärung interpretieren.[47] »An Vernunft, Emanzipation und Versöhnung als den normativen Gehalten des Projekts der Aufklärung festzuhalten und die unaufgeklärten Voraussetzungen, die Fehlschläge und katastrophalen Folgen der Epoche der Aufklärung sichtbar zu machen, könnte das Programm einer Zweiten Aufklärung darstellen.«[48] Rortys illusionslose Anerkennung der Kontingenzen, etwa der Abhängigkeit des Menschen von sozialisationsbedingten Faktoren, und damit die Zerstörung des Mythos vom freien menschlichen Subjekt ist in diesem Sinne radikale Aufklärung. Denn auch die

44 Richard Rorty, *Solidarität und Objektivität?*, a.a.O., S. 9.

45 Vgl. Jürgen Habermas, *Der philosophische Diskurs der Moderne*, a.a.O., S. 282.

46 Vgl. Rüdiger Safranski, *Schopenhauer und die wilden Jahre der Philosophie*, München/Wien 1987, S. 504 f.

47 So sieht es Fink-Eitel jedenfalls für die Philosophie von Foucault. Vgl. Hinrich Fink-Eitel, *Foucault zur Einführung*, a.a.O., S. 47; vgl. auch Reinhart Hummel, *New Age: Das ›Neue Zeitalter‹ als Herausforderung für die alten Kirchen*, in: *Aus Politik und Zeitgeschichte*. Beilage zur Wochenzeitung »Das Parlament« 40/89, S. 37.

48 Christof Schorsch, *Die Krise der Moderne. Entstehungsbedingungen der New Age-Bewegung*, in: *Aus Politik und Zeitgeschichte*, a.a.O., S. 7.

wissenschaftliche Ideologiekritik war einst zur Zerstörung des Mythos, zur Zerstörung der Herrschaft religiöser Ideologien angetreten.[49] Hier ist erkennbar, daß sich Aufklärungsgedanken und Aufklärungskritik nicht widersprechen müssen. Ja, vielleicht ist darin die Aufhebung eines bisher angenommenen Widerspruchs zu sehen. Es ist keineswegs ein halsbrecherischer Spagat, den Rorty zwischen Habermas und Foucault vollführt. Foucault ist in seiner Gesellschafts- und Aufklärungskritik ebenso illusionslos wie Rorty.[50] Habermas tritt ebenso kämpferisch wie Rorty für die Positionen der Aufklärung ein.[51] Es gibt Berührungspunkte und Übereinstimmungen, die Rorty miteinander zu verbinden weiß. Man darf daher hoffen, daß die philosophische Kommunikation durch Rorty – nicht nur bei uns in Deutschland – neue Impulse erhält.

49 Vgl. Jürgen Habermas, *Technik und Wissenschaft als ›Ideologie‹*, Frankfurt/M. 1968, S. 72.
50 Vgl. Michel Foucault, *Von der Subversion des Wissens*, Frankfurt/M. 1987, S. 14f., 22f., 26.
51 Vgl. Jürgen Habermas, *Kleine politische Schriften*, Frankfurt/M. 1981, S. 386.

15. John Rawls und Michael Walzer, oder: Die Suche nach den moralischen Grundlagen moderner Gesellschaften

Die Gesellschaftsanalyse von Kommunitariern wie Michael Walzer erschrickt vor der zunehmenden Individualisierungstendenz in der modernen nord-amerikanischen Gesellschaft. Auf gemeinsame Werte bezögen sich die Bürger der USA nicht mehr. Darin sehen die Kommunitarier eine Gefahr für die Demokratie. (Vgl. dazu meine ausführliche Darstellung im ersten Kapitel.) Michael Walzer setzt den Ausweg aus dieser drohenden Gefahr so an: Wir müßten die moralische Welt nicht erst entdecken, da wir immer schon in ihr gelebt hätten. Die früher geltenden Gemeinschaftswerte müßten nur wiederentdeckt werden. Sie müßten für die Gegenwart allerdings neu interpretiert werden. Dies hätten religiöse und moralische Reformatoren in der Vergangenheit nie anders gemacht. Ein zentraler Wert aufgeklärter Gesellschaften ist der der Gerechtigkeit. Soll Gerechtigkeit wirkungsvoller, also tragender Gemeinschaftswert bleiben, dürfe er nicht naiv als universaler Wert angenommen werden. Damit richten sich die Kommunitarier, insbesondere Michael Walzer, gegen die kantianische Begründung der Gerechtigkeit, wie sie John Rawls vorgenommen hat. Mit seinem Buch »Sphären der Gerechtigkeit« (im folgenden »W« und mit entsprechender Seitenzahl genannt) will Walzer eine Alternative zu Rawls' »Eine Theorie der Gerechtigkeit« von 1971 schaffen.

Das schon 1983 in Amerika erschienene Buch »Spheres of Justice« hat wegen seines ungewohnt unkonventionellen Umgangs mit den eher als sakral angesehenen Werten der Aufklärung umzugehen, Aufsehen erregt. Andere Kommunitarier, unter ihnen Charles Taylor, wurden von Walzers Gedanken stark affiziert. Walzer gegen Rawls: »Die Vorstellung, es könne ein einziges, sozusagen singuläres Set von Primär- oder Grundgütern für alle moralischen und materiellen Welten geben, geht nicht nur an der Realität vorbei, es müßte auch so abstrakt konzipiert sein, daß sich über die Art der Verteilung der Güter auf seiner Basis kaum etwas aussagen ließe.« (W 33) Damit wendet sich Walzer gegen das abendländische abstrakte Denken, oder mit den Worten von Horkheimer und Adorno gegen die »nivellierende Herrschaft des Abstrakten, die alles Einzelne in Zucht nimmt«.

Aus zwei Gründen ginge ein universaler Gerechtigkeitsbegriff an der Realität vorbei. Zum einen – und das betont außer Walzer vor allem Charles Taylor – ist die »Gerechtigkeit bei verschiedenen Gesellschaften und in verschiedenen Augenblicken der Geschichte unterschiedlich«, und zum anderen gäbe es sehr unterschiedliche Güter, die in einer Gesellschaft zu distribuieren seien, wie Geld, Macht, Zeit, Anerkennung, Liebe. Sie alle könnten nicht nach einem einheitlichen Maßstab verteilt werden, sondern sie erforderten unterschiedliche Gerechtigkeitsprinzipien. Diese dürften aber wiederum nicht so beschaffen sein, daß dadurch die Eigenart eines demokratischen Gemeinwesens zerstört würde, das durch die Prinzipien der Freiheit und Gleichheit aller Menschen konstituiert sei.

Es könne aber auch keine einfache Gleichheit geben, denn es wird beispielsweise nicht das gleiche Recht auf den Besitz eines anderen Menschen geben können, so wie jede(r) das Recht habe, mit gleicher Stimme an den Parlamentswahlen beteiligt zu werden. Dieses Recht könne nun seinerseits nicht mittels Geld erworben werden. (W 157) In beiden Beispielsfällen würde es sich um tyrannische Übergriffe von einer Sphäre auf die andere handeln. Demgegenüber müsse es eine komplexe Gleichheit geben, die zwischen den verschiedenen Gütern und dem unterschiedlichen Anspruch auf sie unterscheidet. Zur komplexen Gleichheit gehöre dann auch der Kampf gegen den Übergriff bestimmter Güter auf Bereiche anderer Güter. Das Monopol des Geldes beispielsweise müsse von anderen Bereichen – wie von dem der politisch-demokratischen Macht oder der Freundschaft oder der beruflichen Karriere – ferngehalten werden. Walzer stellt eine umfassende Liste voneinander abzugrenzender Bereiche auf. (W 156 ff.)

Der andere Grund, der gegen die Geltung eines allgemeinen, einheitlichen Gerechtigkeitsprinzips genannt wurde, war die regionale und historisch andere Füllung des Gerechtigkeitsbegriffs. Wird damit nicht dem Nationalismus oder einem Verfassungspatriotismus das Wort geredet? Gegen diesen möglichen Vorwurf wendet Walzer ein:

Soziale Güter werden über politische Grenzen hinweg gemeinsam besessen, verteilt und ausgetauscht. Monopol und Dominanz entfalten ihre

Wirkung jenseits dieser Grenzen fast genauso mühelos wie innerhalb derselben. Dinge werden bewegt, und Menschen bewegen sich hin und her über diese Linien. Und dennoch dürfte es die politische Gemeinschaft sein, mit der wir einer Welt der gemeinsamen Bedeutungen am nächsten kommen. Sprache, Geschichte und Kultur verbinden sich in ihr – so eng wie nirgendwo sonst –, um ein kollektives Bewußtsein zu erzeugen. Und wenn der Nationalcharakter als fester und dauerhafter geistiger Rahmen auch offensichtlich ein Mythos ist, so sind die gemeinsamen Sensibilitäten und Intuitionen der Mitglieder einer historischen Gemeinschaft doch zweifelsfrei eine Lebenstatsache. (W 61)

Walzers Buch wurde – wie gesagt – 1983 als Reaktion auf Rawls' Publikation »Eine Theorie der Gerechtigkeit« von 1971 veröffentlicht. Die neue Aufsatzsammlung von John Rawls, »Die Idee des politischen Liberalismus« von 1992 (im folgenden »R« und mit entsprechender Seitenzahl genannt), liest sich wie ein Echo auf Walzers Buch, obgleich Walzer hier nirgendwo namentlich erwähnt wird. Der Herausgeber der deutschen Ausgabe schreibt, daß Rawls seit 1985 den Gedanken eines politischen Liberalismus entwickelt, in dem der pluralistische Charakter moderner demokratischer Gesellschaften ausdrücklich anerkannt wird. (R 22 f.) Wenn das im Sinne von Walzer anerkannt wird, stellt sich die Frage, wie denn dann noch ein universaler Gerechtigkeitsgrundsatz zu entwickeln sei, auf den sich alle Gesellschaftsmitglieder gleichermaßen beziehen könnten. Dazu geht Rawls in zwei Schritten vor. Zum einen begründet er seinen Anspruch nachmetaphysisch: »Die Philosophie, verstanden als Suche nach der Wahrheit einer unabhängigen metaphysischen und moralischen Ordnung, kann nach meiner Überzeugung in einer demokratischen Gesellschaft keine brauchbare gemeinsame Basis für eine politische Gerechtigkeitskonzeption bereitstellen.« (R 264) Die Konsequenz ist dann, daß »die öffentliche Gerechtigkeitskonzeption [...] politisch und nicht metaphysisch sein« kann. (R 255)

Der zweite vorbereitende Schritt für die Formulierung eines universalen politischen Gerechtigkeitsgrundsatzes, der die partikularen Bedürfnisse und Einstellungen dennoch anerkennt, ist die Unabhängigkeit dieses Grundsatzes »von kontroversen philosophischen und religiösen Lehren«. (R 255)

Unter Voraussetzung dieser Vorklärungen ist nach Meinung von Rawls ein Konsens über den Gerechtigkeitsgrundsatz in folgender Weise zu finden:

Wir tragen solche festen Überzeugungen wie den Glauben an religiöse Toleranz und die Ablehnung der Sklaverei zusammen und versuchen, die ihnen zugrunde liegenden Gedanken und Prinzipien in einer kohärenten Gerechtigkeitskonzeption zu vereinen. [...] Wir betrachten also unsere öffentliche politische Kultur mit ihren wichtigsten Institutionen und den historischen Traditionen ihrer Interpretation in diesem Sinne als einen gemeinsamen Bestand implizit anerkannter Grundgedanken und Prinzipien. (R 261 f.)

So wird nach Rawls mit den in einem demokratischen Verfassungsstaat grundlegenden, tiefen Übereinstimmungen eine kohärente Auffassung geformt. Damit soll sich die auf dieser Basis formulierte Gerechtigkeitsauffassung nicht als eine darstellen, »die wahr ist, sondern die als Grundlage einer informierten und bereitwilligen Übereinkunft zwischen Bürgern dienen kann, die als freie und gleiche betrachtet werden«. (R 264) So versucht Rawls mit seiner Konzeption der »Gerechtigkeit als Fairneß den Kernbereich eines übergreifenden Konsenses zu bestimmen, das heißt die gemeinsamen intuitiven Gedanken, die sich, in eine politische Gerechtigkeitskonzeption eingearbeitet, als ausreichend erweisen, einen gerechten Verfassungsstaat zu garantieren. Mehr können wir nicht erwarten, aber mehr benötigen wir auch nicht.« (R 286)

Rawls mußte in Auseinandersetzungen mit vielen seiner Kritiker, die in den vorliegenden Aufsätzen gesammelt vorliegen, seine beiden Gerechtigkeitsgrundsätze von 1971 nur geringfügig verändern (R 160). Den ersten betrachtet er als konstitutiven Grundsatz, den zweiten als regulativen. Sie lauten nun:

»1. Jede Person hat ein gleiches Recht auf ein völlig adäquates System gleicher Grundfreiheiten, das mit dem entsprechenden System von Freiheiten für alle vereinbar ist.
2. Gesellschaftliche und ökonomische Ungleichheiten müssen zwei Bedingungen genügen: erstens müssen sie mit Ämtern und Positionen verbunden sein, die allen unter Bedingungen fairer Chancengleichheit offenstehen, und zweitens müssen sie den größten Vorteil für die am wenigsten begünstigten Mitglieder der Gesellschaft bringen.«

1971 hieß es im ersten Grundsatz statt »ein völlig adäquates System« noch »das umfangreichste Gesamtsystem«. Aufgrund der Kritik kam Rawls zu der Einsicht, daß diese Formulierung »rein quantitativ« gewesen sei und darum kein Unterscheidungskriterium für die »wichtigeren und unwichtigeren Fälle«. (R 203) Rawls ist sich sicher, daß mit dieser Formulierung eine Basis gelegt worden ist, auf der sich die beiden moralischen Vermögen entwickeln könnten. Das erste moralische Vermögen »ist die Anlage zu einem wirklichen Gerechtigkeitssinn, d. h. die Fähigkeit, die Gerechtigkeitsgrundsätze zu verstehen, sie anzuwenden und aus ihnen heraus zu handeln [...]. Das zweite moralische Vermögen ist die Befähigung, eine Konzeption des Guten auszubilden, zu revidieren und rational zu verfolgen.« (R 93) Neben der Möglichkeit der Ausbildung dieser beiden moralischen Vermögen ist der »vollständige und informierte Gebrauch« (R 205) dieser beiden Vermögen auf der Basis der Gerechtigkeitsgrundsätze gewährleistet. Ein solcher Gebrauch betrifft erstens »die Anwendung der Gerechtigkeitsgrundsätze auf die Grundstruktur der Gesellschaft und die mit ihr verbundenen sozialpolitischen Maßnahmen« und zweitens »die Anwendung der Grundsätze der abwägenden Vernunft auf unser Handeln während des gesamten Lebens«. (R 205)

Diese Grundsätze berücksichtigen nach Rawls die unterschiedlichen Bedürfnisse und Einstellungen der einzelnen Menschen in einem politischen Gemeinwesen, so aber, daß sie sich dennoch auf eine gemeinsame Basis für ein gerechtes Zusammenleben beziehen könnten, die es ihnen erlaubt, kontroverse Fragen zu erörtern und Konflikte zu regulieren. Dieses Verhältnis von partikular-individuell und universell-allgemein wird von Rawls beispielhaft so erhellt: »Wenn etwa Bürger von einer Religion zur anderen konvertieren oder nicht länger einer bestehenden religiösen Glaubenslehre anhängen, hören sie damit nicht auf, für Fragen der politischen Gerechtigkeit dieselben Personen zu sein, die sie vorher waren. Es gibt keinen, wie wir es nennen könnten, Verlust der öffentlichen Identität, ihrer Identität im Bezug auf die grundlegenden Rechtsbeziehungen.« (R 278)

Dies scheint mir der einzig gangbare Weg zu sein, der die Gedanken und Einwände sowohl von Kommunitariern wie Liberalen bei der Suche nach den moralischen Grundlagen unserer Gesellschaft berücksichtigt: In einer Gesellschaft muß von der konsensualen Basis aller Bürger ausgegangen werden, um von da aus Kontroversen auszutragen und zu Vorschlägen für praktikable Lösungen zu kommen.

Im übrigen hat Walzer in Veröffentlichungen, die nach der amerikanischen Publikation von »Sphären der Gerechtigkeit« erfolgten, den Universalismus in einer modifizierten Weise anerkannt. Er spricht von einem neuinterpretierenden Universalismus (reiterativer Universalismus), der einen Rahmen hat – wie etwa die Menschenrechte –, in dem die Gerechtigkeit, so wie Walzer es in »Sphären der Gerechtigkeit« getan hat, kreativ und zeitgemäß neuinterpretiert werden müßte.

Nachweise

1. Erschien unter dem Titel »Die staatliche Gemeinschaft angesichts der zunehmenden Individualisierung in der Moderne. Eine Besinnung auf Hegels ›Rechtsphilosophie‹ in: *Der Staat*, Nr. 4/1992.
2. Die gekürzte Fassung erschien unter dem Titel »Politische Verantwortung und Privatsphäre heute« in: *Die Neue Gesellschaft/Frankfurter Hefte*, Nr. 6/1991 und basiert auf einem Vortrag vor der Leibniz-Gesellschaft in Hannover am 13. Oktober 1988.
3. Erschien unter dem Titel »Über das philosophische Suchen nach dem Wesen der Macht«, in: Franzjosef Mohr (Hg.), *Macht und Ohnmacht*, München/Basel 1988 und basiert auf einem Vortrag vor der Deutschen Gesellschaft für Individualpsychologie am 8. Oktober 1987 in Delmenhorst.
4. Vortrag für den 16. Deutschen Kongreß für Philosophie vom 20.–24. September 1993 in Berlin, Sektion »Ethik und ihre Anwendung«.
5. Erschien unter dem Titel »Die Wirklichkeit der Freiheit«, in: *Archiv für Rechts- und Sozialphilosophie*, Nr. 2/1989.
6. a) Erschien unter dem Titel »›Gerecht ist, wer ein Freund der Gleichheit ist.‹ – Zum Verhältnis von Gerechtigkeit und Gleichheit«, in: Irmela Reimers-Tovote/Hartmut Reichardt (Hg.), *Symposion: Zur Geschichte der Menchenrechte = Loccumer Protokolle 77/'89* (1990) und basiert auf einem Vortrag bei dem genannten Symposion am 16. September 1989 in Loccum.
   b) Erschien in erweiterter Fassung unter dem Titel »Sind wir der zunehmenden Individualisierung in der Moderne ohnmächtig ausgeliefert? – Reflexionen zum Rechtsbegriff Gemeinschaftsgefühl«, in: *Zeitschrift für Individualpsychologie*, Nr. 1/1993.
7. Erschien unter dem Titel »Die utopische Wirklichkeit. Zum Verhältnis von Politik und Geschichte«, in: *Die Neue Gesellschaft/Frankfurter Hefte*, Nr. 12/1992 und basiert auf einem Vortrag bei den IV. Ernst-Bloch-Tagen am 9. November 1991 in Tübingen.
8. Überarbeitete Fassung des Artikels »Sozialismus und Demokratie«, in: *Die Neue Gesellschaft/Frankfurter Hefte*, Nr. 1/1991, der auf einem Vortrag an der Keio-Universität in Tokyo am 30. November 1990 basiert.
9. a) Erschien unter dem Titel »Gott in der Unterwelt. Der kulturelle Einfluß auf die Prägung des Lebensstils«, in: *Zeitschrift für Individualpsychologie*, Nr. 3/1991 und basiert auf einem Vortrag bei der Tagung »Psychoanalyse und Kulturkritik« am 4. Mai 1991 in Heidelberg.

b) Erschien in erweiterter Fassung unter dem Titel »Welche neuen Werte brauchen wir? Bemerkungen zur lebensweltorientierten Bildung«, in: Horst Siebert/Detlef Horster, *Prometheus, Sisyphos und neue Werte*, Hannover 1992 (Reihe »VHS – Texte & Beiträge«).

10. Erschien in erweiterter Fassung unter dem Titel »Philosophieren mit Kindern«, in: *Ethik und Sozialwissenschaften*, Nr. 3/1993 und basiert auf einem Vortrag beim Workshop »Verwissenschaftlichung der Lebenswelt« der Universität Hannover am 2. November 1992 im Leibnizhaus Hannover.
11. Unveröffentlicht.
12. Erschien unter dem Titel »Ernst Bloch (1885–1977)«, in: Walter Euchner (Hg.), *Klassiker des Sozialismus*, Band II, München 1991.
13. a) Erschien unter dem Titel »Erkenntnis und Moral bei Habermas«, in: *Theorie und Praxis heute. Ein Kolloquium zur Theorie und politischen Wirksamkeit von Jürgen Habermas*, Frankfurt/M. 1989 und basiert auf einem Vortrag bei dem genannten Kolloquium am 25. Oktober 1989 im Leibnizhaus in Hannover.
    b) Basiert auf zwei Rezensionen in: *Archiv für Rechts- und Sozialphilosophie*, Nr. 2/1993 und in: *Die Neue Gesellschaft/Frankfurter Hefte*, Nr. 12/1992.
14. Erschien unter dem Titel »Ist postmodernes Denken modern und modernes Denken postmodern? Zur Vermittler-Rolle Richard Rortys in diesem Widerspruch«, in: *Deutsche Zeitschrift für Philosophie*, Nr. 10/1991.
15. Erschien in erweiterter Fassung als Rezension in: *Die Neue Gesellschaft/Frankfurter Hefte*, Nr. 10/1992.

Namenregister

Die Namen von Autoren, denen im Teil V einzelne Kapitel gewidmet sind, erscheinen im Register nur, wenn sie außerhalb dieser Kapitel erwähnt werden.

207/1/8.92

203/1/8.92

suhrkamp taschenbücher wissenschaft
Sprachphilosophie, Linguistik,
Soziolinguistik, Semiotik

- Intentionalität. stw 956
- Sprechakte. stw 458
Seebaß: Das Problem von Sprache und Denken. stw 279
Trabant: Traditionen Humboldts. stw 877
Tugendhat: Selbstbewußtsein und Selbstbestimmung. stw 221
- Vorlesungen zur Einführung in die sprachanalytische Philosophie. stw 45
Wahl (Hg.): Einführung in den Strukturalismus. stw 10
Wiggershaus (Hg.): Sprachanalyse und Soziologie. stw 123
Wodak/Nowak/Pelikan u.a.: »Wir sind alle unschuldige Täter.« stw 881

Über sämtliche bis Mai 1992 erschienenen suhrkamp taschenbücher wissenschaft (stw) informiert Sie das Verzeichnis der Bände 1 – 1000 (stw 1000) ausführlich. Sie erhalten es in Ihrer Buchhandlung.

203/2/8.92

suhrkamp taschenbücher wissenschaft
Geschichte, Sozialgeschichte, Zeitgeschichte, Dokumentation

Assmann/Hölscher (Hg.): Kultur und Gedächtnis. stw 724

Baumgartner/Rüsen (Hg.): Seminar: Geschichte und Theorie. stw 98

Becher/Rüsen (Hg.): Weiblichkeit in geschichtlicher Perspektive. stw 725

Broué/Témime: Revolution und Krieg in Spanien. 2 Bde. stw 118

Bude: Bilanz der Nachfolge. stw 1020

Claessens: Kapitalismus und demokratische Kultur. stw 1041

Danker: Räuberbanden im Alten Reich um 1700. stw 707

Dreier/Sellert (Hg.): Recht und Justiz im »Dritten Reich«. stw 761

Duby: Die drei Ordnungen. stw 596

– Ritter, Frau und Priester. stw 735

– Die Zeit der Kathedralen. stw 1011

Duby/Lardreau: Geschichte und Geschichtswissenschaft. stw 409

Eder: Geschichte als Lernprozeß? stw 941

Ehlich (Hg.): Sprache im Faschismus. stw 760

Elias: Studien über die Deutschen. stw 1008

Fend: Sozialgeschichte des Aufwachsens. stw 693

Foucault: Überwachen und Strafen. stw 184

Giesen (Hg.): Nationale und kulturelle Identität. stw 940

Groh, D.: Anthropologische Dimensionen der Geschichte. stw 992

Groh, R./Groh, D.: Weltbild und Naturaneignung. stw 939

Hahn/Kapp (Hg.): Selbstthematisierung und Selbstzeugnis: Bekenntnis und Geständnis. stw 643

Haupert/Schäfer: Jugend zwischen Kreuz und Hakenkreuz. stw 952

Haussmann: Erklären und Verstehen: Zur Theorie und Pragmatik der Geschichtswissenschaft. stw 918

Hinrichs: Ancien Régime und Revolution. stw 758

Hinrichs (Hg.): Absolutismus. stw 535

Jäger: Verbrechen unter totalitärer Herrschaft. stw 388

Koselleck: Kritik und Krise. stw 36

– Vergangene Zukunft. stw 757

Löwenthal: Schriften 1-5. stw 901-905

Lüdtke (Hg.): »Sicherheit« und »Wohlfahrt«. stw 991

de Mause (Hg.): Hört ihr die Kinder weinen. stw 339

Meier, Chr.: Die Entstehung des Politischen bei den Griechen. stw 427

Métral: Die Ehe. stw 357

206/1/8.92

suhrkamp taschenbücher wissenschaft
Geschichte, Sozialgeschichte,
Zeitgeschichte, Dokumentation

Moore: Soziale Ursprünge von Diktatur und Demokratie. stw 54
– Ungerechtigkeit. stw 692
Niethammer (Hg.): Lebenserfahrung und kollektives Gedächtnis. stw 490
Otto/Sünker (Hg.): Politische Formierung und soziale Erziehung im Nationalsozialismus. stw 927
– Soziale Arbeit und Faschismus. stw 762
Reif (Hg.): Räuber, Volk und Obrigkeit. stw 453
Reinalter: Die Französische Revolution und Mitteleuropa. stw 748
Reinalter (Hg.): Demokratische und soziale Protestbewegungen in Mitteleuropa 1815-1848/49. stw 629
– Freimaurer und Geheimbünde im 18. Jahrhundert in Mitteleuropa. stw 403
Rosenbaum: Formen der Familie. stw 374
– Proletarische Familien. stw 1029
Rosenbaum (Hg.): Familie und Gesellschaftsstruktur. stw 244
Sabean: Das zweischneidige Schwert. stw 888
Schadewaldt: Die Anfänge der Geschichtsschreibung bei den Griechen. stw 389
Schröter: »Wo zwei zusammenkommen in rechter Ehe ...« stw 860
Schulze (Hg.): Europäische Bauernrevolten der frühen Neuzeit. stw 393
Stolleis: Staat und Staatsräson in der frühen Neuzeit. stw 878
Tibi: Der Islam und das Problem der kulturellen Bewältigung sozialen Wandels. stw 531
Varga: Zeitenwende. stw 892
Wodak/Nowak/Pelikan u. a.: »Wir sind alle unschuldige Täter«. stw 881
Wunder/Vanja (Hg.): Wandel der Geschlechterbeziehungen zu Beginn der Neuzeit. stw 913

Über sämtliche bis Mai 1992 erschienenen suhrkamp taschenbücher wissenschaft (stw) informiert Sie das Verzeichnis der Bände 1 – 1000 (stw 1000) ausführlich. Sie erhalten es in Ihrer Buchhandlung.

206/2/8.92